AF640420

Himmelstürmer Verlag

Der Autor

Kai Steiner ist seit vielen Jahren Autor im Himmelstürmer Verlag. Er studierte Wirtschaftswissenschaften, Pädagogik und Geografie. Während seiner beruflichen Tätigkeit als Lehrer und als Leiter des staatlichen Studienseminars für das Lehramt an beruflichen Schulen und als geschäftsführender Direktor des staatlichen Studienseminars für alle Lehrämter Hamburgs, veröffentlichte er wissenschaftliche Beiträge und zahlreiche Schulbücher in verschiedenen Verlagen. Er war Dozent an der Wirtschaftsakademie Hamburg (WAH), an der werbefachlichen Akademie Hamburg und an der Akademie des Handwerks Hamburg und leitete Fortbildungsseminare in den Firmen Hamburger Gaswerke, Hans Schwarzkopf GmbH sowie in der Volkshochschule. Im Himmelstürmer Verlag erschienen bisher folgende Romane

Schmetterlinge im Bauch, 2006 – ISBN: 978-3-934825-52-9
Eingelocht, 2006 – ISBN: 978-3-934825-61-1
Surfer Dreams, 2007 – ISBN: 978-3-934825 – 83-3
Sommerlust am Mittelmeer, 2009 – ISBN: 978-3-940818-11-9
Capri, Amore mio, 2009 – ISBN: 978-3-940818-31-7
Paris, mon amour, 2010 – ISBN: 978-3-940818-49-2
Mein Blut in seinen Adern, 2012 - ISBN: 978-3-863611-00-2
Fin im Glück?, 2014 – ISBN: 978-3-86361-376-1
Liebe braucht Zeit, Nuri, 2015 – ISBN: 978-3-86361-452-2
Alle Bücher auch als E-book

Himmelstürmer Verlag, 31619 Binnen
www.himmelstuermer.de
E-Mail: info@himmelstuermer.de
Originalausgabe, September 2016
© Himmelstürmer Verlag
Nachdruck, auch auszugsweise, nur mit Genehmigung des Verlages.
Zuwiderhandeln wird strafrechtlich verfolgt. Rechtschreibung nach Duden, 24. Auflage
Coverfoto: dreamstime.com
Umschlaggestaltung: Olaf Welling, Grafik-Designer AGD, Hamburg. www.olafwelling.de

ISBN print 978-3-86361-582-6
ISBN e-pub 978-3-86361-583-3
ISBN pdf 978-3-86361-584-0

Alle hier beschriebenen Personen und alle Begebenheiten sind frei erfunden. Jede Ähnlichkeit mit lebenden Personen ist nicht beabsichtigt.

Kai Steiner

Flegeltage

Roman

Himmelstürmer Verlag

Für Wolf

Von mir aus ist jedem erlaubt, das Seine zu gebrauchen oder zu genießen (Cato, 234-149 v.Chr.)
Erlaubt ist, was gefällt (Goethe – aus Torquato Tasso; Tassos Lobrede für Eleonore)

Inhaltsverzeichnis

3. Kapitel
Eile mit Weile

Prolog

März 2015
Einen Freund verloren

Der Bulldozer tuckerte über den Strand. Seine mächtigen Gummireifen walzten nieder, was unter seine Räder kam. Für Knut Boyens spielte es keine Rolle, dass die Profile abgefahren waren. Zum Herbst wird er sie erneuern lassen. Wenn er auf ihr Erscheinungsbild angesprochen wurde, winkte er schmierig grinsend ab. Im Sand brauche man keine Struktur, rief er neugierigen Beobachtern zu, obwohl er es besser wusste.

Knut Boyens lächelte aus dem Fahrerhaus, als er wieder ein paar Vögel in die Flucht geschlagen hatte. Meistens waren es Möwen, die in den Dünen nisten, manchmal Eiderenten, seltener Kulps.

War‘s der Lärm?

Vielleicht der Dieselgestank, der sie vertrieb? Könnte es die Größe seines Traktors gewesen sein oder sein wettergegerbtes Gesicht?

Knut Boyens brauchte sich hierüber keine weiteren Gedanken zu machen, denn er war keinem Menschen Rechenschaft schuldig, schon gar nicht irgendeinem Gast. Er arbeitete selbständig und unabhängig, hatte nur guten Draht zu den Behörden, die ihn seit Jahren um Hilfe baten.

Er hielt strikt die Spur ein. Es war der Fußgängerpfad, dem er folgte. Gäste wandern oft genug von Süden nach Norden, also von Nebel nach Norddorf oder in umgekehrte Richtung. Zu dieser Jahreszeit allerdings gab es noch keine Wanderer hier. Auch Knut Boyens hatte die Richtung zur Nordspitze eingeschlagen. Zehn Meter nach rechts begannen die mit Strandhafer bewachsenen Dünen, unterschiedlich in der Höhe, oft vom Wind zerklüftet mit leuchtenden Sandkörnern ohne Bewuchs. Nach links ein schmaler Moos- und Grasstreifen, dahinter wuchsen ungleichmäßig flache Erhebungen aus dem Boden, manchmal zierte ihre kleine Kuppe ein Büschel von grünen Stängeln. Weiter zum Meer hin türmte sich eine junge Dünenkette bis zu einer Höhe von sechs Metern auf. In ihnen sah man manchmal Brettergestelle, Reste der Behausungen, die während des vergangenen Sommers Urlaubsgäste zusammengezimmert hatten. Sie dienten Pärchen meistens als Sexgrotte.

Manchmal, wenn Knut Boyens im Sommer durch die Dünen streifte, beobachtete er Pärchen, die Sex trieben, so dass die Sandkörner durch die Luft wirbelten. Dann robbte sich der Voyeur ganz nahe heran, um das Geschrei und Gestöhne zu hören; im Alter lauschte er nämlich nur, sexaktiv war der alte Arbeiter nicht mehr. Aber Gefallen an Lustschreien hatte Knut wie eh und je ...

Ein besonderes Erlebnis machte ihn im letzten Jahr zuerst stutzig, wenig später richtig munter. Für Frauen hatte Knut nie viel übrig, er war daher auch nicht verheiratet oder befreundet. Junge Männer waren eher sein Fall, wie sein Freund, mit dem er den Strand säubert. Aber getrieben hat er es mit ihnen nie, zu groß waren seine Hemmungen. Dann schafft man es auch allein, seine Devise. Damit lag er nicht falsch, denn in keinem Fall gab es je Eifersuchtsszenen oder kleine Meutereien. Er konnte und durfte seinen Schwanz anfassen, wann und wie er wollte. Als er zwei Männern beim Sex zusah, war er erschrocken und fasziniert zugleich. Sie waren noch jung, um die zwanzig, sie fickten im Stehen, was Knut nur in Pornos gesehen hatte. Der eine hatte sich gebückt, seine Hände reichten bis auf die Erde. Der andere zog den Freundeskörper an sich und hielt ihn ab. Knut fand das ziemlich brutal. Aber ihm gefiel's. Dazwischen die Schreie der Möwen, als ob sie das mitbekamen, was unter ihren Flügeln passierte. Dann wurden sie schneller, plötzlich zog der Aktive seinen Schwanz aus dem Hintern – Donnerwetter, der ist viel länger als sein eigener - und spritzte in die Gegend. Unglücklicherweise genau in die Richtung, in der sich Knut Boyens in einer Mulde hinter dem nächsten Sandhügel schnell duckte. Eine Windböe schleuderte ihm einen Teil des Spermas ins Gesicht. Während Knut das Zeug von seiner Stirn wischte, spürte er, wie sich sein Pimmel zur Hälfte erigiert hatte. Das war seit Jahren nicht mehr vorgekommen. Liebevoll fasste er ihn an, und tatsächlich, er wuchs und wuchs, bis er steif war. Dann wechselten sie ihre Position, er musste sich zurückziehen, um nicht entdeckt zu werden und ein ziemlich glücklicher alter Mann machte sich auf den Rückweg. Er wollte es noch einmal zu Hause versuchen ...

In Höhe des Quermatenfeuers befand sich ein riesiger See, zwanzig Zentimeter tief, eher einer Lache gleichend. Er bildet sich meist im Februar, wenn noch einmal die Winterstürme über die Insel fegen. Ein Eldorado für Wildgänse, die hier – wie überall - Station auf ihrem Weg nach Norwegen machen.

Knut Boyens ärgerte sich über den Unrat, der angeschwemmt wird, wenn das Meer den Kniepsand überflutet und sich an den Dünen ablagert. Er wusste natürlich, dass man gegen diese Art der Verschmutzung ohnmächtig ist. Meist sind Besatzung und Gäste von Fährschiffen, Ausflugsbooten und Vergnügungsdampfer dafür verantwortlich. Wenn man aber auf Plastikbecher stößt, auf Mülltüten, auf Pappschachteln, Papiertaschentücher und Stofftaschen, dann lässt sich mit Gewissheit sagen, dass es die Menschen waren, die hier längst pilgerten. Und das wurmte den alten Mann noch mehr. Für ihn ein unbegreifliches Verhalten. Er schob es den Touristen aus Großstädten in die Schuhe, die seiner Meinung nach kaum mit der Umwelt umzugehen wissen. Asylanten konnten es jedenfalls nicht gewesen sein. Es gibt auf Amrum nämlich noch keine, weil es selbst für Einheimische nicht genügend Wohnraum gibt.

Leider haben sich überall Glasscherben eingegraben, Reste von Gläsern, Flaschen und Kanülen, und die gefährden Mensch und Tier. Sollte ihn jemand danach fragen, rät er ihnen, wenn sie an den Strand gehen, Schuhwerk zu tragen, in jedem Fall Sandalen mit dickerer Sohle. Wer will sich schon Scherben eintreten?

Wenn man Glück hat, sieht man rechtzeitig winzige Glasteile aus dem moosbedeckten Boden lugen, bei Sonnenstrahlen verschiedenfarbig, meist aber in grün, rot, blau und glitzernd. Dann kann man ihnen ausweichen.

Fest steht: Ein gefährlicher Weg für unbedarfte Strandläufer, schnelle Spaziergänger und für herumstreunende Kinder ohne Schuhe.

Knut Boyens war das aber eigentlich schnuppe. Er ist nämlich kein Kindermädchen für Jungen und Mädchen leichtsinniger Eltern. Er war nur für sein Gefährt verantwortlich.

Und das steuerte er jedes Frühjahr und jeden Herbst über den Kniepsand.

Seine Blicke richtete er oft zum Meer hin, und dann versuchte er sich zu erinnern, wie das Gelände im letzten Jahr ausgesehen hatte. Und tatsächlich, seine Liebe zur Insel, zur Nordsee, zu den Vogelbrutstätten, zum Watt brannte diese Eindrücke in sein Gedächtnis ein. Er war stolz, wenn er feststellen konnte, dass Meer und Wind immer Spuren hinterließen und neue Formen hervorbrachten. So erlebte er auch mit, wie sich der zu seiner Jugendzeit breite Strand allmählich veränderte und Sandberge schuf, die bald ein ganzes Gebiet unter seine Fittiche nahmen. Wurde er hierauf angesprochen, sagte er immer, nicht nur die Wüste lebe, sondern auch das hiesige Vorland.

Dazwischen die Vogelwelt.

Wenn man nämlich seine Blicke länger auf einen fernen Punkt richtet, nimmt man sie wahr: junge Möwen, Enten- oder Gänse-Gössel, manchmal hoppelnde Kaninchenbabys oder grau-braune Fasanenweibchen, die gierig Ausschau nach Liebhabern halten. Dazwischen die weit sichtbaren Krähen, deren Geschrei in den Ohren schmerzt.

Knut Boysens war wirklich ein komischer Kauz. Die meisten Amrumer kennen ihn gut und finden ihn liebenswert. Er gehört zur Insel wie das Quermatenfeuer in Höhe von Westerheide auf einem Sandhügel am Dünenhang zum Meer.

Der zwanzigjährige Arne Martinen winkte seinem alten Freund zu, was bedeutete, dass dieser einen Augenblick anhalten sollte.

Arne stocherte noch mit einem Spießer in der Erde herum, nahm Unrat auf den Piker – Büchsen, Schachteln, Bänder, Seile, Papier und Plastik – und ließ den Abfall im Anhänger des Treckers verschwinden. Herumliegende Flaschen, manchmal mit Sand gefüllt, manchmal sogar noch verschlossen, warf er von weitem auf den Beiwagen. Immer lachte er lauthals, wenn er beim ersten Wurf erfolgreich war.

Manchmal musste er den Krempel vom Stecher schlagen, so viel Sperriges hatte er auf einmal aufgegabelt. Unglaublich, was und wie viel Spaziergänger wegwerfen oder was vom Meer angespült wird. Er erinnerte sich plötzlich, dass er sich in der Norddorfer Bücherhalle Fotografien von „Meeresfrüchten“ angesehen hatte. Es waren keine Fische, Seevögel und Algen, es handelte sich um Wergwerf- und Abfallprodukte der Zivilisation, angeschwemmt an die schönsten Strände der Erde. Ihnen gegenüber sollte man uralte Olivenbäume betrachten, Götterbäume genannt. Wenn Arne auch nicht den Ansichten der Autoren Christian und Helga von Alvensleben folgen konnte, die den entsorgten Konsumerzeugnissen einiges an Formen und Farben abgewinnen konnten, so war für ihn das

Buch so faszinierend, dass er es sich kaufte. Von wegen Schönheit, meuterte er, als er das Bild einer Kunststofftüte aufblätterte und betrachtete. Nichts als Mist, sagte er jetzt zu sich, auch wenn Künstler für ihn das Recht haben, eigenständige und unübliche Gedanken zu äußern, zu fotografieren oder zu malen. Schließlich hatte Arne ebenso eine künstlerische Ader. Er malte Aquarelle über Dünenlandschaften und Küstenstreifen. Kritiker fanden sie etwas unbeholfen und eckig, so drückten sie sich aus. Dennoch verkaufte Arne in Wittdün jedes Jahr einige von ihnen.

Wütend wuchtete er eine Plastiktonne auf den Anhänger. Unzerstörbar, biologisch nicht abbaubar. Sie tänzelte über den Müllberg und rollte mit Getöse an die Seite der Verschalung.

Knut Boyens reagierte sofort.

Er manövrierte seinen Trecker dichter an die Dünen heran und brachte ihn nahe am Fuße der Sandkette zum Stehen.

Die beiden verstanden sich ausgezeichnet. Knut Boyens war glücklich, dass er einen so jungen Burschen an seiner Seite hatte, von dem er wusste, dass er fleißig war, Witze erzählte, über die er lachen konnte. Außerdem half der Junge ihm beim Anschieben, wenn das Fahrzeug stecken blieb, was des Öfteren passierte. Sie beide waren ein eingespieltes Team.

Die Gemeindeverwaltung hatte mit diesem jungen Kerl den richtigen Riecher!

Arne Martinen war ein echter Insulaner.

Man munkelt, dass seine Mutter ihn im Galopp verloren hätte. Er war nämlich immer in Bewegung, vor allen Dingen aber schnell. Not brauchte er nie zu leiden. Die Strandkorbvermietung seiner Eltern brachte genügend ein. Aber schließlich mussten die Gebühren auch für den Winter reichen, wenn die Strandkörbe in einer großen Halle eingemottet schlummerten. Seine Eltern drangen darauf, dass er auf Föhr die höhere Schule besuchte und unterstützen seine künstlerischen Fähigkeiten, in dem sie ihm eine extra Ausbildung bei Quedens Sohn - bekannter und begnadeter Inselkünstler - bezahlten.

Arne sah neben sich am abgerutschten Abhang fünf Zacken aus einem Sandhaufen blitzen, zehn Zentimeter pures Eisen. Seine heftigen Versuche, sie aus dem Untergrund herauszuziehen, waren umsonst. Fehlanzeige auch für seine Hände, die den Gegenstand ausbuddeln wollten.

Der Boden war noch fest. Schließlich herrschten bis vor kurzem noch Wintertemperaturen.

Eins hatte er mit Sicherheit feststellen können: Es handelte sich um eine Forke. Der Stiel hatte sich offensichtlich tief in den Boden gedreht. Selbst ein Rütteln war aussichtslos, was Arne mehr als ärgerte.

Er blickte um sich. Er suchte zwei Stöcke. Mit ihnen wollte er die Stelle markieren. Aber nicht am Strand. Oben auf den Dünen. Denn nur so waren sie bei Sturmflut sicher. Außerdem wollte er irgendwann in der nächsten Woche, mit einem Spaten bewaffnet, zurückkommen. So einen gefährlichen Gegenstand muss man entsorgen. Er dachte sofort an die Besucher, die hier lang laufen werden und an die Kinder, die oft genug mit einem Ball den Strand beleben und möglicherweise durch Ungeschick oder Gleichgültigkeit stürzen. Was wäre, würde ein Junge genau auf den rostigen Zacken des Gartengeräts landen? Nicht auszudenken.

Als er gefunden hatte, was er suchte – eine zwei Meter lange, blau getünchte Leiste und einen längeren, dickeren Ast - stürmte er die Dünen unmittelbar neben dem Traktor nach oben. Er stand plötzlich vor einer flach abfallenden Mulde, die am Rand zum Meer hin so breit war, dass zwei Personen gut darin nebeneinander liegen konnten. Genau hier steckte er die Holzlatte in den Sand. Er war sicher, dass er sie von unten wieder finden wird. Blau kann man schon von weitem erkennen!

Mit seiner ganzen Kraft bohrte er sie in die Tiefe. Da unter seinen Füßen nur Sand war, wenn auch mit Strandhafer bewachsen, konnte er mit ihr in den Untergrund eindringen.

Nach jedem Schlag, den er mit einem Stein ausführte, rüttelte er an der Stange. Endlich stand sie fest wie eine Betonsäule. Er hatte wohl eine Tiefe von einem Meter erreicht. Das war auch wichtig, damit sie beim nächsten Sturm nicht auf und davon fliegen konnte. Auf der gegenüberliegenden Seite – zehn Meter entfernt - drückte er den Ast in die Erde, nachdem er mit der Hand ein tiefes Loch gegraben hatte. Mit den Füßen trat er den Boden fest.

Doppelt hält besser! Noch einen Blick! Arne prägte sich das Umfeld ein, denn er wusste zu gut, wie sich Hügel, Abhänge und Kuhlen gleichen. Gleichzeitig lenkte er seine Augen zum Quermatenfeuer, um später den Standort seiner Arbeit besser bestimmen zu können.

Nun zurück zu Knut.

Schon war er wieder unten, zwanzig Meter vom Fahrzeug entfernt.

Merkwürdig!

Der Motor lief immer noch im Leerlauf. Arne war es gewohnt, dass sein Freund den Zündschlüssel abzog, wenn er für längere Zeit halten sollte. Von wegen der Umwelt, sagte er. Außerdem qualmte er meist eine Zigarette.

„Auf geht's!", rief Arne von weitem und hoffte, dass sein Zuruf durch das geöffnete Fenster beim Fahrer anlangte.

„Mann, du kannst weiterfahren!"

Nichts rührte sich. Na warte ... in den Augen von Arne war der Alte ein friesischer Dickschädel. Und scherzen mochte er auch gern.

Der junge Mann riss die Fahrertür auf, sein Freund musste eingeschlafen sein, er lag mit seinem Oberkörper schräg über dem Lenkrad.

Arne lächelte. Knut Boyens ist eben nicht mehr der Jüngste. Wahrscheinlich hatte er gestern Abend über den Durst getrunken. Wenn man allein lebt, passiert so etwas schon mal. Außerdem darf man sich mit fünfundsiebzig Jahren gern mal eine kleine Ruhepause gönnen, dachte er, oder?

Der alte Mann fiel aus dem Führerhaus nach links zur Seite auf den Strand.

Der erste Schreck des Jungen dauerte nur Sekunden. Dann bückte er sich und rückte den schweren Körper zurecht. Die warme Haut beruhigte ihn.

Nichts deutete auf ein schreckliches Ereignis hin.

Nur bewusstlos ...

Hinknien, Arne! Wange abklopfen, gab er sich den Befehl. Er starrte auf das Gesicht. Es müsste sich doch bewegen oder wenigstens zucken ...

Nichts!

Grauenhafte Angst überfiel ihn.

Unwillkürlich hörte er sich laut schreien:

„Nein, nein, nein!"

Was sollte er tun? Was musste er tun?

Noch nie hatte er eine solche Situation erlebt.

Dr. Hummer anrufen.

Internist in Norddorf, Hausarzt von Knut Boyens. Das wusste Arne, hatte er seinen alten Freund doch schon mehrere Male in die

Praxis gefahren.
Wenig später bog der rote Jeep des Arztes am Norddorfer Übergang mit Bravour auf den Strand nach links ein. Immer noch offenbarte der Doktor eine jugendliche Lebendigkeit, was sein forsches Fahren bewies.

Gott sei Dank, gleich war er vor Ort.

Eine Injektion, und dann wird alles gut sein.

Dr. Hummer war ein Mittdreißiger. Flexibel, sympathisch und sportlich. Er hielt direkt vor Knut an, sprang aus seinem Wagen, fackelte nicht lange und beugte sich geschmeidig über den Körper seines Patienten. Er kannte ihn gut.

Ein kurzer Griff an die Augen, ein Hochklappen der Lider ... Dann begann er mit der Wiederbelebung.

Was sollte das denn?

Arne schwante Schlimmes.

Nach einigen Minuten und außer Puste sagte der Doktor dann resignierend:

„Dein Freund ist tot!"

Arnes Schrei flog ein zweites Mal über den Strand.

Erschreckt flatterten hinter dem Traktor ein paar Möwen hoch.

Der junge Mann konnte sich nicht beruhigen.

Wäre er unten gewesen, oder wäre er in Höhe des Treckers nebenher gelaufen, dann ...

„Nein!", sagte der Arzt, „niemand kann in solchen Fällen helfen. Die Uhr war abgelaufen. Bei seinem letzten Besuch bei mir hatte ich ihm gesagt, dass das Herz ziemlich schwach schlage, daher müsse er kürzer treten! Knut Boyens hat gelacht und abgewinkt, so war er."

Arne lief wie besessen ins Dorf.

Einige Leute drehten sich empört nach ihm um. Dummer Junge, dachte man wohl, denn sie mussten ihm manchmal ausweichen.

Er landete schwer atmend bei seiner Tante Selma Kayer. Für einen Außenstehenden wäre die Adresse sehr ungewöhnlich, wohnte sie doch am Ende des Dorfes fast am Deich, der das Wattenmeer begrenzte. Und wer suchte hier schon Quartier? Selma Kayer hatte den Jungen bis zum zwölften Lebensjahr großgezogen, als seine Eltern mehrere Jahre in Amerika weilten, und sie liebte ihn wie ihren eigenen Sohn.

Sie nahm Arne in den Arm, als sie sah, dass er heulte. Es musste etwas Ungewöhnliches passiert sein, ging es ihr durch den Kopf. Wann habe ich Arne schon mal flennen sehen?

Das stimmte.

Arne war kein Weichei. Von Zuhause aus war er an harte Arbeit gewöhnt.

Wenn Vater und Sohn zusammen die Strandkörbe aus ihrer Verbannung holen, mit Händen auf den Anhänger des Traktors hieven und an den Strand fahren – und das bei Wind und Wetter im April – dann ist das Schwerstarbeit. Abends wussten sie, was sie getan hatten.

Auch das Abräumen im Oktober waren keine Peanuts. Im Dezember begannen die beiden mit der Reparatur in der ausgekühlten Halle. Jeder einzelne Strandkorb wird untersucht, zerbrochenes oder angeknackstes Rohr bzw. Plastikband wird herausgeschnitten und durch neues ersetzt. Da sie aber immer zu zweit arbeiteten, sich gegenseitig halfen, ging ihnen die Maloche von der Hand.

Der Junge begann endlich zu erzählen.

Ja, ja, der alte Knut Boyens ...

„Traurig sein“, sagte sie, „das geht in Ordnung. Er war dein Freund! Aber bedenke, wie lange du schon mit ihm befreundet bist. Ein Geschenk, und das zwischen einem alten Mann und einem Jugendlichen. Er wird nichts gemerkt haben. Es war wohl ein Herzinfarkt. Glücklicher Tod!“

„Meinst du wirklich?“

„Ja, tue ich!“, antwortete Selma Kayer selbstbewusst.

Tatsächlich kam Arne Martinen langsam zur Ruhe.

Drei Tage später verließ er die Insel. Er war sich sicher, dass er über den Tod seines Freundes nur über einen Ortswechsel hinwegkommen würde. So heuerte er bei einer Hamburger Reederei als Matrose an.

2. Juli
Eine vorweggenommene Nachbetrachtung

Ivo hatte bestimmt nichts dafür gekonnt.

Raphael und er haben gerangelt.

Und dann war's passiert ...

Der Sturm hatte sich gelegt. Eine halbe Nacht fegte er mit Gewalt über die Nordsee und löste sich langsam über der Ostsee auf. Die Temperaturen waren sommerlich. Der Regen hatte um Mitternacht nachgelassen. Auch er war angenehm warm. Noch immer zogen ein paar dunkle Wolken über die Insel hinweg. Am Horizont zuckten überdies vereinzelt Blitze. Das Meer hatte sich gegen Morgen bei eintretender Ebbe langsam vom Kniepsand zurückgezogen.

Während der Flut und des Unwetters am Vorabend hatte das Meer den Strand von Amrum überschwemmt. Es handelte sich nicht nur um eine Breite von zehn bis zwanzig Metern, es waren circa 800 Meter an der breitesten Stelle – fast einen Kilometer zart gelber feinster Sand, durch flache Dünen und Furte unterschiedlicher Breiten unterbrochen - in etwa am Quermatenfeuer. Keine Meeresküste der Welt kann sich solcher Breite rühmen.

Schon mittags kochte die Nordsee am Ereignistag im wahrsten Sinne des Wortes. Der heulende Sturm hatte alle sonstigen Geräusche vertilgt. Spät nachmittags hatte das Meer die Reisig-Palisaden vor den Dünen gelockert, war gegen die Sandhügel geschwappt, diese an ihrem Saum unterspült. Hatte die Wucht des Wassers tiefe Löcher in den Hügelschutz zum Hinterland gerissen, brach der Sand mit seinem Strandhafer und meterlangem Wurzelgeflecht an den Dünenrändern weg und rutschte in Scheiben in die Tiefe.

Unten vermischten sich Sand, Pflanzen, Wurzeln, Zweige, Geäst, Buhnen und angeschwemmter Unrat zu einem schmutzigen Brei, der zurück ins offene Meer gezogen wurde, durch neue Wellenberge irgendwo aufgehalten, zurückbefördert und mit der nächsten Welle wieder ins Meer getrieben.

Ein Wahnsinnsschauspiel! Den Möwen machte das nur wenig aus. Sie schossen wie ein Pfeil ins Wasser in der Annahme, dass ein treibendes Seil oder ein Plastikbehältnis ein fetter Happen wäre. Pech gehabt! Schon flatterten sie wieder in die Höhe, oft gegen die Gewalt der Böen an, um es ein nächstes Mal zu versuchen.

Eine Katastrophe.

So etwas hatte Ivo noch nie erlebt, und er ist meererprobt, wenn auch nicht hier. Seine Eltern hatten ihn seit seiner frühen Kindheit ans Wasser gewöhnt: Jedes Jahr waren sie auf Norderney. Damals, als Kind, fand Ivo die Insel fantastisch, heute ist ihm dort viel zu viel Betrieb. Amrum ist einsamer.

Ivo war inzwischen bedingungsloser Wasserfan. Er liebte das Meer in allen Zuständen und bei jedem Wetter. Ohne Vorbehalte, ohne Einschränkungen. Die Nordsee mochte er am liebsten, immer Wind, immer Ebbe und Flut – manchmal mit sagenhaften Höhenunterschieden – und mit einer herben, nach Meer und Tang riechenden Atmosphäre. Wenn er in Wittdün den Anleger betrat, blieb er meist einen Augenblick stehen und schnupperte die Luft bewusst tief ein.

Die Injektion von Dr. Hummer hatte nur drei Stunden gewirkt. Der junge Mann blickte früh morgens aus einem Fenster der Pension Agathe über das Watt. Auch hier war Ruhe eingekehrt. Einige Vögel flatterten nach Nahrung umher, Gänse wahrscheinlich, Austernfischer und Eiderenten, unterscheiden kann man sie in der Dämmerung noch nicht.

Um sieben Uhr morgens knirschte der Kies draußen auf dem Hof verdächtig.

Ahnungen überfluteten ihn.

Er hörte mindestens zwei Autos auf den Hof vorfahren.

Wer kam zu dieser Zeit auf fremde Grundstücke? Gerichtsvollzieher? Polizei? Freunde?

Polizei.

Ivo war sich sicher: sie wollten zu ihm.

Wird ein Verhör folgen?

Ivo hatte plötzlich Angst. Er zitterte unkontrolliert, obwohl er sich keiner Schuld bewusst war. Was hätte er auch in diesen schrecklichen Augenblicken tun können? Manchmal lässt die Natur keine Chancen zu, so wie es in dieser Sturm-Nacht war.

Schon klopfte es an seiner Zimmertür.

„Ivo“, hörte er Selma Kayers verschlafene Stimme. Verdammt, die

Hexe hört wohl das Gras wachsen, ging's ihm durch den Kopf.

„Polizei für Sie. Sie sollen mit zur Wache!"

„Wie? Danke!"

Idiot. Dank, wofür? Wie kommen Bullen auf seinen Namen? Nur Selma und Myriam waren dabei. Falsche Zicke. Sie hätte ihm doch vorher Bescheid sagen können, dann wäre er einfach abgereist oder vorbereitet gewesen. Was konnte er dafür? Sollen die doch Myriam befragen!

Als er nach wenigen Minuten am Fahrzeug der Polizei stand, glotzten ihn zwei Augenpaare an, als wäre er ein Verbrecher. War er aber nicht.

„Und?", fragte Ivo unhöflich.

„Herr Ivo Heinhold?"

„Ja, der bin ich."

„Gut, steigen Sie bitte ein. Wir möchten Ihnen ein paar Fragen stellen, allerdings nicht hier. Wir bringen Sie nach Wittdün."

„Antworten kann ich auch hier geben, wenn es mich betrifft, oder?", ließ er die beiden Uniformierten forsch wissen.

„Nicht so ..., junger Mann. Wir führen nur einen Auftrag aus. Wir sind hierfür nicht verantwortlich."

„Entschuldigung!"

„Schon besser!"

„Einen Augenblick, ich komme gleich zurück!"

Wieder im Haus, stolperte Ivo beinahe über Selma Kayer. Hatte sie wieder gehorcht?

„Was hat das zu bedeuten?", fragte er sie verblüfft, „nach Wittdün?"

„Vorläufig. Die hiesige Polizei hat hier nur eine Nebenstelle. Die Zentrale ist in Husum in der Poggenstraße. Die haben da auch direkte Netzverbindungen nach Kiel! Ich war auch schon mal da wegen eines Verkehrsunfalls. Man hatte alles per Internet in die Landeshauptstadt geschickt. Vielleicht werden Sie nach Husum geflogen. Per Hubschrauber, super Aussicht!"

„Was soll das heißen?"

„Na ja, Leute, die nach Husum gebracht werden ... das ist immer was Größeres."

„Verstehe ich nicht!", sagte Ivo, und schüttelte mit dem Kopf. Er spürte, dass er rot anlief. Ein Blick in den Spiegel ließ ihn zurückprallen. Mein Gott, wie sah er denn aus? Tiefe Augenränder, als hätte er die ganze

Nacht gevögelt. Wehmut überkam ihn, denn diese Zeit war ein für alle Male vorbei. Hier jedenfalls.

Ivo eilte noch einmal in sein Zimmer, nahm seine Umhängetasche vom Wandhaken, blickte sich erneut um, ob die Schubladen der zwei Kommoden verschlossen und die Schlüssel abgezogen waren – er traute der Wirtin nun überhaupt nicht mehr über den Weg – und eilte nach draußen.

Was da wohl anlag? Mal sehen.

1.Kapitel
Erste Kontakte ...

19. Juni
Ivo ist sauer über aufmüpfige Gäste

Bei Ivo war die Hölle los. Unangemeldet standen Mitbewohner im Studentenwohnheim vor seiner Wohnungstür. Sie grienten ihn hämisch an, als er die Tür öffnete und überrascht aus der Wäsche glotzte, im wahrsten Sinne dieses Wortes. Er hatte völlig verdrängt, dass man es unter Studenten so handhabte, auf die Pauke zu hauen, wenn einer für ein paar Wochen Urlaub machte.

Sie sagten ihm allerdings, sie hätten sich zufällig getroffen.

Zehn Personen im Zufall? Wer das glaubt, wird selig.

Abschied heißt Party, genau dann, wenn man letzte Reisevorbereitungen trifft. Ivo war sauer. Damit hatte man wohl gerechnet, sich daran aber nicht gestört.

Er wollte morgen früh nämlich nach Amrum. Nichts Großes. Aber er wird vier Wochen von Zuhause weg sein, die Dauer war wohl der Grund, ihn aufzusuchen. Ivo war nämlich Surfer, angemeldet zu den Nordsee-Meisterschaften auf Sylt. Zur Vorbereitung auf den Wettbewerb sollten einundzwanzig Tage auf Amrum dienen. Die Surfschule am Norddorfer Strand war ihm seit letztem Sommer bekannt. Umfeld und Trainer gefielen ihm. Und surfen lässt sich dort bestens. Wind gibt's fast täglich. Also beschloss er, im kommenden Jahr wieder dahin zu fahren. Das sollte jetzt sein.

Eine Bleibe hatte er schon. Bei Selma Kayer, eine der wenigen Pensionen, in denen es noch Frühstück gibt.

Seine Eltern hatten der Vermieterin den Sohn letztes Jahr vorgestellt. Und komischerweise fühlte er sich sofort von ihr angezogen. Sie schien ihm eine ausgemergelte Frau zu sein, unförmig, wohl an die fünfundsiebzig Jahre, skurril anzusehen, schlagfertig und direkt. Ivo hatte auch das Gefühl, dass sie Teenager älteren Gästen vorzog. Warum allerdings, das konnte er nicht sagen.

Sie bot ihm an, sich die Zimmer anzusehen.

Er zottelte ihr hinterher, hielt seinen Mund. Nicht aus Anstand, nicht aus Höflichkeit, eher aus Verlegenheit. Der alten Dame gefiel seine Zurückhaltung. Sie spürte, dass dieser junge Mann irgendetwas Geheimnisvolles ausstrahlte, was auch die übrigen Urlauber empfinden könnten und anregend finden würden. Verborgenes reizt immer zu Fragen, möglicherweise zu Nachforschungen, und die würden der Pension gut tun.

Nachdem sie ihm mehrere Räume gezeigt hatte, äußerte er den Wunsch, im nächsten Jahr im Parterre wohnen zu wollen - mit Blick aufs Watt. Man könnte die Vogelwelt von hier aus besonders gut beobachten. Selma Kayer lächelte den gutaussehenden Jungen bei dieser Aussage süffisant an. Ihre Augen glitten sanft seinen Körper vom Kopf bis zu den Füßen entlang, blieben sekundenlang an seinem von knielangen Hosen bedeckten Unterleib kleben und wanderten weiter.

Dann nickte sie ihm zu.

Ivo nahm ihr Mienenspiel wahr. Sie konnte nicht wissen, dass er ein fabelhafter Beobachter war. Er zeichnete mit den Pupillen ihre Figur nach und stutzte beim kurzen Hals, der beinahe das Kinn verschluckte.

Er nahm an, dass sie vielleicht daran gedacht hatte, dass er unbemerkt und jederzeit durch die Fenster nach außen oder innen steigen könnte, vielleicht sogar mit einem Mädchen. Natürlich konnte sie nicht wissen, dass er mit dem weiblichen Geschlecht noch nicht allzu viel anzufangen wusste, sein Interesse galt dem Surfen. Schließlich wollte er auf Sylt einen hervorragenden Platz belegen und daher hieß es, sich für den Wettbewerb fitmachen. Wo kann man es besser als auf Amrum?

Später stellte sich heraus, dass Selma Kayer an ein Mädchen gedacht hatte, das ihren Urlaub seit Jahren bei ihr verbrachte, und genau zu der gewünschten Zeit. Auch sie bevorzugte ein Zimmer zum Norden hin mit Blick auf die Vogelkoje. Vielleicht konnte man beide zusammenbringen ... Schon stellte sie sich vor, wie die beiden ihr Haus beleben würden.

Sie dachte an ihren Willi, der vor sieben Jahren verstorben war, ein richtiger Kerl, und ... olala, konkurrenzlos.

Sie hatte für die junge Frau und Ivo zwei nebeneinander liegende Zimmer gewählt. Ein drittes war rechts von Ivos Räumlichkeit, verbunden durch eine Zwischentür, die von beiden Seiten allerdings mit einem Kleiderschrank zugestellt war. Selma Kayer hätte der jungen Frau auch dieses geben können, wollte aber nicht schnellen Bettgeschichten Vorschub leisten. Man brauchte nämlich nur die Möbelstücke zur Seite zu schieben, um an das Schloss heranzukommen und die Tür zu öffnen.

Räume und Mobiliar waren in Ordnung, das Bad war modern. Mehr braucht man nicht.

Sie vereinbarten eine Urlaubszeit, was für Ivo leicht war, denn seine Universitätsferien veränderten sich nicht, und noch konnte er ein Examen nicht ins Auge fassen. Schließlich begann im Herbst erst sein sechstes Semester. Fürs Lehramt braucht man mindestens vier Jahre, acht Semester.

„Mann, haut ab, ich kann euch nicht gebrauchen", brüllte Ivo seine Kommilitonen an. Diese ließen sich nicht beirren. Im Übrigen hatten sie alle etwas mitgebracht, Bier, Wein, Knabberzeug, Salzgebäck.

Also doch abgesprochen, ging es Ivo durch den Kopf.

Schon standen sie alle in seinem sechzehn Quadratmeter großen Zimmer, schmissen ihre Sachen in die Ecke und flätzten sich aufs Bett oder auf die Erde.

In diesem Alter ist man absoluter Lebenskünstler. Es hätten noch zehn Leute Platz gefunden. Und wenn nicht nebeneinander, dann übereinander.

Bier floss in Strömen. Die Mädchen erhielten vom Gastgeber Gläser. Schließlich war er ein Gentleman.

„Du mit deiner Scheißnordsee und der gottverlassenen Insel. Wenn überhaupt ans kalte Meer, dann nur nach Sylt."

„He, sei nicht so kleinkariert!", murrte Ivo verärgert.

Mit dieser Aussage und dem Tonfall heizte er eine Diskussion über die drei nordfriesischen Inseln – Sylt, Amrum und Föhr - an, und das war ihm plötzlich recht. Sein Ärger verflog im Nu, weil ihn alle reden ließen und sich um Getränke kümmerten. Ivo merkte nicht, dass fast niemand zuhörte, und so redete er über seine Sehnsucht, offenbarte seinen Charakter ein bisschen, hoffend, dass man ihn besser verstand. Er hatte über sich munkeln gehört, er wäre so etwas wie ein Asket, der in die Einsamkeit flieht, um sich selbst zu quälen.

„Lies du erstmal die Beichten von geilen Weibern, die über Sylt schreiben. Man kann die Insel nur so zu Papier bringen, wenn man dort seine Beine breit gemacht hat. Was die alles sehen, erleben und genießen

… fabelhaft, wie sie die Bars, Kneipen, das Strandleben und Action in den Dünen beschreiben, Mann oh Mann! Power total, keine Vorurteile, alles ist erlaubt. Man merkt förmlich, wie sie die Paare in den Dünen und am Tresen beobachtet haben!", blökte Heino in die Gegend, ein smarter, eigenwillig aussehender BWL-Student mit wulstigen Lippen. Sein überlegenes Lachen reichte meist vom Kinn bis zu den Schenkeln, was Ivo ekelte. Seine schwarzen über die Ohren fallenden Haare und der Mittelscheitel gaben ihm das Aussehen von, mein Gott, wer sah wie Heino aus? Ach ja, Edgar Allen Poe. Ivo lehnte diesen Typ vom Scheitel bis zur Sohle ab, er schien ihm zu aufgesetzt und von sich überzogen. Vielleicht aber war er nur neidisch, weil Heino es dicke hinter den Ohren hatte, und jedes Mal so tat, als ob er jeden Abend ein Fötzchen – wie Goethe es schon formuliert hatte – vernaschte.

Er antwortete etwas linkisch:

„Meer ist Meer!"

„So eine Kacke erzähl deiner Mutter. Schließlich muss man baden können, und vor Sylt gibt es wenigstens Wellen. Und wenn das nicht geht, bumsen in der Düne hat noch keinem geschadet. Generell ziehe ich die Malediven vor!"

„Angeber! Auf den Malediven ist gar nichts, Muslime treiben es nicht in der frischen Luft. Dann schon nach Phuket. "

„Auch hier in Deutschland ist das Meer ohne Grenzen, fantastisch, jeden Tag verändert es sich," entgegnete Ivo – vollkommen daneben und wirr, wie Max empfand. Der Streber spinnt ja!

„Mal zaubert die Sonne klitzekleine Sterne auf die Oberfläche des Wassers, mal pustet der Wind kleine Wellen vor sich her, mal streicht Nebel von Nordwesten über den Meeresspiegel!"

„Mensch Ivo, ein Flop, was du da von dir gibst, oder seid ihr andrer Meinung?", fragte Max in die Menge, ohne jemand anzusprechen.

Ivo ärgerte sich über sich selbst.

„Na und? Findet alles auch auf Sylt statt", entgegnete Heino herablassend.

„Stimmt", flötete Teresa ins gleiche Horn, und schob sich eine Handvoll Nüsse in den Mund. Sie hatte es seit langem auf den BWL-Kommilitonen abgesehen, zumal er aus einem reichen Elternhaus kommen sollte. Sie hoffte, mit ihrer Zustimmung ans Ziel zu kommen.

„Ich will was erleben, und das kann man nur auf dieser Insel. Die kleinen Kneipen, die Bars, die Leute, die Sandberge, wow! Und die vielen Titten am Strand von Kampen. Ich pfeife auf kleine Wellen! Nackte Brüste, Ivo! Solche wie die von Sophia Wollersheim aus dem Dschungelcamp. "

„Wer ist das denn?", fragte Ivo die Stirn runzelnd. Das war noch nie seine Welt.

„Siehst du denn nicht in die Glotze?"

Ivo konterte nicht mehr. Vor so viel Ignoranz war es besser zu schweigen. Außerdem hatten fast alle einen im Tee.

Um drei Uhr verschwand die Bande. So konnte er sich doch noch aufs Ohr hauen, was er tat. Er stellte den Wecker auf 6 Uhr. Mit Katzenwäsche und einer Cola würde er vielleicht zwanzig Minuten brauchen, also spätestens um 6:30 abfahren. Das Auto stand vollgepackt in der Garage, gleich um die Ecke.

Sein grüner Rucksack lag im Flur. Irgendjemand musste ihn dahin bugsiert haben. Seiner Meinung nach hing er am Kleiderhaken, den er über den Türrahmen gehängt hatte. Darin waren immer seine Papiere – Ausweis, Kfz- und Führerschein, Versicherungskarte, Kreditkarten und Girokarte – verstaut. Außerdem hatte er schon eine Flasche Wasser und irgendwelche Nüsse eingesteckt. Der Rucksack war also ausgebeutelt. Und dieser? Verdammt, er war schlapp wie ein leerer Weinschlauch, sonst nichts. Wollte ihm jemand einen Streich spielen? Er riss den Rucksack an sich, zerrte den Reißverschluss auf: keine Flasche, keine Wegzehrung. Dafür ein kleines Namenskärtchen in der inneren Seitentasche. Was nun? Er drehte es um, deutlich war zu lesen: Moritz Haider.

Ausgerechnet, sein bester Freund.

Demnach musste es sich um ein Versehen handeln, denn solche Scherze gingen nie von ihm aus. Was nun? Verzweifelt starrte er auf die Uhr. Es war bereits halb sieben. Wahrscheinlich ist die 9 Uhr – Fähre nicht mehr zu schaffen.

Wie sollte er an seine Habseligkeiten herankommen? Die Handy-Nummer fand er nicht im Notizbuch, dafür aber die Festnetznummer seiner Familie. Wo war Moritz? Ivo rief daher dort im Festnetz an. Seine Mutter war am Apparat, mehr als verblüfft, wie man aus ihrem heftigen

Atem heraushorchen konnte.

„Ich ... ich ... dachte“, stotterte sie, „er wäre bei dir ... Wenn nicht, dann hat er sich bestimmt ... bestimmt mit irgendjemand auf dem Kiez umgesehen, ruf ihn an“, sagte sie nun in einem normalen Ton und fließend, „ hier ist seine Handy-Nummer.“

Der junge Mann kritzelte sie auf eine alte Zeitung und drückte die Tasten seines Nokias. Tatsächlich, Moritz war direkt am Hörer. „Mensch, ich schaue sofort nach, mir ist nichts aufgefallen, aber ich hatte ja auch einen in der Krone!“ Ivo wartete nur einen Augenblick, dann bekam er Gewissheit.

„Wo bist du, Moritz?“

„Egal, wo ich bin. Wenn du mit deiner Karre vorbei kommst, stehe ich auf der Straße.“

„Wo?“

„Davidswache!“

„Wieso da?“

„Mann, frag nicht so dumm, man wird doch wohl noch Geheimnisse haben dürfen, oder sind wir miteinander verheiratet?“, flötete Moritz selbstsicher in den Hörer.

Aber das war er nicht, was Ivo empfand. Er hatte das Gefühl, dass sich seine Pupillen verengten, fast wurde ihm schwarz vor Augen.

Zeichen von Angst?

Aber wovor?

„He, schrei nicht so“, trompetete Ivo sauer zurück. „Unter Freunden? Ich erzähle dir auch immer alles.“

Moritz’ Überlegung gar nichts zu erklären, geriet ins Wanken, als er an die Freundschaft mit Ivo dachte. Und diese wollte er nicht verlieren, bloß nicht! Schließlich war Ivo wirklich sein bester Freund.

„Wenn ich dir das sage, wirst du mich sonst wo hin schießen!“, jammerte er leise.

Mein Gott, was hatte sein sonst so selbstbewusster Freund denn?, fragte sich der Surfer. Hatte er etwas ausgefressen? Wenn ja, dann wäre ein Gespräch unter Freunden doch genau das Richtige, man teilt dann nämlich sein Geheimnis mit jemand, dem man vertraut. Das erleichtert.

Aber wie kann er ihn zum Reden bringen?

Indem er laut wird? Nein! Schreien fordert zum Rückzug auf.

Indem er auf Enttäuschung macht? Zweifelhaft.

Oder ist es besser, seiner Stimme einen anklagenden Touch zu geben, leise und stockend zu sprechen?

„Quatsch! Wozu hat man denn einen besten Freund?", säuselte Ivo ins Telefon. Und grinste trotz seiner Misere.

Plötzlich kam ihm eine Idee.

War's eine gute?

Wird sich herausstellen, dachte er:

Wenn er stöhnen würde, dann könnte Moritz dies als Ärger auslegen. Vielleicht hilft das? Er durfte nur nicht merken, dass ihn sein Abenteuer mehr interessiert, nicht so sehr seine Gefühlslage. Schließlich ist man als Freund auch nicht nur der Ascheimer.

Ivo zuckte mit den Achseln. Dann atmete er schneller als ob er hechelte wie ein Hund nach einem Rennen und stöhnte danach mit einem tiefen langgezogenen Laut und sagte:

„Alter, halt mich nicht für blöd!"

Tatsächlich, das klang nach Ärger! Ob's klappt?

Wahrscheinlich war Moritz mit einer Nutte zusammen ... Na, wenn schon ...

Moritz spannte Ivo einen Augenblick auf die Folter, ließ ihn zappeln und auf eine Antwort warten. Dann hörte Ivo seinen Freund hektisch und mit zitternder Stimme ausspucken:

„Ich habe mit einem Mann ..."

Ihm war, als fiele ihm ein Stein vom Herzen. Ewig dieses Versteckspielen mit dem besten Freund. Das wird nun endgültig ein Ende haben, so oder so.

„Was?"

„Gevögelt!", brüllte Moritz jetzt, womit sein Selbstbewusstsein zurückkehrte.

„Wie bitte?"

„Ja, du hast richtig gehört!"

„Mensch, Moritz, dass musst du mir genau erzählen. Alle Einzelheiten, wenn wir uns nächste Mal treffen, ja?"

„Nicht sauer, enttäuscht oder was?"

„Warum sollte ich? Bis gleich ..."

Glück gehabt, dachte Ivo und machte sich auf den Weg.

20. Juni
Mit fünfundsiebzig Jahren krank vor Liebes-Sehnsucht

Selma Kayer war seit Jahren Alleininhaberin der Pension Haus Agathe. Sie hatte diese übernommen, als ihr Mann verstarb, ihr Willi! Sie liebte ihn seit ihrer Jugend.

Mit achtzehn Jahren hatte sie ihn geheiratet, den stattlichen, großen, drahtigen, jungen Amrumer, dessen Vater Bürgermeister von Norddorf war. Sein Sohn war beliebt, hilfsbereit und geschickt, wenn auch nicht der Redseligste. Willi schwieg nämlich lieber, als dass er sprach. Außerdem eilte ihm der Ruf voraus, ein richtiger Hecht zu sein. Was damit gemeint war, konnten nur Eingeweihte erklären, und das war die Fußballmannschaft, in der er spielte.

Selma war fünfzehn, als sie sich kennenlernten. In ihrer Jugend war sie schlank, keine Schönheit, aber auch nicht hässlich. Im Übrigen gab Willi sowieso nicht viel aufs Äußere von Menschen. Er fand, dass ihm Selma auf den Leib geschnitten war, außerdem war auch er kein *Adonis*. Da Selma mit dreizehn Jahren nachts vergewaltigt worden war, wusste sie zwar, wie Sex in etwa abläuft, aber damals fühlte sie sich erniedrigt und verletzt. Ein Psychotherapeut hatte sie wieder aufgerichtet, nachdem sie ihrer Mutter den Vorfall beichtete.

Willi war damals nicht wesentlich älter, neunzehn Jahre, schon mit allen Wassern gewaschen.

Das junge Mädchen war so in diesen Burschen verknallt, dass sie seine Nähe herbeisehnte, obwohl sie Angst vor seiner körperlichen Berührung hatte.

Sie wurde seine beste Schülerin. Sie war lernbegierig, Gott sei Dank auch lernfähig. Die damalige Vergewaltigung, die Brutalität des Mannes, der im Kittchen landete, ihren Schmerz hatte sie im Zusammensein mit Willi völlig verdrängt.

Schnell nahm sie seine Vorstellungen, Wünsche und Ratschläge an. Ihr gefiel alles, was er mit ihr anstellte. Sie erinnerte sich oft an das erste Mal, als sie ihn besuchte. Seine Eltern waren einen Tag nach Husum gefahren, die Bude war sturmfrei. Kaum waren sie in seinem Zimmer, stand er nackt vor ihr. Er lachte, als er wahrnahm, wie prüde sie wegschaute.

„Zieh dich auch aus. Nackt ist einmalig!"

Selma genierte sich, und es dauerte ziemlich lange, bis sie bis auf das Höschen ohne Kleidung vor ihm stand. Willi griente sie unverschämt an. Seine Männlichkeit war längst voll erwacht. Selma hatte tatsächlich noch nie einen nackten jungen Mann bei Tageslicht gesehen und schon gar nicht in dieser Verfassung. Sie war irritiert.

Willi ließ sie erst gar nicht zur Besinnung kommen. Er hatte Angst, dass sie es sich vielleicht überlegen könnte. Er näherte sich ihr, schon berührte sein Körper ihre zarte Haut. Selma zitterte. Vorsichtig griff er an ihren Schlüpfer und zog ihn sacht hinunter. Dann trat er wieder einen Schritt zurück.

Wie schön sie war! Haut aus Porzellan, dachte er. Ihr Busen war prall und himmlisch geformt, das gefiel ihm. Er zerrte das verschüchterte Mädchen vor den Schrankspiegel und sagte:

„Wir sind doch ein tolles Paar, oder?"

Er zog sie an sich, drückte mit seinem Unterleib gegen ihren, legte seine Arme um ihren Hals und küsste sie. Ein bisschen zu heftig, wie er fand, denn Selma wusste noch gar nichts davon. Zuhause wurde nämlich nur auf die Wangen geküsst.

„Was ich dir zeige, nennt man Knutschen!", gab Willi lachend von sich und schob seine Zunge in ihren Rachen.

Ein merkwürdiges Kribbeln ging durch ihre Glieder. Sie mochte es.

Dann war's geschehen.

Und es war wunderbar, wie sich Selma erinnerte. Willi war so zärtlich und liebevoll, so behutsam, dass sie sich an seinen Körper schmiegte und unwillkürlich einen Gegendruck ausübte, der ihn beseelte.

Die Gefühle wollte sie jeden Tag haben!

Bald war sie es, die ihn öfters heimlich besuchte, wenn seine Eltern unterwegs waren. Selma verlor all ihre Schüchternheit, wurde selbstbewusst und fordernd. Für sie war sein männliches Glied ein aufregendes Spielzeug.

Sie genoss es, wie Willi ihr alle Facetten des Sexes beibrachte, die er kannte. Als sie dreißig war, konnte ihr niemand mehr etwas vormachen, und sie ließ sich auch nichts vormachen. Schließlich war sie wer.

Die Pension war jedes Jahr ausgebucht. Die Menschen, die den Urlaub hier verbrachten, waren so unterschiedlich, wie Selma sich das nie hätte vorstellen können. Immer wieder staunte sie, wie sich Leute aufführten, gaben und verhielten. Willi sprach von einer interessanten Mischpoke. Das Wort hatte Selma noch nie gehört, und Willi erklärte es ihr geduldig. Zu Anfang kamen auch sehr viele junge Leute, Ferienwohnungen waren fast noch ein Fremdwort. Später buchten die meisten Familien mit Kindern die in allen Orten der Insel angebotenen Appartements, mal waren es zwei Zimmer, mal auch drei, oft aber große Einzimmerwohnungen mit Kochzeile, Bad und drei Betten.

Willi bat sie, auf Dialekt, auf den Klang der Sprache, auf die Art des Sprechens, auch auf Frisuren zu achten, darauf, wie man Brote schmiert, wie man sich anzieht, wie man mit seiner Freundin, seinem Freund oder mit den Eltern umgeht. Er fand immer neue Unterscheidungsmerkmale. Wenn man all das beachtet, könnte man sich auf jede Person einstellen.

Damals wusste Selma noch nicht, dass sie nach dem Tod ihres Mannes seine Ratschläge durch eigene Erfahrungen ergänzen würde. Wie konnte man sich mehr Informationen über den Logierbesuch beschaffen? Natürlich übers Internet! Nur fühlten sich ihre Gäste für Facebook und Instagram zu alt. Was für ein Unsinn, nein, die Leute waren nicht so flexibel wie sie selbst. Sie kannte sich darin aus und machte dort für ihre Pension Werbung.

Getrieben von ihrer Erinnerung an Willis Sexspiele, geisterte sie in den letzten Jahren daher nachts oft durch die Flure und blinzelte durch die Schlüssellöcher. Gäste, die sie manchmal traf, erklärte sie, dass sie aus Fürsorge Fensterverschlüsse und Türen überprüfe. In Wirklichkeit hielt sie Ausschau nach beleuchteten Räumen. Kaum entdeckt, blinzelte sie durch die Schlüssellöcher. Manchmal sah sie Verhalten, die ihr fremd waren, und in den drei Räumen, die noch nicht über ein Badezimmer verfügten, sondern ein Waschbecken hatten, überraschte sie schon zweimal Männer, die ins Becken pissten, diese Säue. Nackt waren viele. Sie kamen nicht an Willi heran. Und der Sex, den sie mitbekam, war weit entfernt von Willis Phantasien. Er war langweilig, sie unten, er oben. Kein bisschen Pep. Selma wollte mehr. Und die zwei Jungen, die schon im letzten Jahr gebucht hatten, werden ihr einiges bieten. Sicher sind die nicht anders, als sie mit Willi gewesen ist.

Ein Gaudi wird das!

Selma lächelte hintergründig.

Mit all dem Erlebten wurde Selma aufgeschlossen für Neues, tolerant Fremden gegenüber und andersartigen Charakteren und Körpern. Aber auch kritischer und wie bei den Pinklern abweisender. Vielleicht hat Ivo so etwas verspürt, denn er wusste von sich, er gehörte nicht zu den an die Masse angepassten Jugendlichen. Er war anders.

Ihr Stolz waren inzwischen Stammgäste. Diese kamen nicht des Frühstücks wegen. Vielmehr der großartigen Weitsicht, die man übers Watt hat, besonders, wenn es fast leer gelaufen ist.

Stammgast war auch Myriam König.

Auch wenn Myriam einen eigenartigen Charakter zu haben schien, und manchmal wie ein junges Mädchen tat, für Selma Kayer war das damals kein Grund, sie abzuweisen, als sie vor der Tür stand und nach einem Zimmer fragte. Im Gegenteil. Sie solidarisierte sich gern mit alleinstehenden Frauen, gleichgültig, ob der Mann verstorben war oder weggelaufen, ob man sich scheiden ließ oder einfach nur ohne Anhang blieb.

Myriam König kam nie mit Partner. Als Witwe erklärte sich Selma das so: Der Frau fehlen zwei kräftige Brüste, wie Willi sie liebte. Das stimmte, und dennoch irrte die Wirtin. Myriam trug ein Geheimnis mit sich herum, über das sie noch nie mit jemand gesprochen hatte.

„Dieses blöde Wattenmeer! Wie eine dunkle Wüste", hatte einmal ein Logierbesuch behauptet.

„Das stimmt nicht!" Selma Kayer war empört. Sie war froh, als der Mann Leine zog. Solche Leute passen nicht hierher, meinte sie.

„Das Watt hat Gott in seiner glücklichsten Stunde geschaffen", ließ sie jeden wissen.

„Wenn Sie wüssten ...", dann hielt sie einen Augenblick inne und ihre Miene verklärte sich zu einem glücklichen Lächeln, „was hier los ist. Wo tummeln sich mehr Krebse, Krabben, Käfer, Larven und Würmer auf einen Kubikmeter als hier? Und woanders zaubert der feuchte Schlick aus puren Sonnenstrahlen ein flimmerndes glänzendes Meer?"

Selma Kayer wandte sich bei diesen Worten ihrer Arbeit zu: Geschirr abräumen, Krümel aufsaugen und Servietten einsammeln. Ihre Augen waren feucht geworden, als sie laut über diesen besonderen Teil der Nordsee redete, und das sollte keiner merken.

Inzwischen hatte sie das Buffet gedeckt, den Kaffee gekocht und auf jeden Tisch Brötchen und Brot gestellt. Die Hälfte ihrer gegenwärtigen Gäste schien gleichzeitig in den Frühstücksraum zu drängen.

Zwei weitere Gäste würde sie noch in dieser Woche erwarten, meinte sie allen zugewandt, verschwieg aber, dass es zwei Jungs waren und auch, dass sie sich auf diese freute.

„Schauen Sie schnell nach Föhr hin!“, rief sie den Eintretenden beim Öffnen der Fenster zu. Sie hatte als erste bemerkt: Schwärme, die in der Wiesenniederung vor ihrem Haus auf engsten Raum landeten, ohne sich zu berühren, dann jedoch irgendwie gestört wurden, sich hintereinander in einer Kurve in die Höhe schraubten, den dichten, wie Wolken aussehenden Kulps mit ihren atemberaubenden gleichzeitig ausgeführten Manövern aus dem Weg flogen, und entfernt im Watt landeten.

Man war ihr dankbar.

„Lässt das aufregende Geräusch von Flügelschlägen beim Starten und Landen der Gänse und ihr Geschrei nicht aufhorchen? Was für eine Mischung der Laute, ein unglaubliches Phänomen!“

Wann wird man so etwas wieder hören und sehen? Spätestens nach einer Woche teilten die Menschen ihre Begeisterung.

Sie schloss die Fenster wieder. Sie wusste, dass ihre Gäste noch lange hierüber sprechen werden. Die meisten, die bei ihr ein Zimmer gemietet hatten, spazierten ein paarmal wöchentlich den Mittelweg über die Wiesen zu den Norddünen, nur um die Vogelwelt zu beobachten. Myriam gehörte dazu. Auch waren immer wieder Fotografen dabei, die diese Besonderheit einfingen. Jedes Jahr kommen Tausende von Grau- und Wildgänsen, Hunderte von Staren, ebenso Kiebitze.

Selma Kayer schaute auf die Uhr. Gerade jetzt musste die Neunuhrdreißigfähre in Wittdün angelangt sein. In einer halben Stunde wird der junge Ivo vor ihr stehen. Sie freute sich sehr auf den Studenten, dessen Können sie im letzten Jahr schon bewundert hatte. Ein so frischer junger Mann wird allen Gästen gut tun, besonders aber Myriam König, die vor zwei Tagen angereist war. Sie machte bereits im vierten Jahr Urlaub im Haus Agathe.

Selma Kayers Augen hatten sich im letzten Jahr verschlechtert. Weit konnte sie mit ihnen nicht mehr sehen. Aber das wird sich ändern. Im November wird sie die Augenklinik in Kiel aufsuchen. Das hatte sie sich selbst geschworen. Schrecklich, sagte sie, wenn man nicht mehr alles genau erkennen kann. Man stelle sich nur mal vor, da stände plötzlich ein Gangster vor ihr ...

So hatte sie auch nicht gleich mitbekommen, dass es Myriam war, die vor zwei Tagen ankam. Aber dann erblickte sie die Flasche Wasser im Arm. Nur Myriam benutzte sie wie kein anderer Gast. Selma Kayer sagte, dass das ihr Markenzeichen wäre. Eigentlich kann bei einer Flasche Trinkwasser von Markenzeichen überhaupt nicht die Rede sein, dachte sie, aber dennoch, für sie war es eine Art Stempel, der Myriam unterscheidbar machte.

Das Festnetztelefon im Eingang läutete. Selma Kayer sprintete – als wäre sie zwanzig Jahre – in das mit Tüllgardinen und Lochstickereien überladene Foyer. Willi hatte die Empfangshalle eingerichtet. Er meinte, sie wäre das Aushängeschild der Pension, und seine Frau verschönte es – wie sie selbst meinte - mit allerlei Accessoires, unter anderem durch die Vorhänge und Deckchen, die überall platziert waren, auf dem Tresen, auf Tischchen, Konsolen und sogar unter den Blumentöpfen. Dazwischen sechsundzwanzig üppige, unechte Blumensträuße. Selma meinte damals, sie sähen wie richtige aus, und so spare man Geld.

Sie nahm den Hörer ab und hörte eine etwas keuchende Stimme. Es war Ivo. Er wird erst abends ankommen, weil er die Morgenfähre verpasst habe. Schade, aber egal. Ob sie ihn nun einen halben Tag früher oder später empfangen kann, was spielt das für eine Rolle? Die Hauptsache, er ist ihr Gast. Bei diesen Gedanken kommt Myriam aus dem Frühstücksraum. Selma nickt ihr fröhlich zu.

Wenn's gelingt ...

Ihr Plan war geheimnisvoll, aber hinterhältig.

„Ein junger Kerl !“, wobei sie auf den Hörer zeigte. Dann flüsterte sie, „er wird dir gefallen. Sie sitzen am gleichen Tisch, dafür werde ich sorgen!“

Sie hatte die beiden Zimmer im Parterre nebeneinander gewählt, im äußersten schlief die junge Frau, das daneben, in der Mitte, war Ivo zugedacht. Der dritte kleinere Raum war für einen fast Sechzehnjährigen aus Wasserburg reserviert, dessen Eltern immer bei Hüttmann wohnten, wenn sie auf der Insel sind. Dieses Mal sollte der Junge ein eigenes Reich bekommen – nicht bei der Familie –, damit er die Freiheit kennenlernen und ein bisschen auskosten konnte.

„Sie beobachten ihn doch, nicht wahr, damit er keine Dummheiten macht? Sie kennen das ja vom eigenen Filius, die Flegeljahre ..."

„Ja, ja", säuselte Selma Kayer genüsslich zurück.

„Aber bei Ihnen auf Amrum ist das Risiko, in falsche Hände zu fallen, gleich null!"

„Genau!" antwortete Selma Kayer genervt!

Eltern gibt es, dachte die Wirtin. Ein Junge seines Alters kann ja auch auf eine Frau oder einen Mann reinfallen. Manche Jugendliche suchen geradezu Kontakte. Man denke nur an Justin Bieber. Ebenso Ältere. Willi hatte schon mit vierzehn Sex mit einer vierzigjährigen Frau. Und Myriam wäre doch auch eine Frau, die sich nach einem Mann sehnt, oder? Wenn's mit Ivo nicht klappt, muss sie sich an den Schüler heranmachen.

Ich leiste erste Hilfe! Geschworen!

Ihre Miene verzog sich bei ihren Gedanken zu einem breiten Grinsen. Wird das ein Fest werden!

Pubertät!

Was stellen sich bloß Eltern bei einem Pubertierenden vor? Sie hatten doch am eigenen Leib erfahren, was es heißt, körperliche Veränderungen wahrzunehmen? Lesen die beiden denn gar keine Zeitung? Ein BILD-Bericht informierte im Frühjahr die Öffentlichkeit von jugendlichen Wünschen und Aktivitäten. Sensationell, was da stand: Die Hälfte aller fünfzehnjährigen Jungen ziehen sich bereits Pornos rein. Wenn ihr Sohn dazu zählt?

Ivo ist doch ein fieses Schlitzohr

Bedenkenlos setzte sich Ivo in seinen alten, maroden Kangoo. Es war ein Wagen der ersten Generation. Was sollte schon passieren? Vorsichtig lenkte er das Fahrzeug aus der Tiefgarage auf die Auffahrt, blickte nach links – kein Gegenverkehr - nach rechts - die Fahrbahn war leer. Ab ging' s!

Nur nicht auffallen, bloß keinen Unfall verursachen.

Feldstraße, Kreuzung zu den Gerichten.

Halt! Ivo sah die Ampel auf Rot springen, als er von den Messehallen in Richtung Hafen abbog. Vor ihm nur ein Fahrzeug, das ihm die Sicht nach vorn beließ. Drüben auf der anderen Seite, direkt an der Ecke, mehrere Verkehrspolizisten, im Hintergrund zwei VW-Transporter, die Seitenschiebetüren geöffnet. Ivo erkannte darin einen Tisch und zwei Leute. Also hatte man jemand angehalten.

Ivo beugte sich über das Lenkrad, seine rechte Hand ruhte auf der Gangschaltung, sein linker Arm auf seinem Oberschenkel. Zwei Wagen wurden jetzt rechts auf das leere Gelände des Heiligengeistfeldes gelotst. Jeweils zwei Polizisten baten die Fahrer auszusteigen. Offensichtlich ließ man sich die Papiere zeigen. Dann geleiteten sie einen Mann zum zweiten Kastenwagen, wohl zur Aufnahme von Daten.

Die Ampel stand immer noch auf Rot.

Was war zu tun? Ivos Hirn arbeitete wie bei einer Klausur, fieberhaft. Gäbe er gleich Gas und führe an den Verkehrswächtern vorbei, ohne sich um das Geschehen zu kümmern, würde man ihm eine BMW-Maschine auf den Hals hetzen. Mehrere schwere Motorräder standen neben den Einsatzfahrzeugen.

Würde er langsam vorbeischleichen, nein, das war auch nicht die Lösung. Anormales Verhalten macht verdächtig.

Gelb.

Am besten nach links zum Gerichtsplatz abbiegen, obwohl er auf der Geradeausspur steht? Also bewusst falsch fahren, was zur Folge hätte, dass er anderen PKWs die Vorfahrt nehmen würde. Der Vorteil wäre, dass man ihm nicht ohne weiteres folgen könnte, weil man sich in Windeseile schlecht in den fließenden Verkehr einfädeln könnte.

Grün.

Instinktiv gab Ivo angemessen Gas und fuhr an den Beamten vorbei, die ihn nicht anhielten. Glück gehabt.

Seine rechte Hand klopfte auf den Schenkel.

Bald hatte er die Reeperbahn erreicht, kreuzte sie und fuhr eine Parallelstraße in Richtung Davidstraße entlang. Obwohl es noch früh morgens war, gab es keine Parkplätze mehr. Ivo war überzeugt davon, dass es sich um die Wagen des Personals aus den umliegenden Bars, Kaschemmen, Bistros und Hotels handelte. Amerikanische Limousinen gehörten sicher den Zuhältern und Puffbesitzern. An der Reeperbahn angelangt, bog er rechts zur Davidswache ab und stellte den Kangoo vorm St. Pauli – Theater im Halteverbot ab.

Wo war sein Kumpel? Genau hier wollte Moritz mit Ivos Rucksack stehen. Ivo drehte sich um seine eigene Achse, er nahm jede Richtung der Reeperbahn in Augenschein, rannte um den Eingang der Tiefgarage des Spielbudenplatzes, dann über den Fußgängerweg und stoppte am Kantstein. Plötzlich landeten seine Augen auf der breiten Fahrbahn in Richtung Altona. Ivo stutzte. Ein Fahrrad tauchte in der Nähe der U-Bahn-Station auf. Wenn jemand so früh morgens auf dem Fahrrad in Schlangenlinien fährt, kann etwas nicht in Ordnung sein ...

Inzwischen hatte Ivo seine Blicke auf die gegenüberliegende Straße gerichtet. Er sah einen Mann auf der anderen Straßenseite in Richtung Fußgängerüberweg und seinen Standort zulaufen. War es Moritz? War es der vertauschte Rucksack, den Moritz in der rechten Hand trug? Noch konnte Ivo die drei roten Punkte nicht ausmachen, die er auf den Verschluss geklebt hatte.

Da blitzte das Rot seiner Markierungen auf. Es war Ivos Rucksack, jetzt eindeutig erkennbar.

Also war es Moritz. Dieser Idiot ...

Radfahrer und er hatten die Kreuzung im rechten Winkel erreicht.

Moritz sprintete beim Grün seiner Ampel los, die Blicke nach vorn gerichtet. Der Radfahrer kümmerte sich nicht um Verkehrszeichen, trat in die Pedalen, was das Zeug hielt, erreichte den Überweg bei Rot, wurde plötzlich durchgeschüttelt und stürzte vom Sattel.

Moritz war gegen sein Hinterrad geprallt.

Er wurde auf die linke Fahrbahn geschleudert. Der Rucksack flog in hohem Bogen auf den Gehsteig, wo Ivo einen Meter entfernt stand. Schnell griff er nach seinem Eigentum.

Beide Männer waren verletzt. Ivo stürzte sich zuerst auf Moritz, zog ihn von der Fahrbahn und beugte sich über sein Gesicht. Sein Atem roch nach Alkohol.

„Alles in Ordnung?“, fragte er erschüttert.

„Weiß nicht!“, stöhnte Moritz.

„Das Fahrrad ist bei Rot über die Kreuzung geprescht, im Zickzackkurs, wenn ich mich nicht irre. Der Kerl ist besoffen!“

Inzwischen waren zwei Polizisten vor Ort und kümmerten sich um die Verletzten. Ein Notarztwagen brachte sie ins Krankenhaus. Ordnungshüter zogen das lädierte Fahrrad auf den Gehweg und suchten nach Zeugen.

Es gab nur einen, das war Ivo.

Auch das noch!

Eine Polizistin kam auf den jungen Studenten zu.

Er wurde von ihr aufgefordert, sie zur Wache zu begleiten, dort solle er den Hergang des Unfalls schildern.

„Fünfzig Meter weiter ist schon unser Haus."

„Das sieht sogar ein Blinder!", antwortete Ivo pampig. Der Schriftzug Polizei leuchtete mitten in Höhe des zweiten Stocks. Unverkennbar. Außerdem, wer kannte diese nicht? Ivo sah nun nämlich seine Felle auch für die Zwölf-Uhr-Fähre schwinden. Er war verzweifelt.

„Wir haben Sie beobachtet. Sie stehen im Fahrverbot, und das seit vielen Minuten", blökte ihm die Polizistin ins Ohr. „Das kostet eine Kleinigkeit, wenn Sie sich nicht bereit erklären, mit uns zusammenzuarbeiten."

„Will ich ja", schießt es aus Ivo heraus! Er hatte nämlich sofort seinen Geldbeutel vor Augen, und der war ziemlich schlapp.

Gott sei Dank hatte er Glück im Unglück. Er konnte sich ausweisen, denn alle Papiere fand er in seinem Rucksack wieder. Er schilderte, was er gesehen und erlebt hatte, wies darauf hin, dass der Radler betrunken gewesen sein musste, fuhr dieser doch in Schlangenlinien bei Rot über die Kreuzung.

Vernehmung, Protokollanfertigung und Unterschrift nahmen mehr als eine Stunde in Anspruch. Dabei verschwieg er, dass der eine der beiden Verletzten ein Freund war, auf den er gewartet hätte. Somit blieb auch der Rucksackwechsel ungenannt.

Auf Nachfrage wurde ihm mitgeteilt, dass die Verletzten in die Unfallchirurgie nach Eppendorf gebracht worden sind.

„Da wird man schon feststellen, wer von beiden unter Alkoholeinfluss oder sonst was stand!", gab die Polizistin ihm noch mit auf den Weg.

Ivo rief von seinem Handy aus bei Selma Kayer an, als er die Polizeistation verlassen konnte. Er war immer noch erregt. Selma Kayer schien enttäuscht. Wieso kam es ihr denn darauf an, wann er eintreffen würde? Es gab für die Vermietung der Räume keinen Unterschied. Die Anzahl der Übernachtungen blieb doch gleich, oder?

Danach telefonierte er mit der Wyker Dampfschiffs-Reederei. Die in Frage kommende Fähre ging um achtzehn Uhr.

Myriam König, ein Landei par excellence?

Sie ist keine Königin. Im Gegenteil. Ein Aschenputtel eher, bisher ohne Fortune. Sie ist groß, zu groß für eine Frau, schlank, zu schlank für eine Siebenundzwanzigjährige, flach, zu flach auf der Brust, und schüchtern wie ein zwölfjähriges Mädchen. Legte sie doch bloß ein bisschen Rouge auf die Lippen, ein wenig Bräune ins Gesicht und gäbe sie auf die Frisur ihrer himmlisch roten Haare acht, dann hätte sie es in der Vergangenheit leichter gehabt, geht es Selma Kayer durch den Kopf, als sie die junge Frau erblickte. Daher drängte sie ihren Gast in die Küche, von der ihr eigenes Bad abging.

Selma Kayer hatte ihr im letzten Jahr das „Du“ angeboten. Sie hoffte, näher an ihren Gast heranzukommen. Sie wollte einfach nur helfen. Und wenn es Gespräche sind, die sie führen könnten. Nimmt man nicht leichter Ratschläge an von jemand, den man gut kennt und schätzt?

„Los, Myriam, ich mache aus dir einen Star. Setz dich hierhin. Niemand sieht, was wir vorhaben und wenn‘s dir nicht gefällt, Tusche ist leicht zu beseitigen.“

Myriam gehorchte. Sie war nicht der Typ, der sich wehren konnte, dazu war sie nicht selbstbewusst genug. Nur eins wusste sie, rote Lippen, nein danke! Natürlichkeit ist alles. Ihr fehlendes Selbstbewusstsein hatte den Chef der Bäckerei, in der sie Brötchenverkäuferin war, nicht gestört. Im Gegenteil. Dann gibt es wenigstens kein Herummotzen und wegen der niedrigen Stundenlöhne kein Auflehnen.

Myriam stellte ihre Flasche Soda auf die Fensterbank. Warum läuft sie nur drei Wochen lang mit diesem verfluchten Getränk durch die Gegend, man hielt sie schon im letzten Jahr für verrückt, wie Selma im Dorf erfuhr. Myriam war bekannt wie ein Straßenköter. Schon in der letzten Saison hatte Selma ihr geraten, sich eine kleinere Flasche zu besorgen. Erstens wäre diese leichter, und zweitens könnte man sie besser in einem Einkaufsbeutel verstauen. Schließlich musste nicht jeder gleich mit bekommen, dass sie ein Gesundheitsapostel war. Myriams Länge fiel auf. So etwas behalten Leute.

Ein Bleichgesicht mit roten Haaren, ein Feuerkopf wie Pippi Langstrumpf. Dieses kleine, wonnige, freche schwedische Mädchen geistert wohl in allen Köpfen der Menschen herum. Aber so eine wie Myriam, diese Bohnenstange, sie hat wirklich wenig mit Pippi gemeinsam. Sie macht eben nur auf Pippi. Und das nahmen ihr andere Gäste und Kinder übel.

Und die Wasserflasche, immer unterm Arm. Manche glaubten, sie wolle sich mit ihr wehren, wenn Grabscher sie belästigen würden. Merkte man denn gar nicht, dass es kein Mann auf Myriam abgesehen hatte und nie haben wird, sollte sie ihr Äußeres und ihre Haltung nicht ändern?

Selma hatte größtes Vergnügen daran, sie aufzumotzen. Wenn Ivo sie morgen früh am Frühstückstisch so sieht, wie sie noch heute Vormittag werden wird, funkte es vielleicht bei ihm. Und wenn nicht am ersten Tag, dann am zweiten oder dritten. Bis dahin habe ich sie ein bisschen umgekrempelt, selbstbewusster gemacht.

Wir Frauen müssen doch zusammenhalten.

Und es ist wahr, ein Leben mit einem Partner ist doch die halbe Miete zum glücklichen Dasein. Wie war das noch, was Cicero gesagt haben soll? Selma dachte nach.

Sie gehörte seit dem Tod ihres Mannes zu den eifrigsten Leserinnen der Insel, jede Woche kaufte sie bei Quedens in Wittdün ein Buch auf Empfehlung. Und letzte Woche hatte man ihr eins über Cicero angepriesen. Es war großartig! Er sagte einmal: *Die Natur verabscheue Einsamkeit.* Das war Wasser auf ihre Mühlen, genau das empfand sie mit Willi. Und für ihn ließ sie sich ständig etwas Neues einfallen, mal trug sie Ohrringe, mal nur Ketten, mal frisierte sie ihre Haare zum Vogelnest, mal zur Ponyfrisur, mal ließ sie sich Locken einbrennen, mal färbte sie es mit einer abwaschbaren Tinktur braun, schwarz, blond. Willi liebte die Abwechslung.

In Norddorf wurde sie deshalb belächelt. Einige hielten sie für übergeschnappt, andere verurteilten ihre Aufmachung, weil sich Männer dann nur vom Äußeren leiten lassen, wie man meinte. Am meisten Willi.

Willi war wild auf sie gewesen, auf jede Veränderung, auf jeden neuen Duft.

Aber auch umgekehrt, lächelte sie in sich hinein. Sie brauchte seine Nähe, sein Drängen, seinen Mannhaftigkeit, seinen Geruch. Den liebte sie besonders am Morgen, wenn dieser aus dem Schritt herauswaberte. Dass er es im höheren Alter mit dem Reden überhaupt nicht mehr hatte, störte sie nicht. Ihr war sowieso sein Körper wichtiger, besonders dann, wenn er über sie herfiel.

So soll's Myriam auch mal ergehen. Sie brauchte einen Willi und vielleicht ist Ivo sogar einer.

Myriam sah jetzt tatsächlich jünger aus. Hübsch die zart rosa Bäckchen, die Bräune im Gesicht, die getönten Lippen. Sie schaute in den Spiegel.

„Das soll ich sein?"

„Bist du! Leider hast du dich immer nur mit deiner früheren Visage gesehen, und damit war kein Staat zu machen."

Myriam beschloss, heute im Haus zu bleiben und ihre Kriegsbemalung zu behalten. Mal sehen, was die anderen Gäste im Haus sagen werden. Wenn sie mich so akzeptieren, dann ... ja, dann muss Selma morgen früh wieder helfen! Sie musste bei diesem Gedanken an Ivo denken. Der Junge soll hübsch sein, Student, dann wird er zweiundzwanzig oder dreiundzwanzig sein. Nicht schlecht. Und vielleicht ist er auch noch so unerfahren wie ich, dachte sie. Dann könnte es klappen. Ich werde mich vor seinem Eintreffen noch baden. Selma hatte ihr ein wunderbares Badesalz gegeben, was nach Lavendel duftete.

„Mögen denn Jungen diesen Duft?", fragte sie.

„Natürlich!", antworte Selma. „Mein Willi war scharf drauf. Lavendel hätte ihn angeregt, nein, erregt." Ob Myriam den Unterschied kannte, konnte Selma nicht sagen. Sie nahm an, eher nicht. Ihre Miene jedenfalls zeigte keine Regung.

Ivo starrt gebannt auf bebende Körper

Ivo lenkte seinen Kangoo nach einer Stunde Fahrt auf den dicht bewachsenen Parkplatz Dithmarscher Geest hinter Itzehoe. Die Abfahrtszeit der noch in Hamburg bestätigten Fähre von Dagebüll war achtzehn Uhr. Er hatte also genügend Zeit. Der übermüdete Fahrer stellte seinen Wagen ganz vorn fast an der Ausfahrt ab, ein guter Platz, wie er fand, niemand konnte ihn sehen, weil er gleich an der Einfahrt parkte, da das Gelände als Halbkreis mit dichtem Bewuchs in seinem Kern angelegt war. Kein Auto weit und breit, obwohl ein ziemlicher Verkehr auf der Autobahn herrschte. Ivo stieg aus, betätigte die Fernbedienung für alle Türen. Verschlossene Wagen werden zwar auch von geschickten Dieben im Handumdrehen geöffnet, dennoch braucht man mehr Zeit, ins Innere zu gelangen. Im Übrigen wollte Ivo kein Risiko eingehen, obwohl er eben nur austreten musste. Da er immer einen Laptop bei sich hatte, mehrere Kameras, sein Handy und seinen Rucksack mit Geld und Papieren, außerdem Surfbretter und Surfausrüstung, würden Diebe fette Beute bei ihm machen. Ivo wusste, dass die meisten Einbrüche auf Parkplätzen oder in Parkhäusern stattfinden. Das Gelände auf diesem Parkplatz war dafür ideal, weil man sich leicht verstecken konnte. Mit Einzeldieben würde Ivo es wohl noch aufnehmen, würde er einen von ihnen erwischen. Bei Banden wäre er aufgeschmissen. Ohne Rücksicht schlagen deren Mitglieder sofort zu. Man kennt das! Manche Zeitung schlachtet allerdings die Überfälle noch aus. Angstmacher.

Scheißkerle!

Ivo musste dringend. Er steckte den Wagenschlüssel in seine Hosentasche. Seine rechte Hand griff an den Schwanz. Er stolperte mehr als dass er in das etwas tiefer gelegene, rechts vor ihm liegende Buschwerk springt. Der Druck nahm überhand. Mann!

Die Blase schmerzte. Auf den letzten Metern knöpfte er den Bund auf. Zu früh. Die Hose rutschte auf die Schuhe, er strauchelte. Da lag er nun auf dem Boden, wehrlos. Wenn nun noch Kriminelle kämen ... Ivo starrte voller Angst in die Gegend. Er merkte, wie sich das warme Zeug durch die Unterhose zwischen den Schenkeln verteilte. Warum hatte er bloß nicht gegen den hinteren Kotflügel gepinkelt. Die Toilette hätte es auch getan. Jedenfalls hätte er es dahin geschafft, weil der Parkplatz betoniert war. Aber für die kleinen Parkplatzhäuser quälte ihn immer eine Blockade. Ivo hasste sie. Sie sind meist beschmutzt und stanken penetrant. Der Autobahndienst reinigte sie einmal am Tag, obwohl täglich oft mehr als fünfhundert PKW-Reisende die Örtchen aufsuchen dürften.

Ivo, schon halb erhoben, fällt zurück in den Dreck, rein in die Pisse. Beim Hochziehen der Hose spürt er an den Waden diese widerliche

Feuchtigkeit, die er vom Radfahren her kennt, wenn er von Regenschauer überrascht worden ist. Ekelhaft.

Ein Urinstreifen auf beiden Hosenbeinen. Runter damit. Ivo wurde ärgerlich. Die Schnürschuhe! Sie störten. Als er endlich die engen Röhren halb über die Haken gezogen hatte, machte ihn ein Geräusch wie das Zerreißen von Stoff wütend.

‚So, das habt ihr davon', grölte er, zerrte die Autoschlüssel aus der nassen Hose und warf sie in hohem Bogen ins Unterholz. Als er sich gerade wieder zum Auto bewegte, hörte er ein tiefes Röhren, das konnte eigentlich nur der Zylinder einer schweren BMW sein, jetzt ein kurzes Knattern, dann Stottern, eine Maschine lief aus. Ivo blieb stehen und setzte ein paar Schritte zurück. Ein Motorrad, wie er richtig vermutet hatte. Der Sound ist Männern bekannt, der herrliche Klang hochgerüsteter BMWs oder Harley Davidson ähneln sich.

Ivo stellte sich auf die Zehenspitzen, um über den mit dichtem Laub bewachsenen Busch hinwegzusehen. Zusätzlich reckte er seinen Hals. War es Neugierde oder irgendeine nebulöse Ahnung? Er beantwortete seine im Kopf gestellte Frage mit einem Achselzucken.

Ein junger Mann! Geschmeidig sprang dieser von seinem Sitz. Gleichzeitig hielt er mit beiden Händen den Lenker in der Spur, um nicht die Balance durch das Eigengewicht der Maschine zu verlieren. Fabelhaft, geht's Ivo durch den Kopf, ganz und gar vergessend, dass er mit bloßen Beinen dasteht und die nasse Hose irgendwo auf der Erde liegt. Ivo war fasziniert. Wie der Kradfahrer mit einer Leichtigkeit die schwere Maschine aufbockte, großartig! Schade, dass er nie einen solchen Typ kennengelernt hatte, und im Studentenwohnheim gab's nur Schreibtischtäter. Ivo war sich plötzlich im Klaren darüber, dass er mit einem solchen jungen Mann gern befreundet wäre, einem, der zupacken kann! Als dieser nun noch um sein Krad herumhopste, und das Vorderrad etwas zur Seite drehte, dann sich mit Blick zur Autobahn auf dem Tank abstützte, cool! Sein Helm hing bereits auf der linken Lenkerseite. Ivo bekam sich kaum noch ein. Der Wuschelkopf machte den Burschen total anziehend.

Da läuft doch was, dachte Ivo, aufpassen, aber versteckt bleiben! Es könnte spannend werden. Die feuchte Unterhose hatte er längst aus seinem Gedächtnis gestrichen. Hatte er nicht neulich gerade gelesen, dass gewisse Raststätten als Treffpunkt für allerlei Banden, Gesocks und Berühmtheiten auserkoren waren? Waren es nicht Hells Angels, die sich an solchen Stätten zusammen rotteten? In Großstadtnähe soll es sogar Cruisingplätze für Prostituierte geben, sowohl für Nutten als auch für Stricher.

Was war das?

Warum stellte sich der Motorradbesitzer mit Blick zur Einfahrt hin? Und dann gewahrte Ivo kurze Hosen, die bis zu den Knien reichten. Das muss doch etwas zu bedeuten haben, oder?

Ivo beschloss, stehen zu bleiben, wo er war, schließlich konnte er nur von hier aus unbemerkt beobachten, was passieren würde. Durch die Äste hindurch bemerkte er, dass ein Porsche die Einfahrt langsam hochkroch, als ob sein Fahrer jemand suchte?

Tatsächlich!

Er hielt unmittelbar hinter der Maschine des Jungen. Wie alt mochte der Motorradfahrer wirklich sein? Viel jünger als er? Fünf Jahre vielleicht? Durfte er dann eine so schwere Maschine steuern? Geiler Junge!

Bestimmt nicht älter als zwanzig. Merkwürdig, dass ihn so ein fremdes Kerlchen interessierte. Ivo beschloss, darüber später nachzudenken. Jetzt galt es zu beobachten, was hier ablaufen würde.

Ein Mann hangelte sich mit gebeugten Beinen aus dem Sportwagen. Er war groß. Ivo hatte den Eindruck, dass auch er relativ jung war. Wahrscheinlich knapp unter dreißig. Die Wagentür fiel mit einem dumpfen Knall in seine Verankerung, als sie energisch mit einem Fußtritt in ihr Schloss befördert wurde. Der zweite Kerl war allein. Söldnerkappe, Schnauzer, der zweifelhafte Schmuck vieler Leader-Typen, knielange Hosen, ausgewaschenes Rot, T-Shirt, leuchtend gelb. Sehr schlank. Wahrscheinlich durchgestylter Körper.

Man begrüßte sich per Handschlag. Der Ältere sah sich um. Er flüsterte dem Jungen etwas ins Ohr. So ein Quatsch. Was sollte die Geheimnistuerei? Niemand war zu sehen. Offensichtlich hatten sich beide verständigt, jedenfalls bewegten sie sich hintereinander ein paar Schritte nach rechts, rutschten beinahe den nur angedeuteten Abhang nach unten, wo ein kleines Wäldchen begann. Ivo reckte sich wie vorhin in die Höhe. Jetzt hatte er beide vor Augen. Der Ältere lehnte sich an einen Baum, beide Knie leicht eingeknickt. Der Jüngere stand vor ihm. Ivo hatte das Gefühl, dass der Porschetyp seine Freizeithose ausgezogen hatte.

Gesehen hatte er allerdings davon nichts.

Plötzlich sank der Junge in die Knie. Weg war er! Um Gottes Willen, hoffentlich war nichts passiert ... Ah, der Kopf wurde wieder sichtbar. Umdrehen, wollte Ivo rüber schreien. Schließlich war er neugierig, was die beiden trieben. Leider sah Ivo den Jüngeren nur von hinten. Dennoch konnte er erkennen, wie der Porschefahrer seine Hände um dessen Stirn legte und seinen Kopf zu sich hin zog und wieder abstieß.

Oralsex.

Ivo hatte Oralsex zwar in Pornos bestaunt, aber nie am eigenen Leib erfahren. Ob man irgendetwas schmeckt? Was sind das für Gefühle? Intensivere, als wenn man's allein treibt? Die Bewegungen wurden unvermittelt schneller. Wer dafür verantwortlich war, ob der Junge oder der Ältere es war, konnte Ivo nicht ausmachen. Das ärgerte ihn. Man muss doch wissen, wie man im Falle eines Falles vorzugehen hat.

Der Höhepunkt naht. Wow, wie schnell das geht ...

Ivo nickte mit dem Kopf, als ob er rüber rufen würde, dass der Akt voll cool war. Wahrscheinlich lieben es die meisten Männer, fremdem Sex zuzusehen ... Ivo gehörte zu diesen Menschen.

Ivo blickte wieder zu den beiden. Jetzt vernahm er ein verhaltenes Winseln, nun sogar tiefe, lustvolle Seufzer. Ivo bekam einen Ständer. Er schüttelte leicht den Kopf. Nie war ihm deutlicher geworden, dass Sexgeräusche auf die Erektion Einfluss haben.

Endlich richtete sich der Junge wieder auf. Ob er die Ladung geschluckt hatte? Ivo beugte sich etwas vor, verengte seine Augen. Er hatte die Erfahrung gemacht, dass man besser sieht, wenn man seinen Blick auf ein Ziel fokussiert. Es war das Gesicht. Alles andere blendete er aus. Tatsächlich, der Kopf des Jüngeren erschien ihm größer und klarer. Ivo sah unerwartet aufgeblähte Wangen, nun geschürzte Lippen, und schon flog ein Placken in die Gegend. Bestimmt nahrhaft für Boden und Getier ...

Ivo muss grinsen.

Und was nun?

Sollte der Junge leer ausgehen? Schließlich ist man doch gleichberechtigt! Die Antwort kam umgehend. Der Ältere setzte einen Schritt zur Seite, beugte seinen Oberkörper nach vorn. Sein Hintern war nackt. Wo war denn die Unterhose? Hatte er vielleicht gar keine an? Diese Säue! Schön, dass sie sich im Profil zeigten. Nun endlich konnte Ivo mitfiebern.

Er hatte die beiden voll in der Pupille. Schöne Latte! Der Motorradtyp rieb mit seiner Eichel an der Po-Ritze des Partners herum, spuckte in die Hände, fuhr mit ihnen über dessen Hintern und drückte seinen Penis in den fremden Körper. Ivo hörte ein kehliges Grunzen. Machte das so viel Spaß?

Ivos Schwanz pulsierte. Am liebsten hätte er ihn aus der Unterhose gepellt, aber im Freien und hier? Nein! Schließlich hatte er bestimmte Grundsätze. Dazu gehörte, dass man sich beim Sex nicht der Öffentlichkeit aussetzt. Er starrte auf die beiden wie eine Schlange auf ihre Beute.

Der Junge presste sich an sein Opfer, den linken Arm hatte er um den Bauch des Mannes gelegt, den rechten benötigte er offensichtlich für dessen Rohr – Ivo sah einen Teil dieses Arms rhythmisch nach oben schnellen. Noch nie hatte er so konkret Sex in der Natur erlebt - fast zum Anfassen. Als der Junge seinen Po nach hinten wölbte, wusste Ivo, dass er dabei sein Glied fast aus dessen Hintern herauszog. Dies wiederholte sich: raus und rein oder hin und her. Der Ältere schien routiniert zu sein. Um die jetzt unkontrollierten Stöße des Stechers abzufangen, stützte er sich mit beiden Händen an einem Baumstamm ab. Die Laute, die er von sich gab, ähnelten inzwischen einem winselnden Hund, nur war das Geheul langgezogen. Ivo spürte, dass es sich nicht um verzweifelte Schreie handelte, sondern um lustvolles Gejaule. Sein eigener Schwanz drückte gegen seinen engen Slip.

Ivo ergriff seinen Ständer – bis zum Rand vollgepumpt mit Blut - der sich noch energischer gegen die Innenseite seines Slips drückte. Unwillkürlich begann er mit der Innenseite seiner rechten Hand sachte zu rubbeln.

Immer noch fickten die beiden. Der junge Mann schien sehr ausdauernd und geduldig zu sein. Er verlangsamte seine Tour. Wunderbar.

Ivo konnte es nicht mehr aushalten! Er riss den Fetzen unbeherrscht nach unten. Sein Glied musste happy gewesen sein, denn es wippte gegen die Bauchdecke, wohl glücklich, endlich die himmlische Luft draußen zu atmen. Als die beiden da drüben Tempo gaben, hatte Ivo längst seine Vorhaut runter gezogen und die blanke Eichel gewienert. Das dauert zwar länger, aber ist total geil. Wenn's zu trocken wird, tut's leider weh. War es Gott sei Dank aber nicht! Himmlisch, noch nie hatte Ivo im Freien gewichst.

Merkwürdigerweise wurde ihm schlecht. Sein Magen gluckerte erbärmlich, als ob alle Säfte, Säuren und Essensreste gegen die Magenwände geschleudert wurden. Seit acht Uhr nichts mehr gegessen, fluchte sein Hirn. Ivos Schwanz nahm diese Haltung übel. Er klappte wie ein Taschenmesser zusammen. Waren das längere Stehen und konzentrierte Hinsehen dafür etwa verantwortlich? War seine Übelkeit auf seine Müdigkeit zurückzuführen? War das unnatürliche Recken des Kopfes die Ursache seines miesen Gefühls? Oder war er von der unterwürfigen Tierhaltung des Älteren angewidert?

Unsinn!

Ivo sprang wie von selbst aus seinem Versteck, gleich wird er kotzen. Genau das durfte nicht passieren. Tat es aber. Als sich die bräunliche Soße auf den unten liegenden Blättern verteilt hatte, stieg ein säuerlicher, ekelhafter Geruch in Ivos Nase. Er spukte nach, richtete sich wieder auf und bevor er sich entfernte, warf er aus dem ungeschützten Umfeld einen letzten Blick auf die beiden Männer. Das hätte er nicht tun dürfen! Ausgerechnet jetzt drehte sich der Jüngere zu ihm hin. Sein Drohen mit dem linken Arm ließ Ivo Folgen ahnen. Dann beugte sich der Bumser nach vorn zum Älteren und flüsterte ihm etwas zu. Auch dieser wendete seinen Kopf in Ivos Richtung.

Verdammt! Ivo lief zum Wagen, er hatte den Slip längst nach oben gezogen. Dieser war fast trocken. Was die beiden wohl dachten? Werden sie ihm folgen?

Raphael meldet sich lautstark an

Seit zwölf Uhr war das Haus leer. Die Gäste waren ausgeflogen. Das angenehme Wetter und die wärmende Sonne ließen niemand von den Urlaubern in der Stube hocken. Den ganzen Morgen herrschte auf dem Weg zum Strand Hochbetrieb. Selbst die Mütter aus den AOK-Heimen strömten in Scharen ans Wasser. Niemand brauchte Angst zu haben, keine freie Stelle mehr zu ergattern und nicht ungestört mit den Kids im Sand oder direkt am Wasser zu spielen. Auf dem Kniepsand hatte jeder Platz; die einen gleich vorn am Beobachtungssteg, der vor zwei Jahren gebaut worden war. Das war eine tolle Investition, weil die Menschen ihn ausnutzen, und gern einen Euro in den Schlitz des auf der Brüstung installierten Fernglases steckten. Auf diese Weise gab man der Stadt ein paar Euros von den Baukosten zurück.

Selma Kayer arbeitete derweil im Garten. Er ist jetzt ihre große Liebe. Ein Prachtstück, das ihre älteren Gäste jedes Mal lächelnd lobten. Die lachsfarbenen Rosen blühten, der Mohn protzte mit kräftigen Knospen, die Korallenfuchsie leuchtete in hellem Rot, die Lupinen waren üppig wie nie zuvor. Selma kniete auf zwei flachen Gestellen – eine Art Hocker mit Seitenstützen - um die alten und morschen Kniegelenke zu schonen. So war ihr Anblick manchmal grotesk. Sie sah aus wie eine Vogelscheuche, der geknüllte, grüne Hut trug wesentlich zu dieser Einschätzung bei. Sie trug ausgefranste und durchlöcherte Jeans, wie sie Jugendliche benutzen, einen schwarzen Hoodie, damit sie sich – wie sie sagte – von Erdbeeren unterscheide. Die Füße steckten in roten Glogs. Eigentlich kein Schuhwerk für alte Frauen. Daher stolperte Selma auch des Öfteren über sie, einmal war sie bereits gestürzt, aber glücklicherweise auf den Komposthaufen gefallen, und der war durch abgefallenes Laub weich. Sie bückte sich jetzt besonders tief, ihre Arme waren für eine normale Haltung fast zu kurz, um tief unter die Edelrosen zu greifen, wo sie Zweige entfernen wollte. So gelang das auch nicht, worüber sie sich ärgerte. Da hörte sie eine Stimme in einer Tonlage zwischen Bass und Sopran. Erschreckt wollte sie aufstehen, vergaß, ihre Hände auf die Seitenläufe der Kniebank zu stützen. Trotzdem versuchte sie sich aufzurichten. Mit fünfundsiebzig Jahren wird das allen Leuten schwerfallen, entschuldigte sie sich. Sie hockte halb, verzweifelt suchten ihre Augen Unterstützung von irgendwoher. Ihre Hilfen sahen wie aufgespießte Hörner aus, dazwischen ihre fetten Oberschenkel. Wirklich, ein grotesker Anblick. Wer würde darüber nicht lauthals lachen?

Selma hörte, dass jemand fies grunzte, nein, sie auslachte, statt zu helfen. Sie blickte hoch, fiel dabei nach vorn. Zwar wurde sie die Holzgestelle los, aber sie fasste unbewusst in die Rosenstauden, ein kräftig blühender Zweig brach ab. Selma schrie, dann wimmerte sie:

„Mein armer Rosenstrauch!"

Ein Außenstehender hätte den Lärm als Möwengeschrei eingestuft.

„So blöd möchte ich auch mal sein. Sind Sie denn blind?"

Das reichte.

Selma starrte wütend an die Gartenpforte. Sie erkannte sofort Raphael, der eigentlich erst mit der Fünfuhrfähre kommen sollte. Das wurmte sie noch mehr. Sie zeigte sich nämlich nicht gern in dieser Aufmachung, die einzig und allein für den Garten gedacht war.

„Frau Kayer?"

„Hilf mir lieber!"

„Wieso? Ich kenne Sie nicht!"

„Na hör mal, du hast mich doch im letzten Jahr gesehen!"

„Für alte Personen habe ich ein schlechtes Erinnerungsvermögen, tut mir leid!"

Das war geradezu eine Unverschämtheit! Sollte sie diesen ungehobelten Bengel überhaupt aufnehmen? Wie wird er die Hausgäste behandeln? Wird Myriam dieser Kodderschnauze gewachsen sein? Wäre es nicht besser, die Eltern anzurufen und sie darüber zu informieren, dass sie ihren Sohn rausgeschmissen oder richtig gesagt, gar nicht erst aufgenommen hätte?

Selma Kayer war nicht auf den Kopf gefallen.

Man muss den Gernegroß verletzen, vielleicht nimmt er sich dann zusammen, dachte sie. Überlegte, was ihn treffen könnte und zischte ihm entgegen:

„Von Babyface kann man das auch kaum erwarten, oder?" Selma hatte ihr Selbstbewusstsein wieder gewonnen.

„Babyface? Sie spinnen wohl! Ich bin fast sechzehn Jahre und größer als Sie oder sind Sie kurzsichtig?"

Musste sie sich das von diesem unreifen Flegel gefallen lassen? Dem wird sie noch Beine machen … Erfahrung gegen Frechheit, was wird wohl stärker sein?

„He, du bist ja ein ziemlicher Dreckskerl. Ich kann gut verstehen, dass dich deine Alten mal für ein paar Wochen loswerden wollten. Im Übrigen verrät dein Milchgesicht nicht, dass du älter bist!"

„Sie sind ja auch nicht gerade freundlich!"

„Hast du schon mal was von Sprichwörtern gehört? Ich glaube nicht, jedenfalls siehst du danach nicht aus! Merke dir: Wie man in den Wald hineinruft, schallt es wieder raus!"

„Leck mich doch …", murmelte Raphael, nicht ahnend, dass Selma Worte von den Lippen ablesen konnte, außerdem war ihr Gehör durch ihre nächtlichen Abenteuer geschult.

Mit diesem Bürschchen, dachte sie, wird es noch Zoff geben. Wie wird der gut erzogene Student mit dem Jungen zurechtkommen? Für Myriam ist Raphael noch nicht trocken hinter den Ohren. Sie dürfte sich nur an Ivo heranmachen.

Was konnte eine Wirtin tun, um Ärger zu vermeiden? Ein anderes Zimmer als das neben den beiden stand nicht zur Verfügung. Wegschicken? Selma wusste zu genau, dass das überhaupt nicht ging, der Junge war kurz vor seinem sechzehnten Lebensjahr, und er würde kaum woanders ein Zimmer bekommen. Also beschloss sie, ihn zum Tresen zu beordern und seine Daten einzutragen, danach das Zimmer anzuweisen. Ja, so wollte sie vorgehen.

Sie ließ ihn wissen, dass er mit seinem Gepäck in die Empfangshalle gehen solle, sie werde gleich kommen, wenn sie sich gesäubert hätte, drehte sich weg von ihm und eilte durch den Geräteraum ins Haus, während Raphael den Gästeeingang benutzte. Aber selbst das machte er widerwillig, was man daran erkennen konnte, dass er seinen Koffer mit dem Fuß in Richtung Tür stieß. Wahrscheinlich aus Protest.

„Kommt denn hier keiner?“, grölte er durchs Haus, als er am Tresen stand.

„Schöner Empfang ist das!“, setzte er nach, nahm den Kasten mit den Adressenkärtchen in die Hand, stellte ihn auf dem Fensterbrett ab, blätterte in den Prospekten herum und verschob die Blumenvase von links nach rechts.

Selma Kayer war nicht wieder zu erkennen. Sie hatte sich in aller Eile gesäubert, die weißen Haare gekämmt und gekonnt zusammengesteckt, eine weiße Bluse angezogen und ihren Sommerponcho angelegt. Sie sah gut und elegant aus.

„Deinen Ausweis?“

„Schon mal was von Datenschutz gehört?“

„Mein lieber Mann, du bist ja ein Kotzbrocken!“, grollte sie. „Hast du denn noch nicht mitbekommen, dass man sich überall anmelden muss, damit man bei Straftaten Namen, Adresse und Alter parat hat?“

„Ich begehe keine Straftaten!“

„Umso besser!“

Raphael wühlte in seiner Tasche herum, zog den Ausweis heraus und legte ihn vor Selma ab. Sie flog mit ihren Augen über die Daten und erkannte sogleich, dass der Jungen morgen sechzehn Jahre wird. Für junge Menschen eigentlich ein Festtag. Vielleicht, dachte sie, könnte ich ihn mit einer kleinen Überraschung – zum Beispiel einen Kuchen – glücklich machen und vor allen Dingen sanfter.

Sie behielt aber ihre Gedanken für sich.

„Du bekommst den Ausweis morgen zurück. Heute musst du dich ohne ihn begnügen, solltest du noch ins Dorf wollen. Ich erledige meine Buchhaltung immer erst abends. Du kannst dann morgen früh das Gästebuch einsehen. Ist für die Polizei. So, nun zeige ich dir dein Zimmer, komm mit!"

Selma schritt voran. Ihr energischer Schritt erstaunte den Jungen, denn was er gerade im Garten gesehen hatte, war weit entfernt von Kraft und Schnelligkeit. Selma öffnete die Tür und ließ den Jungen vorangehen. Der Junge bekam seinen Mund nicht mehr zu. Ein so toller Raum! Er sah sofort, dass er einen großen Fernseher mit einer Bildschirmgröße von 76 cm hatte, dass ein DVD-Player vorhanden war, außerdem ein Radiogerät auf dem Nachtisch stand. Den Kühlschrank entdeckte er, als er hinter einen Paravent lugte.

Erst jetzt sah Selma Kayer mit Bewusstsein Raphaels Hoodie und dessen Schriftzug auf dem Rücken: Mittelfinger hoch, Nazi sein ist doof. Ihr wurde plötzlich klar, dass sie einen kritischen jungen Mann vor sich hatte. Seine Schale ist rau, sein Inneres anders gestrickt. Das gefiel ihr sehr.

„Was für eine Hose hast du denn an, vorn mit einer Kordel. Trägt man das jetzt?"

„Sie sehen das doch. Ist von Zara in der Trendfarbe des Frühjahrs grün."

„Und das Hoodie?"

„Stammt von M&M, dschungelgrün, bestickt in München von TT, Toni Tonquist."

„So, also voll in, sozusagen!"

„ Ist das Obst für mich?"

„ Raphael, für wen denn sonst, du wohnst doch für drei Wochen hier!"

Raphael musste an seine Oma denken, die einzige Person, zu der er eigentlich nie pampig war. Obwohl er ständig von ihr verwöhnt wurde, war es nicht das, was ihn so zahm ihr gegenüber machte, er liebte sie einfach.

„Danke, Sie scheinen doch netter zu sein, als ich anfänglich dachte!"

Selma öffnete die Badezimmertür, blinzelte ihn an und sagte, dass sie hoffe, dass er dieses schöne Bad oft benutzen werde, denn körperliche Sauberkeit sei der Hygiene wegen das Wichtigste im Leben. Manchmal käme man nämlich in die Verlegenheit, sich ausziehen zu müssen …

„Wie bitte?"

„Stell dir vor, du fällst unglücklich …"

„Wie Sie eben?"

„… und brichst dir den Oberschenkel. Wenn du dann die Hosen runterziehen musst, weil der Arzt sich die Bescherung ansieht, dann muss man doch sauber sein und fleckenlose Unterhosen vorzeigen können, oder?"

„Ach so!"

„Es könnte doch auch sein, dass ein Mädchen …"

„Die mögen so einen Langen nicht …"

Raphael schmunzelte. Er hatte an ganz was anderes gedacht. Na ja, Zuhause steht er auch jeden Tag unter der Dusche, wechselt Unterhemd, Unterhosen und Socken. Eine Selbstverständlichkeit, die ihm seine Mutter eingetrichtert hatte.

„So, nun lasse ich dich allein, du kannst deinen Koffer auspacken und danach setzen wir uns zusammen und trinken eine Tasse Kaffee, Kuchen habe ich auch noch, wenn du magst. Einverstanden?"

Mann, die ist ja richtig nett! Dann hörte er, wie die Tür zuschlug und er allein war.

Ivos Angst-Reaktion

Es war inzwischen elf Uhr geworden.

Ivo wurde unruhig. Mehr noch, Angst überfiel ihn. Was sind das für zwei Typen? Werden sie sich rächen wollen? Von Rache konnte eigentlich nicht die Rede sein, schließlich hatte der Surfer niemand verletzt oder beschimpft, nur zugesehen, und ist so etwas verboten? Sicher dann nicht, wenn Leute in der Öffentlichkeit ficken. Es ging Ivo bei diesen Gedanken besser. Schließlich war er ja schuldlos an allem.

Inzwischen hatte er den Kangoo erreicht, bediente die Fernbedienung, riss die Fahrertür auf, ließ zuerst seine Füße neben den Fußbremsen verschwinden und schob sich dann in den höher gelegenen Sessel. Die Sicht von hier oben war insgesamt angenehm, aber die beiden Fahrzeuge der Männer blieben im Verborgenen. Er stellte sich vor, wie der Ältere, gebeugt, rückwärts und mit dem Hintern vorweg einstieg. Zum Lachen! Diese Rennwagen sind einfach zu flach, ging's ihm durch den Kopf. Für ältere Leute eine kleine Katastrophe. Ivo dachte an seinen Vater, der einen kugeligen Bauch hatte. Wie gut, dass es Zuhause nur den Fiat Lieferwagen gab.

Ivo drehte sich mit seinem Oberkörper hin und her, gleichzeitig rutschte er vor und zurück, um die richtige Position zu finden.

Jetzt losfahren, das reicht!

Schlüssel in den Anlasser! Die Zündung! Als er den Zündschlüssel betätigte, zuckte plötzlich das rechte Bein, sein Fuß trat unaufgefordert aufs Gaspedal bis zum Anschlag. Er wusste sofort, was das bedeutete: Wer beim Starten zu viel Power gibt, lässt den Motor absaufen. Jeder Autofahrer kennt dieses Fehlverhalten, und man ärgert sich maßlos über die eigene Dummheit.

Selbst wenn ihm das Missgeschick nicht passiert wäre und er sich aus dem Staub gemacht hätte, die beiden würden ihn mit ihren schnellen Fahrzeugen über kurz oder lang einholen, schoss es durch sein Hirn.

Sollte er besser tun, als ob er schlafen würde? Seine Tür stand noch offen, die er sofort zuschlug. Dann verriegelte er alle Schlösser. Kämen die Männer jetzt vorbei, stehen sie erst einmal vor einem verschlossenen Wagen, und das würde sie ätzen! Bisher waren die beiden allerdings noch nicht gestartet. Die Musik der schweren Maschine hätte man sonst schon längst gehört.

Ich rufe die Polizei!

Notruf absetzen: 110.

Stotternd - und damit absolute Aufmerksamkeit erheischend - hauchte Ivo gehetzt seine Aussage ins Mikrofon des Handys und bat um schnelle Hilfe. Seine Angst war tatsächlich rüber gekommen, wie die Polizei später bestätigte. Sie habe sofort ihre im Einsatz befindlichen

Fahrzeuge angetickt und mit dem neuen Ziel losgesandt.

Massives Bummern gegen die Scheiben! Ivo schreckte hoch. War er kurz weggetreten? Er hatte ihr Kommen nicht bemerkt. Der Student warf verärgert einen Blick auf die Uhr. Nicht mal fünf Minuten hatte er allein dagestanden. Vor seinem Wagen stand der Motorradfahrer. Von weitem sah er noch gut aus. Aus der Nähe erkannte Ivo die verschlagene Visage. Gebleichte Haare, die Seiten des Kopfes kurz geschoren, unverkennbar der Stil bestimmter Kreise. Ein Stricher? Scheißtype! Den Gebärden nach wird es kein Gespräch geben, in seinen Augen brutale Gewalt. Ivo erinnerte sich an Schläger, die laut Polizei auf der S-Bahnstation Rübenkamp einen Jungen wegen eines Handys hemmungslos zusammengeschlagen hatten.

An der Fahrertür stand der Porschefahrer. Er war älter als Ivo anfänglich schätzte. Vielleicht war das auf die angeschlagenen Gesichtszüge zurückzuführen und die fingertiefen, schwarzen Augenränder.

Mann, dachte Ivo, die Zwei sind brandgefährlich. Wie die glotzen!

Daher brüllte er durch die Scheiben hindurch:

„Haut ab!“

„Fuck you, Wichser! “, krakelte der Ältere.

„Aufmachen!, du Arschkriecher! Wir warten nicht länger“, grölte der Stricher.

„Warum?“

Ivo wollte Zeit schinden. Mit warum wird er nur ein paar Sekunden gewinnen. Was sollte er tun? Rausgehen? Das wäre sein Untergang. Mit Sicherheit. Drinbleiben? Dann treten sie die Türen ein. Sein Hirn arbeitete wie sein Computer, raste von Idee zu Idee, vernetzte sie zuerst ohne Erfolg. Dann die Eingebung: Ablagefach öffnen! Hatte er da nicht einen Schraubenschlüssel reingelegt? Wie war das mit dem Antimückenspray, die Dose musste doch noch da sein?

Der Porschefahrer sah sauer aus. Jetzt drohte er mit beiden Fäusten. Er trat einen Schritt nach vorn, stand nun unmittelbar vor der Fahrertür und starrte Ivo geradezu in die Augen. Gleichzeitig stellte sich der Stricher dazu. Seine wütende Miene sprach Bände. Dem durfte man nicht im Dunkeln begegnen!

„Du Rohrkrepierer“, blökte er, „was wolltest du hier?“

„Ich bin niemand Rechenschaft schuldig, schon gar nicht auf einem öffentlichen Parkplatz."

„Klugscheißer!"

„Du wolltest dir wohl einen runterholen, dazu brauchst du Vorturner, ist es so, Saftsack?"

„Prüf doch selbst, ob man von hier irgendetwas da vorn mitbekommt!"

„Da vorn? Zumindest hast du uns wahrgenommen. Das ist schon eine Menge. Ich will dir was erzählen. Wäre ich du, dann hätte mich das schon interessiert, wenn zwei auf einem Motorrad und in einem Porsche auf einem Parkplatz ankommen, was die so treiben", grölte der Ältere. Dann stieß er mit der Schulter gegen die Wagentür.

„Was soll das, ich habe euch nichts getan!"

„Du hast uns zugesehen! Das hast du getan!"

„Und wenn?"

„Du Sau. Voyeur. Das sind die miesesten Schweine. Wahrscheinlich hast du dir einen runtergeholt. Los, Vicco, wir schlagen ihn zusammen und hauen ab." Kaum gesagt, springen beide mit ihren Füßen gegen die Kotflügel. Das blecherne Geräusch macht Ivo wütend. Einmal, zweimal. Wahrscheinlich zwei Dellen.

„Los, komm raus, du Sau! Sonst machen wir aus deiner Karre einen Schrotthaufen! Und aus dir Hackfleisch!"

Ivo dachte wieder nach. Er wusste, dass die Polizei gleich da sein wird. Sollte er nicht doch die Tür öffnen und ihnen entgegenspringen? Das könnte ein Fehler sein, aber möglicherweise auch das Richtige. Ohne dass die beiden das mitbekamen, entsicherte Ivo den Wagen, drückte seine Seitentür plötzlich auf und sprang von seinem Sitz. Der Coup war gelungen. Der Jüngere erstarrte zu einer fassungslosen Figur.

Ivo stand jetzt vor den beiden, drückte sich vom Boden ab und in der Art eines Jiujitsu-Sportlers landete er mit seinen Füßen in den Genitalien des Älteren und sprühte ihm gleichzeitig Mückenspray in die Augen. Dessen Schrei klang bestialisch. Das Zeug musste wie die giftigen Tentakeln von Leuchtquallen auf der Netzhaut brennen. Gleichzeitig krümmte sich der Kerl, Ivos Stoß hatte tatsächlich dessen Schwanz und Eier getroffen.

Der Jüngere hatte sich inzwischen von seiner Erstarrung erholt.

„Nur einen Slip an?", grölte er Ivo entgegen, im Vorspringen schrie er:

„Also doch gewichst, du Sau, du Arschloch. Kannst wohl nur, wenn andere ficken!“

Dann traf er mit seiner Rechten die Visage seines Gegners, genau gesagt den Mund von Ivo. Dieser spürte das warme Blut, das über sein Kinn lief. Der Schmerz war fast unerträglich. Als der Student die Lippen zusammenkneifen wollte, merkte er, dass das nicht mehr funktionierte, die Schwellung hatte aus ihnen wahre Monster gezaubert.

„Das ist noch nicht alles, Kleiner! Jetzt werden wir dich kaltmachen, ich habe schon lange niemand mehr umgelegt“, pöbelte der Stricher „und dann werden wir dich noch durchbumsen, wenn du wehrlos bist!“

In seiner Angst grölte Ivo:

„Da! Polizei.“

Als hätte er einen Schutzengel ... tatsächlich, die Polizei. Sie fuhr mit mehreren Einsatzfahrzeugen langsam auf den Parkplatz. Zwei Motorräder bildeten das Ende.

Beide Männer wandten sich von Ivo ab, Entsetzen in ihren Augen. Ivo öffnete blitzschnell die hintere Tür seines Kangoos, öffnete den Rucksack und zog eine Hose heraus. Diese legte er auf den Beifahrersessel, während er sich auf den Fahrersitz setzte.

Die beiden Männer rannten zu ihren Fahrzeugen, was das Zeug hielt. Zu spät, davor standen zwei Polizisten, notierten die Ortskennzeichen. Einer von ihnen telefonierte sogar. Wahrscheinlich wollte man den Besitzer durch das Kennzeichen überprüfen lassen. Ivo sah, dass sowohl die Auffahrt zum Parkplatz als auch die Ausfahrt durch Polizeifahrzeuge gesperrt war.

Was für ein Glück.

Während die beiden mit der Polizei sprachen, machte sich ein weiterer Polizist auf den Weg zu Ivo.

„Sie hatten uns benachrichtigt, nicht wahr?“

„Stimmt!“, sagte Ivo höflich aus dem Auto heraus.

Als erstes gab der Beamte Ivos Kennzeichen nach Flensburg zum Kraftfahrt-Bundesamt weiter, blickte unverwandt auf sein Handy, wartete auf eine Antwort. Diese kam umgehend.

„Prima, alles in Ordnung. Nun zu Ihnen persönlich!“

Myriams Neugierde

Myriam stand oben am Treppengeländer, ihre Augen nach unten auf Raphael gerichtet. So einen Typ mochte sie nicht: Zu laut, zu herausfordernd, viel zu frech. Nein, mit dem wollte sie nichts zu tun haben.

Was machte der denn da? Wieso stellte er den Kasten aufs Fensterbrett? War das etwa der Student? Nein, das konnte er nicht sein, der Junge war doch höchstens sechzehn Jahre. Nichts für sie.

Nanu, was hat er denn da für einen Schriftzug auf seinem Rücken? Tolles Hoodie. Blöde Frisur, seine Haarfarbe ist total gut. Myriam liest sich den Text vor: Mittelfinger hoch, Nazi sein ist doof. Wieso den Mittelfinger hoch, verstehe ich nicht! Mittelfinger, Mittelfinger ... Meinte man etwa den Stinkefinger? War das nicht der Mittelfinger? Ich werde Selma fragen. Blöder Spruch. Oder meint man mit dem Mittelfinger etwa ...? Der Gedanke ließ Myriam erröten. Sie musste grienen. Sie hatte so ein Ding bisher nur auf Fotos oder als Dildo gesehen und einmal hatte eine Freundin ihr einen Porno untergeschoben, da wurden viele Schwänze ... Wieder musste Myriam grinsen, denn eigentlich nahm sie nie so ein Wort in den Mund. Wenn es das ist, was sollte dann der zweite Teil? Das passte einfach nicht zusammen. Egal.

Da ist ja Selma. Wie gut sie sich zurecht gemacht hat! Eine Superfrau! Myriam verglich ihre Gesichtsfarbe mit der der Wirtin. Wirklich ähnlich. Rote Lippen sind doch hübsch ...

Myriam schlich leise zwei Stufen nach unten. Wollte man jemand beurteilen, muss man ... Na was denn? ... ihm zuhören. Richtig. Sie konnte den jungen Mann jetzt gut sehen. Die Entfernung zu ihm war nur zehn Stufen hoch. Hässlich ist er nicht. Myriams Augen glitten den Körper entlang. War der groß!

Als ihm die Wirtin sein Zimmer zeigen wollte, verschwanden die beiden unten im Flur. Myriam wusste, dass er neben Ivo einziehen wird, nun ist es Wirklichkeit geworden.

Wie Selma mit dem Jungen umsprang!

Fabelhaft.

Solchen Menschen war sie gewachsen, was Myriam bewunderte. Sie selbst hätte das nicht geschafft. Selma ließ sich nicht die Butter vom Brot nehmen, selbst wenn Gegner oder Partner Raphael heißen.

Myriam gegenüber war die Pensionsbesitzerin von Anfang an nett. Sie hatte noch in Erinnerung, was Selma Kayer bei ihrem ersten Besuch geäußert hatte: ‚Wir Frauen müssen zusammenhalten!' Das war der Grund, warum sie seit Jahren hierher kommt. Sie fühlte sich einfach wohl hier.

„In diesem Sommer allerdings habe ich eine Überraschung für dich parat", hatte ihr Selma geheimnisvoll gesagt. Dann hatte sie erläutert, dass auch wieder Ivo zum Surfen kommen wird, den Myriam kurz im vergangenen Jahr im Haus gesehen hatte.

Myriam stiefelte die Treppen nach unten, lief fast lautlos hinter Selma und Raphael her, aber die beiden waren längst in Raphaels Zimmer und einer der beiden hatte die Tür ziemlich laut zugeschlagen, so dass Myriam nichts mehr sehen und hören konnte. Daher suchte sie ihr Zimmer auf. Sie musste wieder – wie so oft – über diesen Willi nachdenken, den sie nicht kannte. Die Andeutungen von Selma aber ließen sie vermuten, dass dieser ein Sexist war und offensichtlich ein großes Glied hatte. Einmal hatte Selma sich verraten. Myriam musste an ihren Dildo denken, den sie sich nach einem Porno in Rostock besorgt hatte. Er war nicht so groß, aber er reichte für sie aus, denn er schaffte es durch Noppen und schneller Vibration, ihr oft genug den Höhepunkt zu schenken. Ob ein Willi ihr noch schönere Gefühle geben wird? Myriam war sich sicher, sie wird's irgendwie versuchen.

Sie wechselte ihre Kleidung, um sich zu beschäftigen. Mit den Farben im Gesicht wollte sie heute noch nicht nach draußen gehen, und bisher hatte sie niemand gesehen, der ihr hätte sagen können, wie ihm die neue Aufmachung gefallen würde. Also musste sie warten. Meistens kehren die Hausgäste um fünf Uhr zurück. Am besten sagte sic sich, wenn ich vorn im Foyer in der Nähe des Tresens sitze. Da gab es zwei Sessel. Und niemand wird sich vorbeimogeln können, sinnierte sie und lachte sich fast tot.

Raphaels Erkundungen

Raphael warf seine Hemden und Pullis in den Kleiderschrank, stellte seine Schuhe hinter dem Paravent ab und hängte einige Sweatshirts und

Hoddies an Wandhaken neben der Eingangstür. Den Rest schüttete er auf die Konsole. Da wird später klar Schiff gemacht. Der große Junge, 1,89 Meter, machte ein saures Gesicht, solche Tätigkeiten hasste er nämlich. Seine Mutter hatte ihn oft genug ermahnt, Ordnung zu halten, denn Unordnung erschwere das Dasein. Das hatte er Zuhause längst empfunden und sich ihren Anweisungen gebeugt. Einzig und allein sein Schreibtisch glänzte mit einem Durcheinander. Briefmarken lagen wahllos herum, Kugelschreiber, Buntstifte, Tesafilm und Tinte nahmen eine Ecke seines Arbeitsplatzes ein. Da stapelten sich Klassenarbeiten, Ordner, Bücher, Magazine und Zeitungsausschnitte. Letztere sollten schon längst abgeheftet sein, sie gingen bis auf den Januar zurück. Aber wie sollte man all das schaffen, wenn man eine Ganztagsschule besucht?

Kaffee trinken mit der Wirtin, was sollte das? Aus Höflichkeit vielleicht?

Quatsch. Raphael hatte plötzlich keine Lust mehr dazu.

Im Übrigen war er niemand Rechenschaft schuldig. Die Wirtin würde ihn sowieso nur ermahnen und ihn wissen lassen, wie er sich zu verhalten hätte, was er nicht tun dürfte, bis wann gefrühstückt werden musste und was sonst noch alles.

Kein Bock drauf!

Raphael beschloss, sich umzuziehen. Statt der abgewetzten Jeans, die immer nur bei Reisen herhalten musste, stand er nun in dreiviertellangen weißen Khaki–Hosen vorm Spiegel, zwei tiefe Seitentaschen, in die er Kaugummi und sein Geld verstaute, starrte auf seine unbehaarten Beine, die ihm zu dünn erschienen. Das war auch der Grund, warum er kaum zu kurzen Hosen griff, obwohl sein Po gerade darin wunderbar knackig erschien. Er mochte ihn sehr und hatte längst festgestellt, dass es einige Leute gibt, die auf dieses Körperteil scharf waren. Allein der Form wegen? Busen sind doch geiler, oder? Er drehte sich vorm Spiegel zur Seite und linste über seine Schulter. Ja, das war ein toller Arsch, zwei pralle Äpfel. Gut, dass die Hose so eng am Körper saß!

Öfters die Beine trimmen, versprach er sich selbst.

Seine Nikes waren super, nur ein einziges Mal hatte er sie noch in München in einem Sportgeschäft entdeckt. Basketballstiefel, man musste sie schnüren. Das Design war absolut spitze. Der Schuh war vollkommen mit Landesfahnen bedeckt, manchmal ineinander verschoben, manchmal nur gezackte Ausschnitte, selten Dreiecke. Aber total aufregend. Wie oft war er in der Schule auf sie angesprochen worden? Aber Raphael war eisern, log, dass es sich um ein Geschenk gehandelt habe. Man brauchte keine Socken, innen war so etwas Ähnliches eingeklebt oder genäht, und da schlüpfte er hinein. Sein neues Hoodie, das ihm seine Oma geschenkt hatte, leuchtete in einem grellen Blau. Der Aufdruck auf der Rückseite war harmlos, nicht politisch:

Champion? Na klar!

Raphael hatte festgestellt, dass Leute über Texte stolpern und ihn anquatschen. In seiner Schule und bei politischen Schriftzügen waren es Jungs. Mädchen mochten eher Softi-Sprüche wie ‚Liebe mit Herz' oder ‚Drück mich fest' oder ‚Tiefer, mein Goldfasan'! Genau diese Texte hatte er auf seinen Sweatshirts. Jeden Tag trug er ein anderes. Seine Mutter schleppte oft ein Neues an, und darin war sie geübt. Inzwischen lagen wohl dreißig in seiner Kommode. Übrigens waren alle einfarbig. Das er jetzt übergezogen hatte auch und dazu passten bunte Treter.

Noch einen Blick in den Spiegel, die krausen Haare mit Gel hochgezwirbelt, und los. Er öffnete das Fenster zur Wiese hin, hielt sich mit der linken Hand an der Fensterverkleidung fest, hievte sich mit der rechten aufs Fensterbrett und schon war er draußen. Klappte hervorragend. Wer weiß, wozu das gut ist. Raphael sagte sich, dass man Fenster nicht aufstehen lassen dürfte, selbst auf dieser einsamen Insel, und daher zog er beide Fensterhälften wieder an Mittelstreben und Rahmen, so dass man nicht gleich erkennen konnte, wie leicht man sie aufstoßen könnte.

Jedenfalls war Raphael nun seiner Wirtin entwichen. Pech gehabt.

Währenddessen hatte Selma den runden Tisch im Nebenraum der Küche mit Blick auf die Straße zu Hüttman hin gedeckt. Sie bevorzugte diesen Platz, weil sie das Leben draußen, wenn es wirklich eins gab, beobachten konnte. Was los war eigentlich immer, aber passieren tat da nie etwas. Egal. Man konnte den Garten einsehen, und das war für Selma Elixier und außerdem sah man die Eingangspforte. Kein ungebetener Gast konnte ihr so entgehen.

Wo bleibt denn der Junge? Der Kaffee dampfte schon in den Tassen, ein Stück Torte: Schwarzwälder-Kirsch. Das musste Raphael doch mögen, dachte sie und Schokoladenkuchen, den sie selbst gebacken hatte, der auch jeden Morgen auf dem Buffet zu finden war.

Selma wurde unruhig. Sie erhob sich und machte sich zu Raphaels Zimmer auf. Als sie klopfte, vernahm sie nichts. Sie drückte die Türklinke, abgeschlossen. Vielleicht würde ihr ein Blick durchs Schlüsselloch helfen. Der Schlüssel war rausgezogen. Sie holte sich den Generalschlüssel und öffnete. Donnerwetter, alles war aufgeräumt bis auf den kleinen Berg, der sich auf der Konsole türmte. Na gut, man muss nicht gleich alles in Ordnung bringen! Verdammt, das Fenster links war nicht verschlossen. Sie zog beide Fensterflügel auf, blickte nach draußen auf die Erde und sah die Abdrücke von Schuhen.

So, so! Das hatte der Bengel ja gleich herausgefunden, ging es ihr durch den Kopf. Wenn er so mal zu Myriam kletterte, das wäre prima.

Wer nun gedacht hatte, Selma wäre ärgerlich, der würde sich irren. Die Erkenntnis, dass der Junge schon am ersten Tag die Aussteige-Möglichkeit ins Auge gefasst hatte, machte ihr große Hoffnungen für ihre selbsternannte Freundin.

Sie verschloss das Fenster. Wenn der Bengel den Schlüssel liegen gelassen hat, was für eine Genugtuung! Sie rief Myriam, die sofort im Flur stand.

„Ich habe für uns beide einen Kaffee gekocht, und du bekommst ein wunderschönes Stück Torte! Extra für dich besorgt!"

Myriam schmolz dahin.

Raphael fiel in ein Trotting. Die Schuhe waren hierfür geeignet. Er passierte das große, alte Hotel an der Wiese, überquerte den Ruheplatz beim Filmtheater und bog links in Richtung Wittdün ab. Rechts ließ er die Fischbäckerei liegen, näherte sich dem Parkplatz, gedacht einmal für Tagesbesucher.

Als erstes marschierte er zur Aussichtsplattform direkt am Strand. Er wusste, dass er dazu zwanzig Minuten benötigen wird. Macht nichts, er hatte Zeit. Bis zum Wasser würde es noch einmal solange dauern. Alles in allem wird er für diesen Abstecher eine Stunde brauchen. Gesagt getan. Er fühlte sich plötzlich müde und legte sich vorn an die Dünen. Als er aufwachte, waren zwei Stunden vergangen. Egal!

Raphael machte sich auf den Rückweg. Er sah bald das Schild, welches auf den Minigolfplatz hinwies. Genau dahin wollte er. Raphael erinnerte sich, als er im letzten Jahr hier gegen seine Eltern gespielt hatte, dass der

Spielplatz von jungen, abgedrehten Leuten geführt wurde. Und richtig, schon von weitem erkannte er einen der Macher wieder. Dieser war höchstens zwanzig Jahre. Seine Mütze ähnelte einem Helm, den Schirm nach hinten gerichtet, knallrot, ein Hoodie, auf dem Rücken leuchtete in Lila: ‚Fuck me'. Eine knielange Jeans, rosa. Die überdimensionale Sonnenbrille verhüllte seine Augen. Als Raphael das kleine Areal erreichte, nahm der junge Mann die Brille ab. Er sah rassig aus, energiegeladen und aggressiv.

„Und?", fragte er kurz angebunden.

„Kann ich noch 'ne Runde ...?"

„Mann, ich will nach Hause. Heute geht's nur bis neunzehn Uhr, kannst du nicht lesen?", quakte er Raphael an.

„Und du kannst jetzt noch Zaster verdienen", ließ Raphael hochtrabend ab.

„Hast du nicht alle? Ich pfeife auf dein mieses Geld! Übrigens, seit wann duzen wir uns? Und noch was: Wie kannst du mir vorschreiben wollen, was ich sollte? Mann, ich bin der Boss hier!"

„Passt ja perfekt!", röhrte Raphael frech zurück.

„Was soll der Mist?"

Raphael dachte eine Sekunde nach. Wie konnte man den rumkriegen? Er sah aus der Nähe viel sympathischer aus und nicht wie der große Max, den er dem Jungen vormachte.

„Bitte!", winselte Raphael. Es schien, als wäre er mit allen Wassern gewaschen. Wer redet schon in einem Gespräch mit unterschiedlicher Tonlage?

„Für dich soll ich meine Zeit noch opfern? Fünf Euro für eine Stunde. Scheiße, was? Da verdienen meine Mitarbeiter mehr!"

„Lass mir den Schlüssel hier, gib mir Schläger und zwei Bälle, und du lässt dich von deinem Luder einschläfern."

„Du riskierst ja eine Lippe! Bist wahrscheinlich nicht mal achtzehn und schon so ein Großmaul! Außerdem bist du mir absolut unbekannt."

„Ich war schon letztes Jahr hier, spielte mit meinen Ellies!"

„He, du Flachwichser, durch die Anlage toben im Sommer mehr als tausend Leute. Da kann man sich an niemand mehr erinnern, es sei denn, es gab was Besonderes!"

„Wie ist das nun mit dem Schlüssel? Denk an deine Freundin!", sprach Raphael unbeirrt weiter.

„Du redest Kacke! Ich habe keine Freundin und schon gar nicht ein Luder!“

„Oh, das finde ich Mega!“

„Wieso?“

Unvermittelt gab er Raphael die Hand. Blickte ihn herausfordernd an.

„Heiße Julius. Genannt Ju!“

„Raphael, genannt Ja!“

„Verarsch‘ mich nicht!“

„Ich kann dir auch mehrere Wochen helfen, wenn du mal Lust hast, einen drauf zu machen.“

„Hm!“

Ju winkte dem Jungen zu, was so viel hieß, wie ihm in dessen Bude zu folgen, dem Raphael sofort nachkam. Innerlich jubelte der Junge bereits. Da lief doch was, grinste er.

Der Boss schloss die Tür hinter sich ab. Das machte Angst. Wollte er Raphael etwa vermöbeln? In jedem Fall würde Raphael sich wehren. Dennoch, der Minigolfbesitzer ist der Stärkere, das würde auch ein Blinder sehen. Hatte er vor, den vorlauten Bengel umzubringen? Raphael sah bereits wie Ju seinen toten Körper im Sand der Dünen vergräbt. Mit einem Mal zitterte er. Wie kann man solche Reaktion abstellen? Überhaupt nicht!

Der Minigolfbesitzer machte einen Schritt auf Raphael zu, legte seine Arme um dessen Kopf und drückte seinen Körper gegen den seines Opfers. Die Nasen berührten sich. Beide waren nämlich gleich groß. Ju starrte Raphael an.

Dieser hielt den Blicken stand.

Ju fragte, wie alt Raphael wäre.

Raphael blickte auf seine Armbanduhr und sagte ehrlich:

„In drei Stunden werde ich sechzehn Jahre.“

Raphael trat einen Schritt zurück. Ju hatte ihm im gleichen Augenblick ein Angebot gemacht. Er sagte, er könne jeden zweiten oder dritten Tag morgens ein/zwei Stunden kommen, um den Platz zu fegen, die Spielflächen zu reinigen, Becher einzusammeln und Äste aus dem Weg zu räumen, was bedeuten würde, dass er schon um acht auf der Matte stehen müsste. „Zehn Euro die Stunde, wenn du‘s mir besorgst.“

„Meinst du, ich soll dich abgeilen?" „Nachher. Ich gebe Dir die Schlüssel und um zehn Uhr komme ich zurück. Wenn Du warten willst, dann trinken wir noch ein Coca und stoßen um vierundzwanzig Uhr mit einer Piccolo an, die ich im Kühlschrank habe.

Raphael stockte der Atem. Das durfte einfach nicht wahr sein.

„Blasen oder Wichsen, das wirst du ja schon können!", meinte der Boss.

„Kann ich!"

Die Schlüssel tauschten den Besitzer. Raphael spielte drei Runden. –

Circa um zweiundzwanzig Uhr setzte er sich auf eine Bank und begann zu träumen. Plötzlich war es Mitternacht. Gerade als er zur Tür des Häuschens ging, stand der Chef vor ihm. Dieser öffnete seinen Laden und beide betraten den Raum.

Raphael näherte sich sofort dem jungen Mann und fasste in dessen Schritt, denn er erinnerte sich an das Gespräch von vorhin. Der Minigolfbesitzer griente.

Raphael hatte oft genug in seiner Schule Wichskontakte, entweder er ließ sich einen runterholen oder er knöpfte sich andere Jungen vor, von denen er wusste, dass sie den Kontakt wollten. Er fand's voll geil, wenn ihn jemand zum Spritzen brachte, weil man sich dann ganz auf den Schwanz konzentrieren konnte. Meistens geschah das übrigens nach einer Turnstunde. Mitwisser warteten dann, bis der Letzte Dusche und Halle verlassen hatte.

Ju zog seine Jeans runter. Eine Unterhose hatte er nicht an. Das machte die Sache einfacher.

„Wow ... Du hast ja ein Ding!"

„Gefällt dir, was?", säuselte Ju voller Stolz und schon erregt. Seine Stimme zitterte etwas.

„Keine Haare da unten, wie das?"

„Du bist doch nicht blöd? Abrasiert! Damit einer, wie du es bist, beim Lutschen nichts ins Maul kriegt. Wegen der Hygiene, Mann, das weiß man doch mit sechzehn!"

Raphael sagte nichts.

Der Schwanz des Burschen stand wie eine eins, war total grade, länger als Raphaels und richtig fett. Aber schließlich ist man erst mit zwanzig ausgewachsen.

Der Boss lehnte sich an die Wand, die Füße einen halben Meter vorgestreckt, den Unterleib rausgestreckt. Sein Riemen stand schräg nach oben und glotzte Raphael beeindruckend an. Die Pelle ruhte zur Hälfte auf der Eichel. Der Twen hatte so einen wie Ju's noch nie gesehen, wahrscheinlich ist ein derartiger Schaft für die Haut zu groß, dachte er. Raphaels Vorhaut bedeckte den Pimmelkopf ganz.

Er formte seinen Daumen und Zeigefinger zu einem Ring, bildete mit den übrigen so etwas wie eine Höhle. Bei der Schwanzdicke konnte er allerdings seine Finger oben nicht schließen. Er wusste aber, selbst wenn das Glied nicht überall seine Hände berührte, der Griff reichte aus, den Mann aufzumischen. Auch Raphael hatte einen Ständer, der gegen die Unterhose rieb. Mit links zog er den Reißverschluss seiner Khaki runter und griff nach seinem Rohr.

Und es klappte sofort.

Raphael nahm das kurze Nervenflattern des Minigolf-Besitzers wahr, als er sachte mit seiner Rechten dessen Vorhaut ganz über die Eichel zog. Seine Linke spielte an seinem eigenen Schwanz herum. Ju's Ring um die Eichel war geschwollen und rot. Der Boss ist ja genau so empfindlich wie ich, dachte Raphael, umschloss jetzt mit der Innenhand den Schaft in der Mitte und wienerte los. Und da er genug Ahnung von seinem Wichsen hatte, wusste er, wie man jemand am meisten reizt, nämlich mit Langsamkeit. Den Schwänzen gefiel der Rhythmus. Der Minigolfbesitzer stöhnte bereits. Es war ersichtlich, dass ihm der Junge Spaß bereitete. Raphael sah, wie sein Unterleib deutlicher zuckte. Gleich war auch er soweit. Jetzt beschleunigen! Ju 's Rotzlümmel bäumte sich auf, Raphael sprang zur Seite. Sperma flog durch die Luft und platschte auf den Holzfußboden. Eine zweite Ladung folgte. Das Ganze dauerte gerade mal zwei Minuten.

Zweimal flog Raphaels linke Hand an seinem Schwanz noch hoch und runter, dann kotzte sein Liebling auch die Sahne raus. Oh, äh, ächzte er!

Der Chef hörte Schritte. Er gab dem Jungen ein Zeichen, die Hose hochzuziehen, was auch er machte.

Glück gehabt, denn jetzt klopfte jemand an die undurchsichtige Scheibe. Raphael öffnete die Tür einen Spalt, während Ju sich und den Boden säuberte.

„Ist der Chef nicht hier?“

„Nein, ich schließe heute die Bude ab", antwortete Raphael geistesgegenwärtig.

„Na dann, viel Vergnügen!"

„Mann, kam bei Dir 'ne Menge Zeug raus. Deine Eier wurden ja vollkommen entleert!", gab Raphael von sich und sein Gegenüber lachte.

„Prima, Kleiner, habe lange darauf gewartet! Das war Klasse! Übermorgen kommst du morgens um acht Uhr. Einverstanden

Ankunft

Die Autofähre MS. Schleswig Holstein stieß pünktlich vom Kai ab. Sie wird ihren direkten Weg nach Wittdün nehmen, ohne Wyk auf Föhr anzusteuern. Man wird Amrum in neunzig Minuten erreichen. Auf dem Parkdeck standen Auto an Auto, Stoßstange an Stoßstange. Es gab nicht mal genügend Platz, um sich zwischen den Wagen zum Eingang nach oben zu zwängen. Man musste entweder an den Wagen vorbei bis nach vorn driften oder den entgegengesetzten Weg nach hinten nehmen.

Ivo stand am Anleger in Dagebüll in der vierten Reihe der Fahrzeuge, also ziemlich weit hinten, er war mit seinem Kangoo eines der letzten Fahrzeuge, die auf die Fähre durften. Ivo war durch den Polizeieinsatz spät dran.

Als er im Restaurant ankam, herrschte bereits ein unglaubliches Gedränge. Kinder tobten durch die Gänge, Kellner schleppten Getränke und Tabletts zu den einzelnen Tischen. Für empfindliche Leute war der Geräuschpegel hoch. Alles redete und redete. Man fuhr in den Urlaub, sozusagen Aufregung pur. Auch auf dem Sonnendeck waren Bänke und Stühle besetzt, wie Ivo feststellen musste.

Er stand im Restaurant vor einer Bank, die schon von drei Kindern besetzt war.

„Ihre drei Jungen können ein bisschen zusammenrücken, dann ist auch für mich noch genügend Platz vorhanden", wendete er sich an die Mutter.

Diese blickte ihn erbost an. Dann legte sie los:

„Sie sind doch wohl jung genug, um etwas länger zu stehen, oder?", geiferte sie, „im Gang halten sich nur wenig Menschen auf!"

„Das stimmt, nur würde ich das Personal behindern."

„Ach quatschen Sie hier doch nicht 'rum! Außerdem war ich zuerst hier."

„Was für ein Vorbild für Kinder!", stänkerte Ivo bewusst. Ob die Mutter die Ironie mitbekommen hatte, wusste er nicht, ihren Gesichtszügen nach war sie sauer. Die Jungen dagegen lachten und rückten zusammen.

„Kommen Sie hierher!", rief ein älterer Herr. „Wir machen uns dünne! Man hat bei Glucken immer Schwierigkeiten. Ekelhaft, wenn sich alles nur um die Gören dreht."

„Danke! Sehr nett von Ihnen!"

Ivo stellte seine Tasche an der Bankseite im Gang ab, beließ eine Pobacke auf der Bankfläche, die andere stützte er durch sein rechtes Bein ab. So ging's. Ihm war unerklärlich, wie man sich so wie diese Mutter gebärden konnte. Fast alle Leute auf der Fähre und vielleicht auch diese Familie waren Gäste, die jährlich kamen. Sie wussten von vornherein, dass die Schiffe in den Sommerferien ausgebucht sind. Da heißt es einfach, aufeinander Rücksicht nehmen. Ohne lange Voranmeldung läuft auf Amrum gar nichts, wenn man ein paar Tage bleiben will. Tagesgäste dagegen finden auf dem breiten Strand immer und eigentlich überall Platz, ob in Wittdün selbst, in Nebel, in Süddorf oder in Norddorf. Ein Glück, dass Ivo sein Zimmer schon im letzten Sommer fest gebucht hatte.

Er schloss seine Augen, er wollte nicht mit den freundlichen Nachbarn sprechen. Zu sehr brannte ihm auf den Nägeln, was er heute erlebt hatte. Er blendete den Lärm aus, der durchs Restaurant waberte, eine Fähigkeit, die man als Student haben muss. Konzentration auf einen Punkt war das, was er in einem Seminar gelernt hatte und tatsächlich praktizierte.

Ivo erinnerte sich noch einmal an das auf dem Parkplatz erlebte Abenteuer.

Als die Polizei Kennzeichenkontrolle und Befragung abgeschlossen hatte – Ivo erledigte das von seinem Fahrersitz aus - schlüpfte er schnell in die neue Hose, die auf dem Nachbarsitz lag. Wieder angezogen, stieg er aus seinem Auto und machte sich auf den Weg in Richtung Einfahrt des Parkplatzes, bis er Polizei und die zwei Fahrzeuge der beiden Kerle im Blick hatte. Den neben ihm gehenden Gesetzesvertreter fragte er, wie er bei einer Anzeige wegen Sachbeschädigung vorzugehen habe. Jede Polizeidienststelle nehme solche Tatbestände auf, meinte der Beamte. Durch die eigene Unterschrift würde die Anzeige bestätigt. Aus diesem Grund ließ sich Ivo den Namen des Porschefahrers geben und notierte dessen Kraftfahrzeugkennzeichen.

„Wir haben die vom Schädiger verursachten Dellen von mehreren Seiten fotografiert, so dass Sie in einem Prozess den Beweis antreten können, allerdings nur mit Hilfe unserer Analysen der Tritte, die sich auf dem Blech abzeichnen und einwandfrei dem Schuhwerk der bekannten Verursacher zuzuordnen sind."

Ob ich der Polizei erzähle, was die beiden getrieben hatten? Ivo sah plötzlich beide Männerkörper vor sich, fast ineinander verkeilt. Wie brutal der Jüngere den Porschefahrer drangsalierte, das musste doch wehtun! Ivo hatte plötzlich das Gefühl, als höre er sogar die Laute, die der Ältere ausstieß. Es waren Lustschreie, an die sich Ivo erinnerte. Unerwartet machte sich sein Schwanz bemerkbar. Schon war der Ständer da. Wie war das möglich? Was hatte ihn gereizt? Etwa die Töne? Oder vielleicht der Arschfick?

Wohlweislich hatte er der Polizei verschwiegen, was die beiden so aufgebracht hatte.

Der freundliche Herr neben Ivo holte den jungen Mann aus seinen Träumen. Er stieß ihn mit dem Ellenbogen an und gab von sich:

„Wir haben unser Ziel gleich erreicht. Alles Gute auf der Insel, vielleicht treffen wir zufällig aufeinander. Wäre doch komisch, nicht wahr?"

Ivo nickte mit dem Kopf.

„Danke!", sagte er, nahm seine Sachen und machte sich auf den Weg zum Autodeck. Um ihn herum klapperten Türen, wurden Heckklappen zugeschlagen, einige Wagen bereits gestartet. Kinder heulten, weil der Spalt, durch den sie auf die Hintersitze klettern sollten, manchmal zu schmal war.

Ivo begann sich zu freuen. Als bekannt gegeben wurde, das die Fähre ungefähr eine Stunde vor Amrum liegen bleiben müsste, weil das Wasser in der Nähe des Anlegers zu flach wäre, versuchte Ivo noch einen Augenblick zu schlafen. Was gelang. Als er erwachte, musste er gleich an das Gedränge denken, wenn man von Bord strömt. Das sah letzten Sommer schon komisch aus. Die Fußgänger dürfen nach den ersten paar Wagen, die Fähre verlassen. Und sie machten das – wie damals - ungeordnet, sie drückten und drängten, als ob sie sonst den Inselboden verpassen könnten. Da die Fahrbahn der Stahlbrücke sehr eng und geriffelt ist, wird das Gehen für Stöckelschuhe zur Qual. Wenn man dann noch Koffer trägt oder Trollies hinterher zieht ... Dazu kommt bei Ebbe die Schräglage der Stahlbrücke, die Gangway steigt in einem Winkel von fünfzehn Grad an. Auch jetzt herrschte Ebbe. Und es trat genau das ein, was er letztes Jahr erlebte.

Ivo kurbelte die Fenster hinunter.

Wenn die Nordsee ebbt, ist die Luft über dem Steenodder Becken herb und moorig. Der Geruch ist muffig, gewöhnungsbedürftig und unvergesslich. Ivo mochte diese Ankunftsminuten. Er atmete tief durch. Im Nu fühlte er sich zurück versetzt ins letzte Jahr. Da war es genauso wie jetzt.

Als jetzt ein leichter Wind über das Meer strich, lächelte er. Die strenge Würze des dunkelgrauen bis schwarzen Schlicks verwirbelte sich mit dem Geruch des Brackwassers und dem des Meeres in der offenen Fahrrinne. Morgen wird man mit Sicherheit surfen können, denn der Wind wird bleiben. Ja, er könnte sich sogar noch verstärken, da die Sonne das Land mehr erhitzt als das Wasser. Über Amrum steigt dann die Luft in die Höhe und zieht Meeresluft nach sich.

Ivo verließ den Anleger. Weil sein Hunger so groß war, suchte er sich als erstes ein Lokal. Gleich an der Ecke konnte man sogar noch draußen sitzen. Er rief Selma Kayer an und teilte ihr mit, dass er noch Essen gegangen wäre. Er käme wahrscheinlich erst um Mitternacht, sie brauchte nicht zu warten. Dann bestellte er in aller Ruhe ein Bier und ein Gulaschgericht.

In Wittdün war noch viel los, als er um circa vierundzwanzig Uhr die kleine Stadt verließ.

Er registrierte die vielen gebräunten Leute in der Hauptstraße nur am Rande, durchquerte Wittdün mit einer Geschwindigkeit von dreißig Kilometern und fuhr gen Norden. Kaum in Norddorf angekommen, näherte er sich dem Minigolfplatz auf der linken Seite und der katholischen Kirche auf der rechten.

Was hatte das zu bedeuten?

Da winkte jemand wie besessen.

War etwas passiert?

Ivo drosselte seine Geschwindigkeit von dreißig Kilometern auf zehn und stoppte bei der fremden Person. Er sah, dass er einen Twen vor sich hatte. Er betrachtete den Jungen und befand, dass er fabelhaft angezogen war und Farben benutzte, die miteinander harmonierten. Kompliment. Die Frisur allerdings entsprach dem Zeitgeist. So hatten mehr als siebzig Prozent der Jugendlichen die Tolle nach oben gebürstet und gegelt. Oder sie hatten auf der Schädeldecke eine Bürste belassen, rundherum waren sie kahl geschoren. Sein Verhalten ließ auf einen schrägen Typ schließen. Die Sneakers sahen total gut aus.

„Kann ich was für dich tun?", fragte er höflich und blickte dem Jungen in die Augen. „Ist irgendwas passiert? Brauchst du Hilfe?"

„Kennst du dich hier aus?"

Ivo überlegte einen Augenblick. Sollte er sich gefallen lassen, gleich geduzt zu werden? Und dann von so einem Bengel? Wie kommt dieses Bürschchen denn dazu? Im selben Augenblick aber schalt er sich selbst über seine Arroganz. Mensch, Ivo, du hast Urlaub! Dann fragte er Raphael, wohin er denn wollte. Dieser sah Morgenröte. Raphael schielte derweilen nach hinten in den Kofferraum, sah das Surfbrett und jubilierte innerlich. Ivo bekam davon nichts mit.

Wenn der nicht auch bei Selma Kayer übernachtete ... ging's dem Jungen durch den Kopf.

„Ich wohne bei einer ziemlich alten Kuh, die Pension nennt sich Haus Agathe!"

„Bei Selma Kayer?"

„Ja!"

„Und wieso laberst du so schäbig von der Frau? Die ist nämlich voll in Ordnung. Und hier anerkannt, auch bei mir, damit du klar siehst!"

„ Mann, Entschuldigung. Ich bin ja auch kein Engel!"

„Steig ein! Ich fahre dich hin."

Raphael ließ sich das nicht zweimal sagen. Schon saß er auf dem Beifahrersitz. Ivo schwieg, lenkte den Kangoo von der Lundstruat bewusst nach links in die Straße Dünemwai vorbei am Supermarkt zur rechten und einem Blumenladen auf der linken Seite, steuerte bis zum Kurmittelhaus Winkler und bog nach rechts ab.

„Willst du mich veräppeln? Auf Umwege kann ich verzichten!"

„Mann, ich hab dich mitgenommen, nun halt bitte dein Maul!"

„Mach' mich nicht an!", stieß Raphael laut aus, „ auch wenn ich jünger bin. Du hast wohl keine Ahnung. Lass mich hier raus! Reinlegen kann ich mich selbst."

„ Wolltest absahnen, was?"

„Mir zu blöd!" Schon war Raphael draußen und stürzte auf einen Mann zu, den er offensichtlich nach Selma fragte.

Als Raphael endlich in der Pension anlangte und durch sein scheinbar geöffnetes Fenster auf der Wattseite des Hauses einsteigen wollte, sah er den Kangoo. Verdammt. Als er nun noch feststellte, dass sein Zimmerfenster geschlossen war, brannte bei ihm eine Sicherung durch. Er grölte herum, lief ums Haus, riss die Eingangstür auf, stürzte an Selma Kayer, Myriam König und am Kangoobesitzer vorbei. Diese saßen alle in der Rezeption der Pension. Ohne etwas zu sagen, verschwand er in seinem Zimmer.

„He!", rief Selma hinterher.

„Was ist los?"

Ivo verriet kein Wort. Er tat so, als ob er den Twen nicht kannte und wandte sich wieder Selma zu. Diese hatte eine kleine Flasche Sekt für zwei Gläser geöffnet und bereits in die Kelche gegossen.

„Herzlich Willkommen, Ivo."

„Danke, für den Superempfang. Ich weiß jetzt sicher, dass ich mich bei Ihnen wohlfühlen werde."

21.Juni
Frühstücksgezeter

Myriam saß bereits seit halb acht am Tisch. Selma hatte ihr diesen Platz angewiesen, ein Kontakt mit dem Studenten könnte in Reichweite rücken. Ivo kam um acht Uhr aus seinem Zimmer und fläzte sich gelangweilt Myriam gegenüber hin.

„Morgen!", nuschelte er unfreundlich.

„Guten Morgen!"

Sein Blick ging nach draußen auf die feuchten Wiesen, auf denen schon hunderte von Vögeln hin- und her liefen.

Ivo war schlechter Laune, für ihn war die Nacht zu kurz.

Er hatte sich bis um zwei Uhr noch zwei DVDs reingezogen, die er eingepackt hatte. Einen israelitischen ernsten Streifen, danach einen Porno, absolut spitze. Wie oft hatte er sich schon an dem hochgegeilt? Junge Typen, Mädchen und Jungen. Sie fickten durcheinander von vorn und hinten, über Kreuz, zu zweit, mal zwei Weiber, mal zwei Kerle, dann wieder alle zusammen. Ivo hatte schon Zuhause versucht herauszufinden, warum ihn dieser Film und was ihn speziell anmachte. Die Titten der Luder waren stramm und riesig, wahrscheinlich gespritzt. Ihre Körper hatten Idealmaße, und gut sahen sie auch noch aus. Die Männer glänzten mit Waschbrettbäuchen und steifen Dödeln jeglicher Größe. Alle waren rasiert.

Ivo überlegte sich, ob er nicht auch seine Schamhaare entfernen sollte. Es gibt doch Cremes, für die Reklame gemacht wird. Aber das war für den Abend kein Thema.

Als im letzten Porno ein irrer zwei Meter Kerl sein Rohr im anderen versenkte und los legte, erwachte Ivos Penis. Kaum bemerkt, hatte er sich aufgerichtet, steif bis zum Bersten. Da er sich von vornherein ausgezogen hatte, brauchte er nichts anderes mehr zu tun als zu wichsen.

Tatsächlich, du bist schwul, flüsterte er sich zu, schwul, schwul, schwul.

Selma brachte eine Thermoskanne Kaffee für ihn, fragte, ob er ein Ei wollte und als er bejahte, hatte sie es bereits in den Becher gestellt.

„Morgen!"

Ah, Raphael! Welcher von beiden ist hübscher?, fragte sich Myriam und antwortete:

„Gut geschlafen?"

Die beiden jungen Männer überhörten die Frage. Raphael zog sich den neben Ivos Sitz stehenden Stuhl aus seiner Normallage hervor. Als er sich setzen wollte, schoss Selma auf ihn zu.

„Nein, nein, junger Mann, so nicht! Mit nacktem Oberkörper und Badehose ist hier gar nichts!"

„Was ist denn?"

„Du sollst dir was Anständiges anziehen!", brummte Ivo. „Hier herrscht Ordnung."

„Mann, halt du dich doch da raus!"

„Keine Konzession. Das Frühstückszimmer akzeptiert weder Badehosen, noch freie Oberkörper, weder Schlafanzüge, noch BHs! Man muss den anderen Gästen nicht den Appetit verderben! Auch keinen Bademantel! "

„Kein Grund zum Maulen!", trompete Ivo zu Raphael hin. „Was sich nicht gehört, kann man lernen!"

„Blödmann, ich erinnere mich nicht, dich angeredet zu haben."

Mit Wut im Bauch verschwand er, um sich umzuziehen. Was Ordentliches? Was war denn ordentlich, etwa dieses lächerliche Gehänge von der Bohnenstange Ivo gegenüber? Was der Surfer sich herausnimmt!

Ja, es war gestern ein Fehler.

Raphael hatte sich hierüber schon genug geärgert. Aber das heißt doch nicht, dass er nicht auch anders sein kann. Warum drischt ein junger Mann so auf mich ein? Wollte er mir Angst oder mich vor der Fotze lächerlich machen?

„Das ist übrigens Myriam!", pustete Selma über den Tisch und stellte sich gleichzeitig neben sie. Sie wies mit ihrem rechten Zeigefinger auf die junge Frau. Kaum hatte Selma deren Namen ausgesprochen, wurde Myriam knallrot.

„So ist es gut!", zischte Ivo Raphael zu, als dieser zurückkam. Seine Abwesenheit dauerte nicht einmal zwei Minuten. Also hatte der Junge ganz sicher keine Unterhosen an, dachte der Student, diese kleine Sau ...

„Lass mich zufrieden."

„So empfindlich? Etwa wie gestern?"

Selma wurde hellhörig. Sie stand jetzt wieder am Buffet und legte Wurst und Käse nach, außerdem stellte sie Schokoladenkuchen hin und die Teller zurecht. Der Essraum war inzwischen voller Gäste, selbstverständlich alle anständig angezogen. Nun gehörte auch Raphael dazu. Ihre Geschäftigkeit ließ sie vergessen, dass Raphael Geburtstag hatte.

Was für ein Geheimnis die beiden wohl haben, überlegte Selma. Der gestrige Auftritt ihres pubertierenden Schützlings ließ irgendwas vermuten, aber was? Er hatte kein Wort zum geschlossenen Fenster verlauten lassen, also war ihm sein Verhalten wahrscheinlich peinlich. Ein gutes Zeichen und eins von echter Erziehung! Was hatte Raphael wohl gestern ausgefressen? Er hatte das Haus stillschweigend verlassen, sie sitzenlassen und kehrte erst nach mehreren Stunden zurück. Das allerdings geräuschvoll.

„Möchtest du auch ein Ei haben?", fragte ihn die Wirtin freundlich und lächelte dazu.

„Ich nehme mir schon das, was ich will. Ich brauche keine Hilfe!", murrte Raphael, wobei er auf seinen Teller starrte.

„He, du Kotzbrocken, kannst du nicht einmal normal sein? Gestern schon das Winken an der Straße für nichts, dass man als Autofahrer Angst bekommen kann, dann dein überstürztes Aussteigen und deine Wut, als du vor meinem Wagen standst. Bist schön bestraft worden. Musstest richtig weit latschen ..." Ivos hämisches Grinsen ärgerte Raphael wieder. Ein arrogantes Schwein.

Gott sei Dank herrschte danach Stille. Selma ging von Tisch zu Tisch, fragte, ob man mit dem Aufschnitt, dem Kaffee und den Eiern zufrieden war, erkundigte sich, ob man bei der Wärme dennoch gut geschlafen habe, empfahl, so früh wie möglich an den Strand zu gehen, und über die Mittagszeit wegen der Hitze in die Pension zurückzukommen. Sie war einfach wahnsinnig zuvorkommend.

Wasserkontakt

Unvermittelt erhob sich Ivo und sprang zur Tür. Raphael wollte ihm nacheifern, weil er das Gefühl hatte, dass der Student gleich an den Strand fahren würde. Und er wollte mitfahren. Er hatte recht damit. Beim Aufstehen riss er mit seiner Serviette seine Tasse um. Nicht nur das. Sie fiel auf den Boden und zersprang in tausend Stücke. Belämmert stand Raphael vor dem Schaden. Ivo war inzwischen losgefahren, man konnte den hellen Ton des Kangoos hören. So ein Mist, dachte der Junge. Selma war längst mit Feger und Schaufel da, sammelte die Scherben auf und beförderte sie in einen Müllsack. Dann nahm sie einen Feudel und wischte den vergossenen Kaffee weg. Raphael hatte sich inzwischen wieder gesetzt. Die Leute um ihn herum, die empört aufgeblickt und sich zum

Teil erhoben hatten, saßen wieder auf ihren Plätzen.

„Ich wusste doch", sagte der alte Herr Moller zu seiner Nachbarin, „diese Jugendlichen bringen nur Ärger. Sie sind laut, unhöflich und rücksichtslos!"

„Nein Herr Moller, es gibt auch nette junge Menschen! Und besonders höflich sind Jungen und Mädchen aus Syrien."

„Hören Sie bloß auf. Wenn ich schon die gestutzten Bärte der Kerle sehe, alles Salafisten!"

„Stuss!"

„Streiten Sie sich nicht, es gibt solche und solche, das ist bei uns nicht anders."

Selma beugte sich zu Raphael und flüsterte ihm ins Ohr:

„Halb so schlimm!"

Warum sie dem ungestümen jungen Mann trotz seiner Frechheiten und Ärgernisse, die er ihr machte, mochte, konnte sie nicht genau sagen. Ein Grund hatte das sicher: wenn die Liebe von Ivo zu Myriam nicht klappen würde, dieser Junge bietet Ersatz!

Raphaels Herz schlug wieder normal. Es hatte sich sehr aufgeregt.

Ivo erreichte wenig später den Parkplatz am Norddorfer Strand-Eingang. Er stellte seinen Wagen am Ende der Stellfläche ab und stieg aus. Als er sich - die Arme in die Höhe gestreckt - neben seinem Wagen erst einmal um die eigene Achse drehte, atmete er die herbe, salzige Luft tief ein und wieder aus.

Was für ein Genuss!

Dann schaute er auf die vor ihm liegende fünfzehn Meter hohe Dünenkette, die Meer und Land voneinander trennt. Ivo fühlte sich mit dieser Aussicht und dem Geruch des Meeres wohl, nichts war mehr von seiner Müdigkeit der letzten Nacht und den Anstrengungen zu merken.

Der junge Mann nahm sich einen Teil der Gerätschaften, bepackt mit ihnen schlurfte er zur nahen Surfschule auf die Meerseite der Düne. Eine Art Minischlucht, durch stadteigene Bagger gegraben, war noch zu überwinden. Ein Leichtes, weil man die Sandberge nicht mehr hoch klettern musste, sondern sie quasi zur ebenen Erde durchquerte.

Ivo musste mehrere Male gehen. Auf seinem ersten Gang nahm er zwei Boards unterm Arm. Schon von weitem sah er Knut Johansen, dem die Surfschule gehört. Er wusste vom letzten Jahr, dass der Bursche immer der erste am Strand war und einige Dinge richtete, damit Neuankömmlinge gleich in See stechen konnten. Die Meisten leihen sich nämlich Boards und Riggs, was vernünftig ist. Nur wenn man selbst Profi ist, hat man sein eigenes Equipment, wie es bei Ivo der Fall war.

Die Begrüßung der beiden war stürmisch. Knut erkannte Ivo vom letzten Jahr und erinnerte sich daran, dass er einen jungen Mann vor sich hatte, der auf dem Surfsektor als großes Talent galt. Er wies ihm einen Platz für seine Ausstattung zu und beide quatschten erst einmal über die vergangene Saison und über das, was sich Ivo vorgenommen hatte. Dann holte Ivo sein Longboard aus dem Wagen, das dritte Board, das er mitgebracht hatte, es war nur für den Beginn seines Trainings vorgesehen. Man muss sich immer erst an das Wasser gewöhnen, dafür brauchte Ivo mindestens einen Tag. Auch hatte er zwei Riggs dabei, weitere konnte er sich ausleihen. Knut fragte sich, warum Ivo seine eigene Finne und ein eigenes Schwert dabei hatte. In jedem Fall ist das Schwert ziemlich schwer. Egal, jeder musste wissen, was er zu tun hatte. Das ausgeklappte Gerät verleiht dem Fahrzeug Stabilität, es hat die Funktion des Kiels bei einem Segelboot. Die Finne wird an der Unterseite des Boards am Heck fixiert. Ohne sie würde man nur im Kreis fahren. Natürlich hatte er auch seinen Neoprenanzug, Surfschuhe und Handschuhe dabei. Während man abends Board, Rigg und Gabelbaum in der Surfschule beließ, nahm man meist die Kleidung mit. Das war auch kein Problem, wenn man mit einem PKW anreiste und jeden Abend mit ihm nach Haus fuhr.

Es dauerte einige Stunden, bis der Wagen leergeräumt und alle Utensilien im Regal der Surfschule untergebracht waren. Vom Meer her wehte ein kräftiger Wind, Ivo glaubte, dass er eine Stärke von 6 hatte, was tatsächlich zutraf. Knut hatte sie längst gemessen.

Der Student zog sich in den Umkleideräumen aus und seine Surfkleidung an, was auch immer Zeit in Anspruch nahm, denn Neopren gleitet nicht leicht über die Haut, sitzt aber danach relativ stramm und bildet bei komplizierten Manövern keine Falten. Das Rigg war aufgezogen. Dadurch, dass er es am Mastfuß zum Wind hielt, war es leicht transportfähig, die Luftbewegung trug es wie Flügel einen Vogel tragen. Vorn am Wasser vollzog Ivo Bewegungen, die Anfängern auferlegt werden.

Ivo griente vor sich hin. Ihm fiel alles Notwendige zum Surfen wieder ein, obwohl er ein halbes Jahr außer Training war.

Ivo lachte. Er hatte sofort wieder Spaß!

Endlich war es wieder so weit.

Bei den Übungen mit und ohne Brett – jetzt zog er es nach Luv – hatte er bald das Rigg ausbalanciert. Es stand im Gleichgewicht. Als eine halbe Stunde vergangen war, lagen Board und Rigg im 90-Gradwinkel im Wasser. Rauf auf's Brett, die Aufholleine - mit geradem Rücken nach hinten - unten angefasst und das Segel Hand über Hand aus dem Wasser gezogen. Perfekt.

Ivo war so mit sich beschäftigt, dass er Raphael nicht sah, der gerade an den Strand gekommen war. Dieser hatte eine blaugestreifte dreiviertellange Hose und ein hellblaues Sweatshirt an, Sandalen in der Hand. Knut hatte mitbekommen, wie der Junge sich die Surfbretter ansah und offensichtlich verglich.

„Hilfe gefällig?", wandte er sich an den Neuankömmling.

„Ich glaube schon. Ich möchte surfen lernen!"

„Wenn es das ist, kein Problem. Du brauchst in jedem Fall ein paar Stunden, und die müssen wir festlegen, denn bald habe ich für eine persönliche Beratung keine Zeit mehr, zu viel Betrieb, musst du wissen!"

„Gibst du mir noch zehn Minuten? Ich möchte mal nach vorn zum Wasser gehen, ich war ein Jahr lang nicht mehr unmittelbar am Meer."

„Klar! Eins will ich dir aber schon auf den Weg mitgeben. Du wirst circa zehn Stunden benötigen, dann hast du Basistechniken drauf und kannst schwerelos gleiten. Surfeinsteiger, die richtig Lust zum Surfen bekommen, schaffen es manchmal in acht Stunden! Eine Stunde kostet über fünfzig Euro. Kannst du das Geld aufbringen?"

„Kann ich", log Raphael, rechnete allerdings schnell nach. Wenn er bei dem Minigolftyp einen Tag in der Woche arbeitet, dann würde die Bezahlung leicht klappen.

„Du hast mir noch gefehlt!" blökte Ivo sofort los, als er Raphael sah. „Kommst wie ein feiner Pinkel daher und störst!"

„Wieso stören, Mann? Verfolgungswahn? Ich hatte nichts gesagt, wollte nur zusehen!"

„Wie ich dich einschätze, wolltest du mich nur ins Wasser fallen sehen. Das stärkt immer das eigene Selbstbewusstsein. Aber den Gefallen tue ich dir nicht!"

„Musst du auch nicht. Ich will surfen lernen, und dazu brauche ich Fachleute. Da du wahrscheinlich nicht zu dieser Sorte gehörst, bitte ich dich erst gar nicht, mein Lehrer zu sein. Knut ist aber so einer. Er will mich trainieren."

„Na super, dann werden wir vielleicht noch einmal um die Wette surfen, aber ich sage dir gleich, dazu braucht man Kraft, und dass du sie hast, das bezweifele ich. Deine dünnen Beine sprechen Bände. Ich empfehle dir: Verabrede dich mit einigen Alten zu einer Katamaran-Fahrt. Du brauchst nicht zu steuern, nichts zu tun. Das schaffst du bestimmt. Ist gar nicht so teuer!"

„Leck mich doch!"

Nach diesem Satz drehte sich Raphael um die eigene Achse und sprintete zurück zur Surfschule. Die Regale und die drei Wohnwagen waren wohl einhundert Meter vom Wasser entfernt. Verdammt, das strengte richtig an! Raphael kam ins Schwitzen.

Knut wartete bereits am mittleren Wohnwagen, der war offensichtlich das Büro der Surfschule.

Der und surfen, dieses verhätschelte Baby, sinnierte Ivo und blickte dem Jungen hinterher. Wahrscheinlich ein Großstadtkacker aus dem reichsten Ortsviertel. Vielleicht Stuttgart oder München? Die Kleidung ließ jedenfalls darauf schließen. Außerdem: eingebildet und stinklangweilig.

Schon stand Ivo auf seinem Brett, beide Hände am Gabelbaum. Ab ging die Post!

Unter Frauen

Das Haus war inzwischen leer, alle Gäste nutzten das phantastische Wetter aus. Nicht jeder wollte sich der Mittagshitze am Strand aussetzen, und so wählte man die kühlen Waldwege, die – je nachdem – manchen Spaziergänger bis an den Rand von Süddorf führten.

Myriam hatte Selma beim Abdecken geholfen, die Tischdecken glatt gezogen, überall ein paar Blumen und Strauchzweige aus dem Garten hingestellt und den restlichen Aufschnitt des Buffets in hierfür vorgesehene Dosen gelegt. Dann fegte sie schnell noch den Essraum durch. Sie war wirklich patent, wie Selma befand, und vielleicht lernt sie auch noch, wie man mit Männern umgeht.

Mein Gott, wie war das möglich? Rotwerden, nur wenn der Name genannt wird? Ihr fehlte einfach Selbstbewusstsein, wer hatte es ihr genommen? Nie sprach Myriam vom Elternhaus, war sie in der Kindheit etwa in einem Heim untergebracht? War sie sogar Vollwaise? Sie sprach manchmal über ihren Chef, den Bäckermeister Eduard Schnellgang. Doofer Name. Myriam griente immer, wenn sie das Wort in den Mund nahm. Schnellgang? Nein, der kriecht wie eine Schnecke ...

In solchen Augenblicken ließ sie Humor aufblitzen. Selma hatte ihn sehr wohl bemerkt. Sie war sich klar darüber, dass man ihr die jungen Männer auf dieser Basis näherbringen könnte. Humor reißt Grenzen ein! Selma staunte über diesen wunderbaren Satz, den sie formuliert hatte.

„So, Myriam, für dein Zimmer kommst du heute selbst auf, will sagen, richtest es her, ich mache mich an die beiden Räume der Jungen heran. Frau Jakobsen hatte heute morgen angerufen, sie habe sich erkältet, meinte sie und könnte nicht zur Arbeit kommen. Was hältst du davon, wenn du mir unter die Arme greifst, es fällt mir doch schon ziemlich schwer, mich zu bücken, und das muss man, wenn man den Boden saugt. Wenn wir damit fertig sind, machst du dich an dein Zimmer ran!"

„Natürlich!"

„Warte hier einen Augenblick!"

Dann verschwand sie in der Küche und kam mit dem Generalschlüssel zurück. Myriam ärgerte sich bereits, sie warten zu lassen, wo sie doch helfen sollte. Sie überlegte, warum Selma sie jetzt nicht in die Küche mitgenommen hatte. Die Antwort wäre einfach gewesen, nur konnte Selma ihr diese nicht sagen. Sie wollte in keinem Fall, dass Myriam das Schlüsselversteck sah. Wer weiß, wie oft sie sonst allein die Zimmer der Jungen aufsuchen würde, wenn die beiden am Meer waren.

„Jetzt zeige ich dir zuerst, wie man durch ein Schlüsselloch blinzelt. Man kann trotz dieses kleinen Loches eine Menge sehen, und wir werden beide bald die Gelegenheit nutzen, uns zu informieren, was jeder einzelne in seinem Zimmer treibt. Als Wirtin ist es immer gut zu wissen, was Menschen so tun, weil man sich dann auf sie einstellen kann. Stell dir vor, einmal habe ich entdeckt, dass ein Mann ins Waschbecken gepinkelt hatte, dem habe ich im nächsten Jahr den Aufenthalt verweigert. Ich habe ihn angelogen, dass alles besetzt wäre. Solche Schweine brauche ich nicht."

„Das können Männer?"

„Natürlich, dazu haben sie doch einen Schwanz!"

„Wie Sie mit mir reden!"

„Myriam, hör mal zu, willst du nun wissen, wie Männer funktionieren?"

„Ja!"

„Ich werde dir später noch mehr erzählen, du wirst staunen, komm!"

Selma schloss die Tür auf, öffnete sie einen Spalt, um kurz um die Ecke zu blicken. Dann trat sie einen Schritt zurück, schloss die Tür wieder, bückte sich dann, hielt das linke Auge geschlossen, und legte das rechte Auge an die winzige Öffnung, die ihr schon manches Mal echte Freude und Überraschungen gespendet hatte. Sollte der junge Mann gerade mal nackt sein, könnte man ihn wunderbar beobachten. Nach links und rechts allerdings fehlte die Sicht.

Myriam machte es ihr sofort nach. Als sie erwähnte, dass sie Tisch und Stuhl und eine Ecke des Bettes sehen konnte, war Selma beruhigt.

Beide staunten, das Zimmer war aufgeräumt. Selma erinnerte sich, dass der junge Mann auch im letzten Jahr bewiesen hatte, wie umsichtig er war, seine Sachen waren nämlich zusammengelegt und lagen auf dem Sessel, auf der Anrichte gab es zwar ein Durcheinander von Papier, Ausweis, Kugelschreibern, einem Taschenmesser und ein paar Socken, aber sonst? Myriam registrierte sofort, dass unter dem DVD-Rekorder eine Plattenhülle lag. Sie nahm diese in die Hand, schreckte auf, juchte wie ein fünfzehnjähriges Mädchen und machte auf Selma ein paar Schritte zu.

„Hier!" Ihr verlegenes Grinsen amüsierte die Wirtin.

Selma nahm die Verpackung in die Hand. Darauf ein nacktes Mädchen, das auf dem Schwanz eines blonden Kerls hockte und zwar so, dass man einen Teil des steifen Gliedes sehen konnte. Raffiniert fotografiert, dachte Selma. So lockt man durstige Kerle an, dann lachte sie.

„Siehst du, so ticken Männer unter anderem. Wenn sie keine Frau haben, ziehen sie sich einen Porno rein, und je länger sie keinen Sex hatten, desto gewalttätiger muss der Film sein. Hast du denn noch nie einen Sexfilm gesehen?"

„Doch, schon einmal."

„Na bitte, dann weißt du Bescheid!"

Selma machte vorsichtshalber allein das Bett. Sie kannte es: junge Männer onanieren abends, morgens oder nachts, das hatte sie immer wieder bei Arne mitbekommen, und meistens hatte der Bengel kein Papier dabei oder keine Unterhose an, in die man hineinspritzen konnte. Sofort stellte sie den Placken in der Mitte des Lakens fest, ließ es aber Myriam nicht wissen. Diese würde bei ihrer Unwissenheit nur erschrecken. Kleine Mädchen mussten nicht alles an einem Tag lernen, sagte sie sich und grinste in sich hinein. Wie kann man in dem Alter nur so unbedarft sein ...? Willi kam ihr in den Sinn. Wie oft durfte sie ihn mit der Hand wichsen oder per Mund lutschen, wenn sie ihre Tage hatte oder einfach schlecht drauf war?

Nach einer halben Stunde wechselten sie die Zimmer. Myriam hatte noch nicht bemerkt, dass die großen Kleiderschränke in beiden Räumen die Tür dahinter verbargen, eine Möglichkeit, von Zimmer zu Zimmer zu wandern, wenn man den Schlüssel besitzt, der nicht in der Tür steckte.

„Sieh mal, was ich hier am Bett gefunden habe. Was ist das für eine Zeitschrift ‚Männer'?"

„Keine Ahnung, nie gesehen."

Selma blätterte sie durch. Sie hatte ein ungutes Gefühl. Keine Frauen, keine Brüste, keine Luder wie in der ‚Bunten'? Diese und ‚Gala' sowie ‚Die Neue Post' hatte sie seit Jahren für die Gäste abonniert.

Raphaels Zimmer sah aus, als wäre eine Bombe eingeschlagen. Kleidungsstücke lagen auf der Erde, bei den Schuhen hatte Selma das Gefühl, dass er diese einfach in die Gegend geschleudert hatte, sie lagen im Raum herum, ein Schuh direkt an der Wand. Nur ein Paar stand zusammengestellt hinter dem Paravent. Als Selma unwillkürlich den Kleiderschrank öffnete, sah sie die Unordnung. Diese schönen Kleidungsstücke, Hemden und Pullis einfach hineingeschmissen. Vielleicht wird der Junge zu Hause so bevormundet, ging's ihr durch den Kopf, dass er sich hier von dieser Einengung befreien wollte.

Freiheit, dieses Lebensgefühl hatte sie ihrem Arne mitgegeben. Nie hatte sie ihn reglementiert, nie hatte sie ihm zu verstehen gegeben, dass das eine Schweinerei wäre, was er im Bett allein trieb. Nein, sie hatte von Willi gelernt, was Menschen ausmacht.

Raphael wollte wohl endlich einmal seine Freiheit genießen! Davon war sie überzeugt.

Sie nahm noch einmal das Magazin in die Hand. Ein Kerl in Frauenkleidern und was sollte das bedeuten: ‚Eine Latte mit Problemen?' Im Text ein erigiertes Glied?

Eine eigenwillige Zeitschrift.

„Myriam, schau mal hier. Was für ein Männerhintern! Wenn du mal drüber streicheln solltest, du wirst spüren, wie es dann bei dir prickelt! Knackige Männerärsche sind ein Genuss!"

„Wirklich?", fragte Myriam skeptisch nach. Sie konnte es sich nicht vorstellen, was man vom Männerpo haben sollte ...

„Und was ist das für eine Zeitschrift?!"

„Für Männer eben!"

„Ohne Frauen?"

„Viele Kerle haben gar keine, musst du wissen. So eine Zeitschrift ist dann Ersatz! So und nun lass uns hier Ordnung schaffen ..."

22.Juni
Fragen aus Wasserburg

Raphaels Eltern waren beunruhigt. Sie riefen morgens um acht Uhr auf dem Handy ihres Sohnes an. Keine Verbindung. Es konnte doch nicht sein, dass der Junge noch schläft. Er war Frühaufsteher. Andererseits konnte er doch noch nicht am Strand sein, denn ohne Frühstück verließ er doch nie das Haus.

Was war los?

Sollten sie vielleicht die Wirtin anrufen? Sie werden es in zwei Stunden tun. Hoffentlich war nichts passiert. Gestern rief der Junge doch ziemlich aufgeräumt an und erzählte, dass er in zwei Tagen mit der Surfschule beginnen würde. Ja, ihm gefiel alles, hatte er sie wissen lassen. Kontakte? Nein, die gab es in so kurzer Zeit nicht. Aber ihm würde das nichts ausmachen, denn schließlich gäbe es auf der Insel viel zu sehen, und das Meer wäre warm, das Frühstückbuffet in der Pension vom Feinsten ...

Ihre Unruhe machte das eigene Frühstück zur Qual. Hätten wir bloß nicht ... Am besten, man tat irgendetwas. Japsers Mutter kam daher auf die Idee, sein Zimmer aufzuräumen. Vielleicht würde sie dann die Nähe ihres geliebten, aber nicht einfachen Sohnes spüren.

Sie hatten sich oft genug schon über den Filius geärgert, seine Besserwisserei oder seine Ignoranz, aber auch seine Verschwiegenheit und sein Mürrischsein. Sie konnten sich sein Verhalten nicht erklären. Ihm musste es eigentlich sehr gut gehen, wenn man sein Zuhause mit anderen verglich. Er hatte alles, womit Jugendliche heute ausgestattet sind. Die einen mehr, die anderen weniger. Dazu gehörten Handy, Smartphone, Computer, Laptop, Fernseher, Rennrad und letztlich eine Gitarre. Außerdem hatte er seinen Eltern einen DVD-Player abgeluchst, obwohl sie dagegen waren.

Es gab keine Strafen bei Ungezogenheit, Unverfrorenheit und Dreistigkeit, auch nicht bei schlechten Noten wie bei anderen Eltern, die sofort Verbote aussprachen. Man war in Raphaels Familie großzügig.

Sein Selbstbewusstsein war penetrant und überzogen. War es eine Antwort auf die Berufe seiner Eltern, die ständig unterwegs waren? Sein Vater war Professor im Krankenhaus, Gynäkologe, seine Mutter Archäologin.

Eigentlich war sein Zimmer gut in Schuss. Viele Schulbücher standen ordentlich in den Regalen, ebenso lag die Wäsche fein gestapelt auf den einzelnen Borten, die Jackets hingen auf Bügeln, die Hosen steckten in Klemmen. Schnell hatte Frau Fehling Staub gewischt, den Boden gesaugt und hier und da etwas zurecht gerückt. Dann machte sie sich an die Fenster, holte sich aus der Küche Glasklar sowie den Wischer, ähnlich den Wischblättern ihres großen japanischen Landcruisers von Toyota aus diesem Jahr. Wie gern wäre Raphael mit ihm gefahren, aber Herr Fehling ließ den Sohn auch nicht auf Plätzen fahren, die fürs Üben vorgesehen sind. Er meinte, unser Sohn ist noch zu jung und undiszipliniert. Wer weiß, ob er nicht die Gelegenheit benutzen würde, mal eine verbotene Runde außerhalb der Übungsstrecke zu drehen!

Als sie ihre Säuberungsaktion beendet hatte, warf sie noch einmal einen Rundblick ins Zimmer. Vielleicht hatte sie irgendetwas übersehen? Natürlich den kleinen Container unter dem Schreibtisch, von wo sie der Computer anstarrte. Frau Fehling rollte das Ding hervor und öffnete es. Sie hatte nie gewusst, dass man es nur von oben aufmachen konnte und dass darin eine Hängekartei installiert war. Sie zog einen Ordner wahllos heraus und las: Religionsunterricht. Toll, dass ihr Sohn so etwas anfertigte. Wahrscheinlich lag darin ein Grund, dass er ein guter Schüler war, wenn auch nicht von den Lehrer gerngesehen. Er wäre aufmüpfig, hatte der Klassenlehrer letztes Jahr gesagt, und dies damit begründet, dass Raphael im Unterricht vorlaut war und dieser dadurch störte, oft sogar empfindlich. Nun gut ...

Zurück zur Ablage. Das Gewissen der Mutter begann sich zu regen. Gab es nicht bei ihnen eine Abmachung, die besagte, dass man in fremden Sachen nicht herumzuschnüffeln habe?

Stimmte, die gab es. Aber schließlich muss man einer Mutter bei einem fünfzehnjährigen Sohn erlauben, ab und zu nach dem Rechten zu sehen, sagte sie sich. Jeder Richter würde ihr Recht geben. Dann zog sie wahllos fünf andere Systemordner aus dem Gestell heraus, vier waren braun, ein fünfter rot. Zuerst die vier: Themen und Bearbeitung im Fach Deutsch, Englische grammatikalische Besonderheiten, Französische Sprichwörter, Die Bundesrepublik Deutschland – 1948 – 2015. Frau Fehling blätterte überall herum und staunte, mit welcher Akribie die Seiten geführt waren.

Jetzt der letzte.

Himmel und Hölle: Männerkörper in allen Posen. „Ich werde verrückt", hauchte sie. Was hatte das zu bedeuten? Kein Mädchen? Sie starrte auf einen jungen, nackten Mann, der am Strand mit einem halb erigierten Penis stand. Ein Apoll. Ihr wurde schwindelig. Blöd, dass ihr Mann das Haus schon verlassen hatte. Er hatte in seinem Büro eine Sitzung einberufen, die um neun Uhr begann. Sollte sie ihn informieren? Nein, das konnte bis heute Abend warten.

Sie blätterte weiter. Ein Sportler, vielleicht 25 Jahre, einer griechischen Figur nachempfunden – sie musste an Antonius denken, den Geliebten von Kaiser Hadrian – auch nackt, die linke Hand nach oben gespreizt, die rechte herunterhängend. Mein Gott, eine Skulptur, die bei Goethe in Weimar stand. Wer ist das denn? Ein Kerl in Stiefeln, mit einem Fuß auf halber Höhe eines Geländers gestützt, mit dem rechten Bein auf der Erde, zwischen den Beinen - von hinten aufgenommen- ein Riesenglied voll in Position. Raphaels Mutter errötete, erst jetzt erkannte sie einen Jungen daneben, der seine Hand an den Po des Älteren gelegt hatte.

Ist unser Sohn etwa …? Sie wagte das Wort nicht auszusprechen.

Wie war der Ordner beschriftet? Sie schlug ihn zu. Nichts. Sie begann zu zittern, und zwar so stark, dass ihr das Beweisstück aus der Hand fiel und mit ihm ein schmales Heft, das irgendwo eingeklemmt war. „Beruhige dich", flüsterte sie mehrere Male.

Die Broschüre enthielt Abbildungen verschiedener Sexspielzeuge wie Dildos, Peitschen, Ketten, Cockringe, Sportfucker, Masturbatoren, Cremes und Putschmittel, Tropfen, Poppers, für sie völlig unbekannt, die letzte Seite trug auch noch die Überschrift: Alles für den Arsch. Mein Gott, wo war ihr Sohn hingeraten? Unterhemden und Badehosen als Antörner muten dagegen harmlos an. Nicht zu glauben! Was hatte Raphael damit zu tun? Und dann die vielen Coverfotos mit kopulierenden Jungen.

Steckte ihr Filius in diesem Milieu? Nein, bloß nicht. Vielleicht galten sie nur seinem Interesse. Wenn man in der Pubertät ist, dann zieht man sich alles rein, was mit Sex zu tun hat.

So wird es sein!

Dennoch beschloss sie, doch gleich ihren Mann anzurufen. Später, wenn sie mit ihm gesprochen hätte, würde sie versuchen, mit dem Sohn zu reden.

Sie eilte in ihr Zimmer, warf ihren Computer an und suchte bei Wikipedia Poppers. Erschüttert verschwimmen bei ihr Begriff wie Analverkehr, Schließmuskelentkrampfung, Lustanstieg … „Nicht weiter, nicht weiter", hauchte sie sich zu. Tränen rannen ihre Wangen hinunter. Ihr Sohn und schwul, jetzt schon? Konnten wir nichts bemerken oder waren wir zu gutgläubig?

Als sie ihren Mann anrief, holte sie ihn tatsächlich aus der Konferenz, weshalb er böse war. Sie aber schrie in den Hörer:

„Ich habe in den Sachen von Raphael Hefte und Fotos gefunden, nur nackte Männer, kopulierende Jungen und Angebote von Rauschgift, Popper heißt das Zeug, du musst sofort herkommen. Ich drehe gleich durch!"

Herr Fehling entschuldigte sich bei seinen Mitarbeitern, es hätte sich was Schlimmes ereignet, seine Frau habe eben angerufen, es müsste sofort nach Haus, käme danach zurück. Herr Dr. Wrage solle die Leitung übernehmen und weg war er.

„Jedenfalls hat unser Sohn damit zu tun. Immerhin ist sein Interesse so groß, dass er dieses Heft behalten und den Ordner ständig aktualisiert hat“, gab seine Frau wimmernd von sich und heulte.

„Bloß nicht verrückt werden!“, gab ihr Mann von sich, fuhr seiner Frau liebevoll durchs Haar. Er selbst machte ein skeptisches Gesicht. Er versuchte sich daran zu erinnern, wie es damals in seiner Jugend war. Resigniert schüttelte er den Kopf: So etwas gab es in seiner Jugend noch nicht.

„Er soll uns sagen, was das alles zu bedeuten hat. Wir schwindeln ihm vor, hier sei ein Prospekt angekommen, so etwas hätten wir beide noch nie im Haus gesehen, und fragen ihn, wieso das Geschäft – Brunos – seinen Namen kennen würde“, meinte der besorgte Vater … und an seiner Miene konnte man ablesen, dass er froh war, so sachlich mit der Situation umgehen zu können. Daher war es ihm auch nicht allzu schwer gefallen, zu versuchen, seine Frau zu trösten. Sie aber ließ sich nicht beirren!

„Was ist, wenn er wirklich schwul ist? Ein Frauenarzt und eine Archäologin mit einem homosexuellen Sohn, beinahe zum Lachen!“, giftete seine Frau.

„Nein, das ist es nicht. Hauptsache erst einmal, dass Raphael noch nicht in falsche Hände geraten ist …“, entgegnete ihr Mann leise.

Man merkte seiner Tonlage an, dass auch er Angst um den Jungen hatte. Es war ihm auch nicht scheißegal, was die Umwelt zu diesen Informationen sagen würde. Jetzt allerdings war es nur wichtig, dass Raphael noch kein Blut geleckt hatte von einer Welt, die schnell ins Abseits führen könnte. Wäre das Abitur dann nicht in Gefahr?

Herr Fehling ging im Zimmer voller Unruhe auf und ab, während sich seine Frau am Sofa festhielt. Sie war nicht in der Lage, klar zu denken, geschweige denn, sich vernünftig zu bewegen. Sie zitterte am ganzen Körper, schluchzte laut und ließ den Tränen freien Lauf.

Herr Fehling malte sich dagegen aus, wie sich seine Kolleginnen und Kollegen ihm gegenüber verhalten würden, schließlich lebte man in Bayern und war in einem katholischen Krankenhaus tätig. Endlich verwarf er diese Gedankenspiele, schimpfte laut mit sich und ergriff die Initiative, seinen Sohn anzurufen.

„Hallo Raphael, hier ist dein Vater. Wir rufen schon seit acht Uhr an!“

„Mann, was soll das? Wolltet ihr mich etwa kontrollieren?“

„Zuerst einmal wollten wir dir nachträglich gratulieren. Wir hatten es schon gestern versucht, dich zu erreichen, aber unsere Telefonanlage war zusammengebrochen, und mit dem Handy waren wir auch glücklos. Wenn du wieder daheim bist, feiern wir mit deinen Freunden und einer großen Überraschung deinen Geburtstag nach. Mit sechzehn Jahren wachsen einem Rechte zu und man übernimmt gewisse Pflichten. Zweitens wollten wir dich fragen, wie es dir geht und wann der Surfunterricht beginnen wird."

„Ach so, ich war arbeiten. Verdiene mir das Geld für die Trainingsstunden, sie kosten mehr als fünfzig Euro für eine Stunde, und ich wollte euch nicht belasten!"

Als seine mithörende Mutter diese Worte vernahm, ging ihr das Herz auf, sie konnte jetzt ihre Freudentränen nicht zurückhalten.

Es schien, als fiel auch seinem Vater eine Zentnerlast vom Herzen. Er lächelte glücklich.

„Gott sei Dank", murmelte Frau Fehling, „war wohl alles nur falscher Alarm."

„Hier ist deine Mutter", sagte sein Vater, „ ich muss zurück ins Krankenhaus. Sie will dich was fragen."

„Muss das denn jetzt sein? Frau Kayer hat mir extra ein Frühstück aufbewahrt, ich sitze bei ihr in der Küche, und hier im Haus wird nur bis 9:30 serviert. Es ist schon nach zehn Uhr!"

„Mein lieber Sohn, nur eine Frage. Gestern kam ein komischer Brief hier an, an dich gesandt. Da du den Absender bei uns noch nie erwähnt hast, habe ich ihn kurzentschlossen geöffnet. Es hätte ja eine gute Firma sein können, in der du im Herbst vielleicht ein Betriebspraktikum ableisten könntest. "

„Was für eine Absender?"

„Brunos aus München!"

„Ja, Mama, das ist aus einem Sexshop in der Nähe des Sendlinger Tors. Da waren wir mit der Klasse, als wir im Gesellschaftskunde-Unterricht über Sexvarianten sprachen, und die sind nämlich bei Heteros, Homos, Transgender, Transsexuellen, Lesben sehr unterschiedlich. Und da hat sich jeder ein Heft mitgenommen, und ich habe die Adresse dagelassen, ich wollte noch mehr erfahren, wozu es nicht gekommen ist!"

„Mehr nicht?"

„Was denn mehr?"

„Gar nichts. Geht's dir gut?"

„Mama, was soll die Nachfrage?"

„Du, es klingelt an der Haustür, ich muss Schluss machen, Küsschen, grüß Gott, Raphael!" Darauf hängte sie abrupt ein.

Es gab keine Tränen mehr, keine Unterstellungen.

Man sollte mehr Vertrauen zu den Kindern haben, warf sie sich selbst vor und ärgerte sich über ihre voreiligen Schlüsse und ihr Gezeter. Extra ihren Mann kommen lassen ... Mein Gott, schließlich hatte Raphael eine gute Erziehung genossen, oder?

23. Juni
Ju ist total heiß

Von weitem sah Raphael, dass der Boss bereits auf dem Minigolf-Platz aktiv war oder spazierte er nur umher? Raphael blickte sofort auf die Uhr: zehn Minuten vor acht. Verdammt! Hätte er nicht noch zehn Minuten länger pennen können? Raphael ärgerte sich über sich selbst. Und was wollte eigentlich Ju schon hier? Ihn kontrollieren? Hatte er nicht gesagt, dass der Platz erst um zehn Uhr geöffnet wird?

Nun gut, seine Sache!

Besen, Schaufel und Eimer standen vor der Tür des Geräteschuppens, die Türen der Toiletten standen weit offen.

„Was, du bist schon hier, Ju?", fragte Raphael laut, als er eintraf.

„Du hast ja scharfe Hosen an! Fällt sie in sich zusammen, wenn man die Kordel löst? Und die Farbe, super!"

„Dschungelgrün!"

„Wow! So gefällst du mir viel besser. Dazu das T-Shirt: top!"

„Von H & M, maisgrün, nennt sich die Farbe! Gegenwärtig voll im Trendy."

„Hast du Appetit auf eine Tasse Kaffee, frisch aufgebrüht, wahrscheinlich hast du bei der alten Kayer noch keinen bekommen? Hier in Norddorf beginnt der Frühstücksmorgen erst um acht Uhr."

„Richtig. Selma Kayer sagte, dass sie mir alles zurückstellt, bis ich zurückkomme. Ich hatte ihr aber nicht erklärt, was ich vorhabe!"

Beide jungen Männer drängten sich beinahe gleichzeitig durch die schmale Tür des Aufenthaltsraumes und mussten lachen. Sie kamen sich wie dumme Teenager vor.

Ju goss den Kaffee in zwei Becher, die er von einem offenen Regal nahm, fragte Raphael, ob er Milch wünschte und als dieser bejahte, griff er in den Kühlschrank, stellte sie auf den Arbeitstisch.

„Alles da“, säuselte der Boss und grinste Raphael frech an.

„Ich merk schon!“

Die Stimme verriet ihn, Ju war erregt. Dieser Junge mit der sagenhaften Tolle und dem schlanken Körper, mit den sinnlichen Lippen, der Taille eines Tänzers und dem prallen schlanken Po reizte ihn so sehr, dass bereits sein Schwanz an den Hosenstoff von innen pochte. So etwas hatte er trotz seiner zwanzig Jahre noch nicht erlebt. Überhaupt, erinnerte er sich nicht, dass ihn ein Junge so fasziniert hatte.

Raphael hatte schnell die Reaktion seines Gegenübers bemerkt, weil er bei jeder neuen Bekanntschaft sofort auf den Hosenschlitz blinzelte.

Ju schloss wieder die Tür ab. Raphael wusste sofort, was das zu bedeuten hatte, und es gefiel ihm. Der Zwanzigjährige zog seine Hose dieses Mal ganz aus, streifte seine Unterhose runter und entledigte sich seines Shirts. Er hatte eine tolle Figur, war so schlank wie Raphael, aber sein Riemen war länger, stellte Raphael fest. Egal, Riemen ist Riemen! Ju drückte den Kopf des Jungen nach unten.

Dann gab er ihm eine Flasche, auf der Korn draufstand.

„Meine Eichel damit einreiben. Dann werden alle Keime vernichtet. Du brauchst dich nicht zu genieren, und es schmeckt dir besser!“

Raphael ahnte, was nun folgen würde, er hatte das in vielen Pornos gesehen. Ob Frauen oder Männer, sie lieben es, einen Schwanz zu lutschen. Nun wird er es auch kennenlernen. Endlich wird seine Sehnsucht gestillt. Immer, wenn er sah, wie die Schwänze von anderen bearbeitet wurden, überkam ihm das Gefühl, dass dieser Sex noch mehr bewirkte, als wenn er ihn nur mit der Hand praktizierte.

„Blasen“, sagte Ju mit einer Bestimmtheit.

„Wie einen Lolli?“, fragte der Junge.

Raphael sah sich noch einmal die Eichel seines Partners an, die feucht glänzte. So wollte er es auch haben ... Dann stülpte er seinen Mund auf dessen Rute. Mein Gott, was hatte er da plötzlich im Mund. Der Geschmack war nicht schlecht, wie eben Korn schmeckt. Raphael mochte das und begann mit leichten Bewegungen. Er wusste ja auch nicht, wie man gut bläst. Aber irgendwie hatte er ein Gespür dafür, vielleicht, weil Ju stöhnte, manchmal Laute ausstieß, die sich nach Knurren anhörten und Grunzen. Raphael hatte längst gefühlt, dass, wenn er mit der Zunge zusätzlich an den Eichelrand ging, sein Opfer ah ausstieß, oh grummelte.

Raphael bemerkte, dass Jus Atem hektischer wurde. Was nun, zurückschnellen und das Rohr freigeben? Nein! Rein in den Rachen!

Musste man nicht wissen, wie das Zeug schmeckt?

Genau das passierte Sekunden später. Raphael verschluckte sich beinahe, dann aber beförderte er den Schleim in seinen Magen. Wie viele Kinder werden da vernichtet!

Raphael hustete und griente seinen Spielgefährten an.

Ju grinste zurück.

„Danke. Du bist absolut top. Zieh die Kordel auf, ach was, zieh gleich die Hose runter. Mann, du hast ja auch keine Unterhose an, wie ich vorgestern. Donnerwetter, du hast ja einen schönen Lümmel, der Freude macht, und das mit sechzehn Jahren."

Ju nahm Raphaels prallen Bolzen in die Hand.

„Er ist schon so dick wie mein Schwanz. Mein lieber Mann! Und eins kann ich dir verraten, er wächst noch mächtig bis zum zwanzigsten Lebensjahr. Vielleicht sogar länger."

Raphael war in einer anderen Welt.

Ju hatte die Vorhaut unter den Eichelring gezogen, dann fuhr er mit der angefeuchteten hohlen Innenhand über die empfindliche Schleimhaut. Raphael empfand's als Kreisen, irgendwie so, wie seine Mutter Kartoffelklöße mit beiden Händen zu kleinen Kugeln formte.

Raphaels Körper zuckte nach allen Seiten, er war hochgradig elektrisiert, wie er es selbst noch nicht erlebt hatte. In der Schule ging es immer nur rauf und runter, hin und her. Als Ju seine Hand öffnete und zu wichsen begann, hörte Raphael die Engel im Himmel singen. Es war genial. Sein Körper vibrierte, leistete Gegendruck, seine Lungenflügel pumpten sich voller Luft und stießen sie wieder ab. Bald hechelte er wie ein rennender Hund.

„Ein großartiges Geschenk!", meinte Raphael, als er sein Sperma in die Gegend spritzte.

„He Kleiner, viermal muckte dein Schwanz auf und schoss sein junges Sperma raus. Du hast noch viel vor dir. Aber die nächsten drei Wochen nur mit mir, oder?“

„Danke!“

„Hier hast du deinen Lohn. Bis zehn Uhr musst du fertig sein. Fünfzehn Euro die Stunde!“

Ju verschwand. Er kam noch einmal zurück, sagte, dass Raphael nicht die Toiletten vergessen dürfe, er wäre um kurz vor Zehn wieder da, dann kämen die ersten Spieler.

So war‘s auch.

2. Kapitel
Sommerwellen

23. Juni
Ein Frühstück unter Beobachtung

Gutgelaunt langte Raphael in der Pension an. Es war inzwischen zwanzig Minuten nach zehn Uhr. Selma begrüßte ihren jungen Gast lachend und betrachtete ihn von oben bis unten.

„Ist das Arbeits- oder Freizeitkleidung? Damit kannst du mir auch im Garten helfen."

„Sehe ich so aus?"

„Jedenfalls erscheinst du mir ziemlich lädiert."

Verdammt, was hatte der Junge für schwarze Augenränder. Eine beeindruckende Tiefe, sinnierte Selma.

„War's so anstrengend?"

„Ich habe noch nie Toiletten geputzt. Auf Knien habe ich zwar jede Stelle erreicht, aber der Rücken tat weh."

„Da siehst du mal, was deine Mutter alles leistet!"

„Unsinn, wir haben zwei Putzfrauen! Die Waschräume beim Minigolf sind kaum mit den Badezimmern bei uns Zuhause vergleichbar. Ganz schön ekelhaft."

„Das also hat dein Gesicht so strapaziert!", wieherte Selma und zitterte vor Lachen. Dass die Leute immer meinen, man wäre so blöd und ahnte nichts! Was für eine Fehleinschätzung!

Egal, wenn er seinen Spaß hatte ...

Unwillkürlich dachte sie an die vielen Quickies, die sie mit Willi hatte, kaum waren die Feriengäste aus dem Haus. Vielleicht war es Raphael heute Morgen auch so ergangen? Zum Geburtstag ... Wäre zu schön!

„Was hast du jetzt noch vor?", fragte sie.

„Na ja, ich gehe in die Surfschule!"

„Ach! Ivo ist ja auch schon auf dem Wasser. Kannst du Myriam nicht mitnehmen, allein traut sie sich nicht!"

„Ich gehe doch nicht mit so einer, wenn schon, muss es ein junges Girl sein!"

„Du hast Vorstellungen. Du sollst doch nichts mit ihr anfangen, und sie will nichts von dir, sie traut sich allein nur nicht!"

„Na gut, wenn's so ist!"

„Okay!"

Raphael aß mit großem Appetit, während Selma die Gelegenheit wahrnahm, den Jungen nach den Eltern, deren Beruf und nach sonstigen Familienbanden auszufragen. Sie ließ sich alles weit und breit erzählen, und der ahnungslose Junge merkte nicht, dass ihre Neugierde zu immer neuen Fragen kam. So interessierte sie sich für die Autos, die Fehlings hatten und sperrte Mund und Nase auf, als sie hörte, dass es die teuersten und besten Modelle waren. Die müssen stinkreich sein, dachte sie. Genau für Myriam geeignet! Der Gedanke brachte sie zum schmierigen Grienen. Und dann das Haus. Raphael redete vom Palast am Inn.

„Ist Wasserburg eine schöne Stadt?"

„Ja schon, aber langweilig. Wenn man was erleben will, fährt man nach München. Nur durfte ich das bisher nicht!"

Selma konnte sich nicht zusammenreimen, wie so ein Wohlstand und solche Kleidung beim Jungen zusammenpassen. Kaufen ihm die Eltern nichts Gescheites oder ist es ein jugendlicher Protest? Dem Hoodie-Schriftzug nach zu urteilen eher ein Abwehrverhalten gegen die Etablierten. Die Eltern?

„So, lieber Raphael", sagte Selma beschwingt. „Du hattest Geburtstag. Und ich habe diesen Tag vergessen. Du musst entschuldigen. Als Wiedergutmachung habe ich gedacht, dass wir auf dein neues Alter anstoßen dürfen. Was hältst du davon?"

„Ein kleines Gläschen in Ehren darf niemand verwehren, oder?", lachte er ihr entgegen, „ ich trinke sonst nichts!"

„Sieh einer an! Nach und nach kommen deine guten Eigenschaften zu Tage."

Selma rief Myriam, die gut zurecht gemacht war und jünger aussah, als sie in Wirklichkeit war. Raphael nahm sofort die Veränderung wahr, und sie gefiel ihm. Der kurze einfarbige weiße Rock, die süßen verspielten Blumen auf ihrer hellblauen Bluse, prima. Außerdem nahm er das erste Mal ihre roten Haare wahr. Die hätte er auch gern. Ein roter Schopf fällt überall auf, und die meisten haben dichte Haare, wie Prinz Harry. Das war ein Kerl, nahm alles mit, und trotzdem war er beliebt. So wollte er auch werden. Eins stand fest, Selma hatte bei Myriams Verjüngung ihre ganze Kunst aufgewandt. Sie beobachtete den Jungen und sah, wie er sie anstarrte. Lodern nicht sogar Flammen in seinen Pupillen? Was wird er gedacht haben?

Hatte er nicht vorher verlauten lassen, dass er sich aus Frauen noch nichts mache? Schön blöd!

„Auf deinen sechzehnten Geburtstag!"

Selma nahm ihr Glas in die Hand, machte eine Geste, die Raphael aufzufordern schien, genau so zu verfahren, ebenso Myriam, und alle drei stießen ihre Gläser zusammen.

„Jetzt bist du schon wer, Raphael! Mit sechzehn darf man bereits entscheiden, wohin die Reise geht. Ja, du bist noch nicht volljährig, aber gewisse Rechte stehen dir nun zu. Mopedfahren vielleicht, in Sexshops gehen ...", meinte Selma bedeutungsvoll.

„Prösterchen, so ein kleiner Sekt muntert nur auf, mehr nicht!", ließ sie die beiden wissen und trank ex.

„Da bin ich schon längst gewesen, für sechzehn durchgegangen, obwohl ich erst fünfzehn war. Außerdem hat unsere Klasse aus Unterrichtsgründen mal einen in München aufgesucht, der wurde extra für uns geöffnet."

„Na, dann weißt du ja Bescheid!"

„Hält sich in Grenzen!"

Raphael stand auf, sagte, er zöge sich nur schnell um, dann könnten sie losmarschieren. Myriam strahlte, als sie von Selma hörte, dass sie zusammen gehen werden. Das erste Mal im Leben an der Seite eines kräftigen Jungen ... Er ist groß und hübsch. Auch wenn er anfänglich so ein Stinktier war, heute war er wirklich netter. Ob sie dann auch Ivo sehen wird? Natürlich mochte sie den mehr, denn schließlich war er älter, und passt man dann nicht besser zusammen?

Raphael sah rassig aus, als er zurückkam. Selma erkannte sofort, dass er teure Markenware anhatte. Welche es war, konnte sie nicht gleich erkennen. Vielleicht Boss oder Otto Kern? Nicht solche mit Sprüchen hinten drauf. Obwohl sie den mit dem Mittelfinger hoch total gut fand. Wer gegen ganz Rechte wetterte, lag nämlich bei ihr richtig. Willi und sie hatten immer die SPD gewählt, und diese hatte Nazis eindeutig verdammt. Merkwürdig, dass er so unterschiedlich auftrat. Wollte er dem

Surflehrer imponieren oder vielleicht sogar Ivo? Aber dieser wollte ja sowieso nichts von ihm wissen.

Myriam hatte von all dem keine Ahnung. Sie fand aber Raphaels Aufmachung cool, wie sie später verlauten ließ.

Beide machten sich auf den Weg, Raphael sorgte für Abstand zwischen ihnen, gesprochen wurde überhaupt nicht.

„Du warst schon des Öfteren hier?“ , fragte er Myriam zaghaft.

„Ja, jedes Jahr!“

„Was hast du da im Beutel?“

„Immer eine Flasche Wasser, man weiß doch nie!“

Wasser, wieso schleppt sie das mit sich rum? Überall gibt es Läden, manchmal einen Kiosk. Wozu braucht man dann eine eigene Flasche? Komische Frau.

„So, ich biege jetzt hier rechts ab. Da geht's zur Surfschule.“

„Ich komme mit. Ich will mitreden können.“

„Wobei, wie ...?“

„Wenn man übers Surfen diskutiert!“

„Ein geiler Grund!“, maulte der Junge. Raphael wusste nicht, was sie meinte. Sie wahrscheinlich auch nicht.

Die beiden stapften durch den Sand, Myriam zehn Meter hinter Raphael her, der sich nicht einmal umdrehte. Sie war ihm absolut gleichgültig. Er musste an den Minigolfplatz denken, an Ju, den er mochte. Der Sex mit ihm war super, aber in keinem Fall Mega. Vielleicht mit Ivo? Raphael mochte den Studenten, obwohl dieser ihn keines Blickes würdigte. Aber genau das war es, was Raphael reizte: jemand rumkriegen, der einen ablehnte. Er gestand sich aber auch ein, dass ihm Ivo imponierte, und dass er schon das letzte Mal am Wasser ein bisschen Herzklopfen hatte, als Ivo mit einer Leichtigkeit das Segel aufriggte.

Raphael erinnerte sich an den ersten Abend und den nächsten Morgen. Wieso war er eigentlich so pampig? War er nicht auch arrogant, was ihm so oft vorgeworfen wurde? Wieso hatte er bloß den großen Max rausgekehrt? Schon bei Selma hatte er sich daneben benommen. Was war denn los mit ihm? Raphael suchte verzweifelt nach Gründen seiner Haltung. Aber war er nicht auch in der Schule so? Spielte er sich nicht überall in den Vordergrund? Einige seiner Mitschüler nahmen an, dass es das

Geld sei, das hinter ihm steckte und die berühmten Eltern, die den Sohn verhätschelten. Andere meinten, er sei einfach ein Arsch. Aber das war er nicht. Nur konnte er das keinem beweisen, weil er keine Freundschaften pflegte.

Raphael begrüßte Knut fast schon freundschaftlich.

„Wen hast du denn da im Schlepptau?"

„ Ein Gast von Selma Kayer, sie wollte sich gern die Schule ansehen!"

„Hallo, ich heiße Knut und du?"

„Myriam!"

Na ja, dachte Knut. Soll sie sich doch die Bretter ansehen, sie wird nichts verstehen. Ich werde sie vollsabbeln, Wörter aus unserer Welt nennen. Dann wird sie das Weite suchen, und er begann einen Redeschwall über Equipment, Gabelbaum, Trimmhilfe, Lattenspanner, Schotthorn und Speedsurfen loszulassen, dass selbst Raphaels Kopf brummte. Myriam blickte den Trainer groß an, sprach manches nach, was ihr gefiel, wie Lattenspanner, Trapez und Speed ...wie hieß das noch ...? Wenig später setzte sie sich penetrant neben dem Simulator in den Sand. Das war das Gerät für die ersten Übungen, mit denen Raphael vertraut gemacht werden sollte.

Wie konnte man sie veranlassen, das Weite zu suchen?

„Beginnen wir mit Sandspielen. Dann kannst du deine Badehose anbehalten, später suchen wir eine passende Anzuggröße aus! Wir werden jetzt zwei Stunden benötigen, dann läuft das Wasser auch langsam auf. Flut ist für einen Start immer angenehm. "

Knut hatte ein Rigg in die Betonhalterung auf dem Gelände der Surfschule eingepasst. Er erklärt dem staunenden Raphael, man beginnt mit der Bestimmung der Windrichtung an Land, denn das Segel zeigt sie an wie eine Fahne. Man muss es nur nach Lee, dem Wind abgewandte Seite, auswehen lassen. Anfänglich war Raphael enttäuscht, denn er dachte, dass man sofort mit der Arbeit im Wasser beginnt. Dann hätte er vielleicht schon Ivo begrüßen können.

„Vielleicht schaffst du es noch heute Nachmittag, mal sehen. Es kommt darauf an, wie du dich anstellst!", machte Knut ihm Hoffnung. Raphael fühlte sich mit dem Trainer gut, er spürte, dass sich dieser sehr um ihn kümmerte, Nachfragen geduldig beantwortete und Fehlgriffe nicht gleich mit Geschrei verurteilte.

Für Myriam war es mehr als langweilig. Was sollte sie auch schon mit Luv und Lee anfangen, was, wenn der Trainer Anweisungen gab, wie man mit einem Rigg umgeht. Und dann diese Detailerklärungen eines gespannten Segels. Nein, das musste sie wirklich nicht haben. Anfänglich starrte sie allerdings nur auf den Jungen, auf dessen weiße Haut, auf die knapp am Körper sitzende Badehose, den knackigen Hintern und auf die Beule vorn. Aber irgendwann hatte sie auch davon genug. Als es soweit war, erhob sie sich und sprang ans Wasser. Raphael vermutete, dass sie Ivo suchte, aber der war bereits über alle Berge, wie Knut es ihn wissen ließ. War auch egal. Bald wird auch Raphael so weit sein.

Auf Wanderschaft

Die herrliche, warme Sonne, der nur leichte Wind forderten Myriam auf, am Rand des Wassers spazieren zu gehen. Sie schlug die Richtung nach Nebel ein, weil sie gegen die Sonne gehen konnte. Myriam liebte es, wenn sie gebräunt aus dem Urlaub kam und von allen Kunden in der Bäckerei bewundert wurde.

Sie hatte sich zuhause eingecremt und zusätzlich Sonnenmilch eingepackt. Diese war in ihrem Beutel, den sie immer bei sich trug. Da war auch ihr geliebtes Wasser drin. Der Norddorfer Strand und vorn am Wasser war es überfüllt und voller Unruhe, ein Kommen und Gehen, meist Erwachsene, Kinder hockten lieber in der Nähe ihrer Eltern am Strandkorb. Sie ließ die vielen Menschen in den Strandkörben hinter sich, sie hatte sich vorgenommen, mindestens bis zum Quermatenfeuer zu wandern.

Myriam hatte Beutel und Sandalen in der linken Hand, mit den Füßen lief sie im Meer, sprang mal an Land, dann wieder in das auflaufende oder ablaufende Wasser. Manchmal scheuchte sie Strandläufer auf und lachte über ihren Erfolg. Sie war wie ein Kind, horchte auf die rollenden Muscheln und Steine, wenn sie die winzigen Wellen zurück ins Meer beförderten, um sie wenig später wieder an Land zu spülen, hopste auf leeren Muschelgehäusen herum und ergötzte sich am Knacken der Schalen. Als sie sich umdrehte und nach Norddorf blickte, sah sie, dass der Strand hier fast leergefegt war, nur ein paar Leute waren noch unterwegs.

Sie sah einen Mann vom Quermatenfeuer über den breiten Strand zum Meer laufen. Seine Schritte waren groß, er kam trotz der Sandtiefe gut voran. Wie konnte man sich bei dieser Hitze nur solcher Strapaze aussetzen?

Myriam selbst schlug nach der Dünenkrümmung am Leuchtfeuer den Weg von der See zur Mitte des Strandes ein, wo sich bereits kleinere Sandberge bis zu sieben Metern gebildet hatten. Sie waren nicht so hoch und dicht mit Strandhafer bewachsen, wie die am Ende des Strandes. Links lugten manchmal schon Holzverschläge vor, Hütten, die sich Urlauber bauen, um auch gegen schlechtes Wetter oder plötzlich aufkommenden Regen gefeit zu sein.

Myriams Weg vor der flachen Dünenkette war angenehm, offensichtlich hatte man von der Kurverwaltung den Sand mit Trecker und Walze platt gedrückt.

Warum wurde Myriam unwillkürlich so nervös? Sie beschleunigte ihre Schritte, zog ihre Schirmmütze tiefer ins Gesicht. Der Mann war jetzt ganz nahe an sie heran gekommen. Er war um die dreißig, vielleicht sogar jünger, hatte einen kurzen schwarzen Bart, halblange, zerschlissene Jeans und ein Shirt auf seine nackte Schulter gelegt. Auf den Armen hatte er unübersehbare Tattoos. Der Schirm seiner Baseballmütze zeigte auf den Rücken. Myriam schielte nach rechts, um den Begleiter im Auge zu behalten. Sie sah, dass es sich um einen kräftigen Mann handelte, im Falle von Zudringlichkeit ihr natürlich wegen seiner Größe weit überlegen. Gleich war er neben ihr. Myriam spürte bereits seinen Atem. Sie begann zu zittern. Was wollte der Kerl?

„Hallo!“, sagte er freundlich. Seine Stimme war piepsig und unangenehm. Myriam drehte sich zur Seite. Sie sagte kein Wort.

„Wie ist es mit uns beiden? Sieh mal!“

Myriam tat das Verkehrteste, was man in solchen Fällen tun kann: Stehenbleiben und ihn ansehen. Sie sah, dass er seinen Hosenstall aufgemacht und seine kleine Rute aus dem Schlitz geholt hatte und mit der rechten Hand daran rumspielte. Im Nu erhob sich dieser zu einer mäßigen Größe!

Myriam schrie vor Angst.

Aus der auf einer Dünen stehenden Bude streckte sich plötzlich ein Kopf hervor, auch ein Kerl, hoffentlich der Besitzer, oder gehören der

Spanner neben ihr und der Mann da oben etwa zusammen? Myriam wollte laufen, doch die Beine versagten.

„He, Sie Wichser, lassen Sie meine Frau gefälligst in Frieden, sonst passiert was! Ich habe ein schönes Schrotgewehr hier."

„Ich kann ja wohl jeden beim Spazierengehen überholen, oder? Was sollte man hier schon wollen?"

„Hauen Sie ab! Und zwar ein bisschen dalli, Sie alte Sau!"

Der Mann nahm plötzlich Reißaus. Er rannte – wie von einer Tarantel gestochen - in Richtung Quermatenfeuer zurück. Myriam war erleichtert. Wirklich, viele Männer sind Schweine ... Sie beschloss, nie mehr allein hierher zu kommen. Ja, mit Raphael oder Ivo schon, denn diese kannte sie ja.

„Möchten Sie nach dem Schreck zu einer Tasse Kaffee nach oben kommen? Ich hatte gerade meine Thermokanne angezapft. Ein Schock, nicht wahr?"

Myriam nickte mit dem Kopf.

Der Mann in den Dünen war aber nett, dachte die junge Frau. Daher kletterte sie die sieben Meter Düne hoch, rutschte zweimal zurück, weil der weiße Sand nachgab, langte aber dennoch sicher an.

Kein Mensch zu sehen.

Nanu, was hat das zu bedeuten? Was sie sah, brachte sie zum Schmunzeln: Ein luftiges Häuschen, zusammengezimmert aus Brettern und Plastik, eine richtige, verschließbare Tür, die offen stand. Auf der Erde häuften sich Seile, Bohlen, Eimer, Flaschen und Holzteile. Myriam blinzelte in den Raum. Was sie sah, konnte sie nicht fassen. An der Anrichte goss der Mann gerade Kaffee in zwei Becher. Wahrscheinlich mitgebracht. Ein Tisch aus Korb und drei schadhafte, fleckige Stühle. Er war nackt.

Myriam genierte sich und drehte sich in eine andere Richtung, um ihn nicht ansehen zu müssen.

„Müssen Sie nicht! Hier in der Höhe ist man nackt, und niemand kann in das Domizil hinein sehen. Daher kann man auch niemand stören. Andererseits hat man einen himmlischen Ausblick auf den Strand."

Myriam drehte sich zum Meer hin und konnte die Aussage nur bestätigen.

„Gehen Sie auch schwimmen?"

„Natürlich, wenn weit und breit kein Mensch zu sehen ist, wie jetzt!

Aber nun sind Sie ja hier!"

„Alex!", sagte er und gab Myriam noch einmal die Hand.

„Myriam!"

Weil Alex so freundlich war, hegte sie keinerlei Argwohn gegen ihn. Wer lädt jemand Unbekanntes schon zum Kaffee ein?

„Sie brauchen ja nur das Höschen auszuziehen, dann sind wir gleichberechtigt. Und wenn Sie sich schämen, was völlig unsinnig ist, Gott hat uns doch nackt geschaffen, behalten Sie das bunte Kleidchen an", hörte Myriam. Seine sanfte Tonlage hatte sie schon fast überzeugt.

„Ich hole uns den Kaffee, ich habe hinten in der Mulde und im Schatten ein Plastiktuch ausgelegt und darüber zwei Matratzen und Handtücher gelegt, damit wir vom Sand etwas verschont bleiben. Der Wind wirbelt ihn immer und überall durch die Gegend."

„Ja", antwortete Myriam zaghaft, entledigte sich nach einigem Zögern der Unterwäsche, schließlich war ihr Kleid lang genug, und setzte sich mit dem nackten Po auf das kühle Handtuch.

„Hier der Kaffee!"

Alex stand vor ihr, er wiegte sein Untergestell fast unmerklich von links nach rechts und umgekehrt, so dass seine Eier vor ihrem Gesicht leicht schaukelten, sein Glied war etwas erregt. Myriam übersah seine Bewegungen und starrte lieber in die Luft. Außerdem kannte sie sich mit männlichen Genitalien nicht so gut aus, besonders wenn sie erregt waren.

Alex setzte sich vor sie auf das letzte Drittel ihres Handtuches und schaute sie an. Was er sagte, hatte Hand und Fuß, wie Myriam fand. Ein so gut aussehender älterer Mann. Er könnte ihr Vater sein! Dem musste man einfach vertrauen. Er wird auch zu alt sein, um über sie herzufallen, nein, mit dem hatte sie Glück, ging es ihr durch den Kopf.

Dann erhob sich Alex und brachte aus der Hütte zwei Gläser und zwei kleine Flaschen Rotwein. Mein Gott, was für ein Kerl. Wie schön, wenn man sich auf einen Mann doch verlassen kann.

„Wir müssen anstoßen. Ist es nicht ein Glücksfall, dass ich Sie vor dem aufdringlichen Kerl bewahren konnte?"

„Ja!", hauchte Myriam. Sie stießen mit den Gläsern an. Myriam trank das edle Getränk in einem Zug hinunter. Sie war eben durstig, so erklärte sie sich ihre Haltung.

Der Wein wirkte sofort. Eigentlich hätte sie wissen müssen, dass sich

Hitze und Alkohol kaum vertragen. Sie gierte nach einem zweiten Glas. Alex erfreute sich an ihrem Weindurst, holte eine weitere aus seiner Bude.

Myriam fühlte auf einmal eine angenehme Leichtigkeit. Dann setzte Schwindel ein. Sie schloss ihre Augen, um die kreisenden Bewegungen im Kopf zu verdrängen, was anfänglich gelang.

Dann war ihr, als hätte sich ein undurchsichtiges schweres Tuch über sie gelegt.

Es war Alex, der diesen Eindruck vermittelte. Sie war bewusstlos geworden.

Alex griff unter seinen Bauch, fasste seine Stange in der Mitte an und drückte sie in ihre Vagina, nachdem er ihr die Beine auseinandergedrückt hatte.

Wie leicht das ging!

Keine Hindernisse und Behinderungen. Jetzt konnte er loslegen. Über seine Eichel fühlte er die Wärme und Feuchtigkeit, die ihn zu kräftigen Stößen veranlasste.

Myriam lag wie ein Brett da.

Wie sollte sie auch auf den Rhythmus eingehen, in den er gefallen war? Das ärgerte ihn etwas, weil es einfach mehr Spaß bringt, wenn man Gegenkräfte spürt. Außerdem liebte er es, wenn Frauen stöhnten und schrien. Das war jetzt alles nicht der Fall.

Die Tropfen machen total fertig, überlegte er.

So jedenfalls bereitete ihm sein Ficken nur ein halbes Vergnügen, aber ist es nicht besser, überhaupt bumsen zu können und das in einen so jungen Körper? Alex' Grienen verriet, dass er sich dennoch wohlfühlte. Sein Lächeln wäre verräterisch gewesen, hätte Myriam es wahrgenommen.

Er riss seinen Körper hoch und ließ ihn fallen. Ihm wurde alles um sich herum egal. Er bumste, was das Zeug hergab. Er spritzte in sie hinein, wartete und begann das Spiel von neuem. Beim dritten Mal überlegte er sogar, sein Rohr in ihren Mund zu schieben und seine Eichel an ihren Lippen zu wetzen, was er sehr mochte.

Myriam kam nach drei Stunden zu sich. Sie rekelte sich, warf ihre Arme in die Höhe, atmete tief ein, dann war sie wieder voll bei Sinnen.

Was hatte man mit ihr angestellt? Sie erinnerte sich an den Ganoven, der ihr gefolgt war. Dann stand sie vor einer Düne, oben war das Dach eines zusammen gezimmerten Verschlages erkennbar.

Wieso lag sie hier? Sie griff auf die Matratze ihres Nachbarn, sie war leer. Alex war längst verschwunden, was sie sich noch nicht vergegenwärtigt hatte. Er wird schon irgendwo sein, überlegte sie, suchte und fand ihr Unterhöschen und schlüpfte hinein. Als sie über ihre Schamhaare strich, wurden ihre Finger feucht. Entsetzen überkam sie.

Sie führte ihre Hand zur Nase und roch daran. Der eigenartige Geruch des sämigen Sekrets war ihr unangenehm. Sie ahnte plötzlich, was es war. Diesen Geruch würde sie nie vergessen.

Wieso hatte sie nichts mitbekommen? Hatte man nicht Wein getrunken? Nachdenken, Myriam! Sie erinnerte sich in diesem Zusammenhang an einen Krimi aus Hamburg. Da hatte man einer Frau Tropfen ins Getränk geschüttet. Später stellte der Kommissar fest, dass es sich um KO-Tropfen gehandelt hatte, die Bewusstlosigkeit nach sich zogen.

Hatte er nicht gesagt, dass es ein Glück gewesen wäre, dass er sie vor den sexuellen Übergriffen eines Strolches bewahrt hatte? Konnte sie daraus nicht auch entnehmen, dass er keine bestimmten Absichten mit ihr verfolgte?

„Alex!“

Keine Antwort.

„Alex“, wimmerte sie verzweifelt und klatschte sinnlos in die Hände. Wo war der Mann, der sie belog?

Myriam erhob sich und sprang schnurstracks in die Hütte. Die Thermosflasche war weg. Sie nahm ein altes Handtuch vom Tisch und wischte die Rückstände der Vergewaltigung weg. Widerlich. Dann suchte sie diesen Platz und den Strand nach links und rechts ab. Nichts war zu sehen außer einem Ehepaar am Wasser, sie hatten zwei Hunde dabei. Myriam trank aus ihrer Flasche, das Wasser wird sie heilen, nein befreien von ihren Vorwürfen, die sie sich wegen ihrer Gutgläubigkeit machte. Ihr Unterleib tat weh. Der Schmerz war fast die einzige Erinnerung an diesen Mann. Dass sie ihn auch noch mochte, weil er hübsch aussah, ihren Vorstellungen vom Alter entsprach .... Wieder liefen ihre Tränen. Sie hatte versagt. Warum müssen Männer so schäbig sein?

Selma sah Myriam kommen.

Sie wunderte sich, wie die Frau ging, eher herumeierte, und wie ihr Kleid zerknittert war. Sie eilte bis zur Gartenpforte, nahm Myriam in die

Arme und ließ sie wissen, dass sie geliebt wird. Aus ihrer Kindheit wusste sie, dass solche Worte schnell aufrichten. Dann führte sie Myriam ins Bad, ließ Wasser in die Wanne und gab ein paar Spritzer eines süßlichen Dufts hinein.

„Das wird dir gut tun. Und danach essen wir gemeinsam Abendbrot. Hast du Schmerzen?“

„Ja, zwischen meinen Oberschenkeln!“

Die Information genügte Selma. Ihr kam Willi in den Sinn, der manchmal im höheren Alter getrunken hatte und sie dann brutal bedrängte, keine Rücksicht nahm und sie einfach vergewaltigte.

„Morgen früh gehst du gleich zum Arzt.“

Dann schickte sie Myriam ins Bad.

Stehversuche

Raphaels Kopf ‚dampfte‘ vor Hitze. So viele technische, biologische und sportive Informationen waren selbst einem klugen Kopf in zwei Stunden zu viel. Er bat Knut darum, Pause machen zu dürfen, um schnell im Strandcafé ein Mittagsgericht zu bestellen. Der Boss war einverstanden. Während sich Raphael auf den Weg machte, - der Mittagstisch ist gerade mal zweihundert Meter von der Surfschule entfernt – landete Ivo in einer typischen Haltung im flachen Wasser vor der Surfschule. Lächelnd nahm er Board und Rigg aus dem Wasser und legte beides am Strand ab.

Gleich sollte es weiter gehen.

Der Wind hatte etwas aufgefrischt, ab und zu flitzten am Himmel kleine Wolkenfelder vorbei. Knut ließ Ivo wissen, dass da oben Sturm herrschte und er glaubte, dass dieser irgendwann in den nächsten Stunden nach unten käme.

„Und das besagt?“

„Mann, dass du ab achtzehn Uhr nicht mehr aufs Meer darfst!“

„Bis vier Uhr werde ich noch weitermachen!“, entgegnete Ivo, überdreht, wie Knut fand. Egal, dachte er, Ivo ist ein begabter Kerl, dem muss man einiges zu Gute halten.

„Hör zu, kannst du mir heute nicht mal aushelfen? Ich bekam eben einen Anruf von meiner Mutter aus Husum, mein Vater hatte einen

Verkehrsunfall verursacht, er liegt im Krankenhaus. Ich muss da hin!“

„ Und kann ich was für dich tun?“

„Kannst du! Um zwei Uhr wollte ich mit Raphael ans Wasser gehen und ihm zeigen, wie man ein Segel aus dem Meer fischt, wie man aufs Board aufsteigt und das Rigg greift. Das musst du für mich übernehmen.“

„Wie heißt der Schüler ... Raphael? Kommt nicht in Frage!“

Ivo schaute Knut entgeistert an.

„Raphael ist ein volles Stinktier. Wenn du wüsstest, wie der sich in der Pension und schon vorher benommen hat. Ich hab’s am eignen Leib erfahren. Dieser arrogante Saftsack, bildet sich was ein, worauf weiß ich nicht!“

„Du bist mein Freund. Du hast hier alle Freiheit, bekommst deine Ablagefächer kostenlos. Da muss doch mehr als eine Absage drin sein, oder?“

„Wie soll man tolerant sein, wenn man Ziel eines solchen pubertierenden Knaben ist?“

„Und wenn du dich über den Bengel geirrt haben solltest?“

„Wow, was für eine armselige Logik. Aber ich mach’s!“

„Nur noch ein Tipp: Das Thema der Übungen heißt: Ertasten des Bretts, Gefühl für seine Beweglichkeit vermitteln, Einführung in den Umgang mit dem Rigg. Daraus mach‘ was! Seinen Neoprenanzug habe ich in der Umkleide bereitgelegt, dazu die Schuhe. Und noch eins: Anfänger brauchen die Geduld des Meisters. Übersieh‘ eure Spannungen!“

„Danke, Papa!“

Knut bemerkte, dass Ivo lächelte, also war ihm vielleicht der Auftrag sogar recht. Ob er so viel Charakter besitzen würde, Raphael behutsam auf die kommenden Aufgaben vorzubereiten und sich dabei zurückzunehmen, freundlich zu sein, seine Auseinandersetzungen mit dem Jungen zu vergessen, die Frage konnte der Boss nicht beantworten. Was die Technik anging, war Raphael an den besten Mann geraten, der zurzeit zur Verfügung stand.

Für einen Surfkönner sind Haltungen, Bewegungen und Manöver in Fleisch und Blut übergegangen, was für Ivo hieß, sich die ersten Stunden seiner Ausbildung ins Gedächtnis zurückzurufen. Nur so kann man die notwendigen Schritte vermitteln und auch wieder mitfühlen.

Er marschierte ins Büro, wo er aus einer Surfer-Bibliothek ein paar

Bücher herauszog, sich für eine kleine, sehr gut bebilderte Einführung ins Surfen entschied.

Ivo setzte sich vor den Officewagen auf einen Liegestuhl, las langsam Seite für Seite. Er hatte noch genügend Zeit, bis Raphael eintreffen würde. Da sein Board und Geschirr vorn am Wasser lagen, übte er mit ihm zwischendurch die vorgeschriebenen Sand- und Wasserstarts, achtete auf seine Haltung, die der Vorlage entsprach.

Ivo bekam für das neue Vorhaben große Lust. Es ist total cool, Menschen etwas beizubringen, das hatte er auch längst an der Uni gespürt.

Dann sah Ivo Raphael den Strand herunterkommen, er hatte einen Ball am Fuß und trieb sich auf diese Weise rasant über den Sand. Das machte er geschickt. Er stieß die Kugel mit der Innenseite - mal des rechten, mal des linkes Fußes - vor sich her, manchmal zehn Meter, meistens weniger. Der Fußwechsel garantierte ihm immer dieselbe Richtung, Ziel war die Umkleide. Ivo ahnte, warum das so war. Er hatte schon von Knut gehört, dass ohne Anzug überhaupt nichts läuft.

Raphael blieb – wie vom Blitz getroffen – vor Ivo stehen. Beide jungen Männer blickten sich in die Augen. Ivo dachte, lass Raphael doch das erste Wort sagen, und wartete. Raphael war sprachlos. Als nichts weiter zwischen den beiden lief, besann sich Ivo auf sein Alter. Er nickte dem Jungen zu und teilte ihm mit, dass Knut eines Familiendramas wegen seine Mutter in Husum gerade aufsuchte und ihn gebeten habe, die heutigen Übungen mit seinem Trainee fortzusetzen.

„Du? Dass ich nicht lache!"

Raphaels selbstgefälliges Grinsen hätte Ivo ärgern können. Das tat es nicht, weil er sich geschworen hatte, den kleinen, unbedeutenden Giftspritzer in dieser Hinsicht zu ignorieren.

„Zieh dir bitte den Neoprenanzug und die Schuhe an, dann zeige ich dir, wie man Board und Rigg zum Wasser trägt."

„Du hast sie wohl nicht alle ... Für derartige Lächerlichkeiten brauche ich keine Hilfe."

„Das wird sich rausstellen", konterte Ivo, sein Ton wurde lauter und eindringlicher, was Raphael bewog, die Umkleide aufzusuchen. Sein Missbehagen drückte er durch gelangweiltes und langsames Schreiten aus. Er hatte seine Arroganz noch nicht durch Akzeptanz ersetzt.

Wider Erwarten kehrte Raphael schnell angezogen zurück.

Ivo stand vor einem Equipment, das Knut für seinen Schützling zusammengestellt hatte – abgestimmt auf dessen Größe, Gewicht und einer fehlenden Erfahrung.

„Knut hat das Segel bereits aufgeriggt und getrimmt. Das garantiert auf dem Wasser von vornherein eine gewisse Stabilität und trägt dazu bei, einen großen Windbereich abzudecken", meinte Ivo.

Raphael beugte sich zum Segel runter, das vor ihm lag, zerrte hier und da, als ob er die Spannung des Segels prüfte, rüttelte am Gabelbaum, und fuhr mit seinen Händen über den Mast.

„Was du eben gemacht hast, mein Kompliment. Es ist genau das, was uns in die Lage versetzt, das Material kennenzulernen. Erst dann wird man mit ihm bestens umgehen können. Es ist so wie mit einem Fahrrad. Einmal aufsitzen und lospreschen verleiht dem Fahrer noch keine Sicherheit. Er muss sich mit dem Rad identifizieren, die Form seines Sattels spüren, die Beweglichkeit des Lenkers verinnerlichen, dann kann es sein Rad werden und ihm eine unerhörte Schnelligkeit und Sicherheit verleihen. So ist es auch beim Segel. Das war Spitze von dir!"

Raphael errötete. Ein Lob von dem?

„Nun noch eins, was mir am Herzen liegt, Raphael!"

Der Junge horchte auf. Was hörte er denn da? Ivo wäre kein Trainer, schon gar nicht ein Star, er wäre nur eingesprungen. Er könnte durchaus Fehler machen. Zwar wären ihm alle Griffe, alle Manöver, alle Unterschiedlichkeiten von Riggs, Boards und Gabelbäumen, alle technischen Raffinessen bekannt, aber dies steckte alles so in ihm drin, dass er sich vielleicht gar nicht mehr an Einzelheiten erinnern könnte.

Kaum ausgesprochen, glaubte Ivo, dass sich Raphaels harte Gesichtszüge verzogen hatten, sie waren sanfter geworden.

„Dann zeige ich dir, wo' s lang geht!", pustete Raphael ihm ins Gesicht, griente, und Ivo hatte plötzlich das Gefühl, dass der Junge doch Vertrauen zu ihm aufbauen könnte. Das wäre ein Supergewinn! Beide lachten aus vollem Herzen. Nicht zu glauben, Raphael hatte Humor! Ließ das nicht hoffen?

Der Junge war ein gelehriger Schüler. Bald wusste er, wie er ein Board über den Strand zum Wasser trägt, und wie man sich die Arbeit mit einem Segel erleichtert, wenn man das Rigg bei leichtem Wind über den

Kopf trägt oder wie er ein Brett anfassen muss, wenn man es ans Meer befördert. Für Ivo war Raphael ein Talent, denn einmal erklärt, konnte der Junge Griffe und Haltungen umsetzen. Während seiner Erklärungen ließ er einfließen, was man fühlt, wenn man über das Meer gleitet und eine nie vorher gekannte Freiheit empfindet. Das wäre mehr als der schönste Geschmack einer Praline, eines Steaks oder einer gegrillten Garnele. Raphael lachte über diesen nicht ganz passenden Vergleich und posaunte seinem Trainer zu, dass er all diese erwähnten Lebensmittel sowieso gar nicht esse. Ivo war begeistert. Wieder der Humor, der den Studenten zum Lachen brachte. Ihm kam die erste Begegnung in den Sinn, dann das Zusammentreffen bei der Ankunft und schließlich der miese Morgen. Wie war eine solche Veränderung möglich? Was bewegte Raphael dazu, so komisch zu sein, eigentlich auch so nett?

Beide standen schon im knietiefen Wasser, vor ihnen das Brett, seitwärts zum Wind und das Rigg auf der Wind abgewandten Seite im Winkel von neunzig Grad. Ivo machte dem Jungen vor, wie man mit den Knien auf's Board gelangt. Klappte das und hatte Raphael genug Balance, versuchte er, die Aufholleine des Riggs aus dem Wasser hochzuziehen. Wie oft er selbst im Wasser landete, zählten beide nicht. Darauf kam es auch nicht an. Viel wichtiger war, dass Raphael nicht die Flinte ins Korn warf, wenn sich nicht das Rigg, sondern er selbst bewegte, nur hieß das, ins Wasser zu plumpsen, weil das Rigg-Gewicht tonnenschwer schien. Was gar nicht der Fall ist. Irgendwie schaffte Raphael es doch, und Ivo bescheinigte ihm erstes Können. Er hätte tatsächlich gelernt, auf der Längsachse des Bretts am Mastfuß und beim Aufholen des Segels aufrecht zu stehen, um die Wirbelsäule zu schonen.

„Prima!“

Wieder errötete Raphael. Er hatte trotz der ersten Schwierigkeiten so viel Spaß, dass ihm klar wurde, eine Sportart gefunden zu haben, die ihn zum Freak machen könnte. Weder Handball noch Fußball, weder Basketball noch Rugby, Sportarten, die in der Schule angeboten wurden, haben ihm von Anfang an so viel Vergnügen bereitet. Ja, er gehörte zur Fußballmannschaft der Oberstufe und in ihr zu den Besten der Crew. Vielleicht fühlte er sich dort nicht so aufgehoben, weil ihm der schlechte Ruf vorauseilte, und er diesem auch ständig Nahrung bot.

„So, Raphael, wir haben genug geübt und machen Schluss. Weil du aber solche Fortschritte gemacht hast, habe ich einen Vorschlag für dich. Du hattest Geburtstag, wie mir Selma das heute Morgen mitteilte, als du schon irgendwohin zur Arbeit warst ..."

Raphaels Verlegenheit war unübersehbar. Er errötete wieder. Er dachte sofort an Ju, sah dessen braun gebrannten Körper im Geiste vor sich, dessen Sixpack und einen Schwanz, der ihm Freude machte. Dass sich jemand für ihn interessierte, ihn berührte und streichelte, gaben ihm Sicherheit. Bisher hatte er nur Nackenschläge erhalten, auch wenn sie in der Schule wichsten. Das, was unten vor der Turnhalle passierte, war wie eine Wassersuppe, mit Ju war's bereits eine Spargelcremesuppe mit Sahnehäubchen. Bei diesem Vergleich fiel ihm der von Ivo ein, und ein Lächeln zog über sein Gesicht.

Ivo beobachtete den Jungen, der zuerst auf den Boden schaute, dann ihm aber voll ins Antlitz blickte. Ivo nahm den Wechsel der Farben wahr, dann Gesichtszüge, die eine Art Zufriedenheit ausstrahlten, schließlich ein schmieriges Lächeln. Er dachte, dass man diesem Hintergrund unbedingt auf den Grund gehen müsste, es musste ein Geheimnis geben.

„Meinen herzlichsten Glückwunsch. Du bist heute sechzehn Jahre geworden, wie mir Selma das verriet, was hältst du davon, dass wir aus diesem Grunde zusammen zum Essen gehen, ich lade dich ein."

Raphaels Sprachlosigkeit regte Ivo an, zu reden und Nettigkeiten von sich zu geben. So fragte er nach dem Wunschrestaurant, was der junge Mann nicht beantworten konnte.

„Vielleicht beim Deichgrafen? Nein, ich weiß was Gutes, wir fahren mit meinem Wagen nach Nebel. Ekke-Nekkepenn bietet die Atmosphäre, die nicht zu toppen ist, und wir können in unserer normalen Kleidung erscheinen!"

Raphael antwortete nicht. Wann hatte ihn schon jemand zum Dinner eingeladen, wann war ihm ein Erwachsener mit solcher Selbstverständlichkeit gegenübergetreten und hatte ihn als gleichberechtigt angesehen, obwohl er in diesem Fall natürlich nicht auf gleicher Stufe wie Ivo stehen würde? Ivo war ein Surfer-Freak – erkennbar, aus allem, was er mit Brett und Rigg anfing - aber einer, der's drauf hatte. Mit welcher Ahnung er Brett und Rigg erklärte, ihm das aufs Brettsteigen zeigte und das Segel aus dem Meer zog, alles in einer perfekten, schönen Haltung, das war was! Und nun noch dies, eine Einladung, die Krönung zum Geburtstag.

In der Umkleide rief er sofort seine Eltern an, sagte ihnen, dass er jetzt zum Essen eingeladen worden sei, weil der Trainer mit ihm so zufrieden gewesen wäre.

„Sei nur vorsichtig!“, säuselte seine Mutter in den Hörer. „Du weißt ja ....“

„Mama, der Trainer hat mich eingeladen!“

„Na, dann bin ich beruhigt!“

Ein Klicken und weg war die Verbindung zum Elternhaus, was Raphael nichts ausmachte. Er war glücklich, dass er heute so viel gelernt und ehrliche Anerkennung bei einem Älteren gefunden hatte.

24.Juni
Berührungen

Selma stellte mit Verwunderung fest, dass die beiden Surfer noch nicht in ihren Kojen lagen, nein, sie waren nicht einmal Zuhause. Was war passiert? Auf ihrem nächtlichen Beobachtungsgang waren beide Zimmer nicht erleuchtet, und sie hörte auch kein Atmen, das man sonst in der nächtlichen Stille vernahm. Abwarten, dachte sie! Wo hätten die jungen Männer denn hingehen können? Es gab doch nur eine Disco, ‚Die blaue Maus‘ und sonst hatte höchstens noch die ‚Entenbar‘ bei Hüttmann geöffnet, und diese war für die beiden ungeeignet. Da hocken nämlich nur Wohlhabende, Angeber und gepflegte Trinker, in keinem Fall so appetitliche junge Leute. Ihr ging es nicht darum, Raphael mit seinen sechzehn Jahren zur Ordnung zu rufen und Ivo böse anzusehen, weil er es zugelassen hatte, dass ein Twen noch so spät unterwegs war. Sie blickte durch das Eckfenster am Gangende nach draußen. Der Kangoo war nicht da. Also waren die beiden wohl doch in Wittdün. Sollte sie zu Bett gehen und auf den nächtlichen Trip verzichten? Nein, heute passierte was, dachte sie. Wenn die beiden Surfer erst so spät kommen werden, und sie waren beim Tanzen nach Rockklängen oder hörten einem Rapper zu, der die Männer hochpuscht, aufgeilt, wer weiß ...

Endlich langte der Wagen röhrend an. Ivo sollte gefälligst den Auspufftopf erneuern. Das ganze Dorf wird ja durch den kratzenden Lärm aufgeweckt. Munter sprangen die beiden aus der alten Karre, warfen mit

Getöse die Türen zu. Aha, getrunken, und dann gefahren, unverantwortlich. Selma versteckte sich hinter der Gardine und wartete.

Da waren sie, kichernd kamen sie ins Haus. Sprachen ein paar Worte, doch die waren so lang gezogen, dass die Wirtin sie nicht verstehen konnte. Zu ihrem eigenen Ärger! Sie hörte, wie zwei Türen ins Schloss fielen. Jeder ist aufs eigene Zimmer gegangen. Ein besseres Zeichen konnte es gar nicht geben. Obwohl sie manchmal das Gefühl hatte, dass Ivo ein bisschen zu feminin war, glaubte sie, dass so harte Surfer wie er, richtige Kerle sind. Ivo war ein Macho. Und Raphael aalte sich im Schein größter Harmlosigkeit, er war aber sicher mit allen Wassern gewaschen. Wie er an seinem Geburtstag aussah, mein Gott, die Augenränder. Sie waren so tief wie bei Willi, wenn sie es dreimal hintereinander getrieben hatten. Diese Überlegung ließ Selmas Antlitz weich werden. Ihr Willi war schon so einer ...

Raphael hatte nicht einmal das Licht angeknipst. Wahrscheinlich war er völlig erschöpft aufs Bett gefallen. Erst diese Strapazen in der Surfschule, und dann das lange Aufbleiben. Ivo dagegen hantierte im Zimmer herum, man konnte die Geräusche deutlich vernehmen. Was machte er aber bloß?

Selma blinzelte durch Schlüsselloch. Sie sah den jungen Mann immer nur vorbeiflitzen. Jetzt hatte er kein T-Shirt mehr an. Blöd, dass er ewig hin und her wetzte. Schon wieder hopste er vorbei, die Hose war weg. Immerhin, er trug eine weiße Unterhose. Auch Willi liebte nur weiß. Jeden Tag einen Wechsel. Ob Ivo auch so sauber ist? Da, da, jetzt rutschte die letzte Hülle, nackt. Ivo blieb stehen, genau im Kegel ihres engen Blickwinkels. Donnerwetter. Der Junge wird Myriam glücklich machen, so ein schönes Ding! Sie wusste es, sie wusste es, hier passiert etwas.

„Nicht weiter gehen, setze dich in den Sessel, ihn habe ich voll im Blick", flüsterte Selma vor der Tür. Tatsächlich, Ivo lag beinahe drin, die Beine weit von sich gestreckt, den Oberkörper schräg gegen die Rücklehne gedrückt. Die Beine auseinandergebreitet. Um Gottes Willen, nur wenig Schamhaare? Rasiert etwa? War der junge Mann ein Genießer und hatte er viel Ahnung vom guten Sex?

Myriam, ach könnte sie jetzt doch dabei sein, sie würde jubeln.

Ivo griff sich an seinen schlappen Schwanz. Ob der sich aufrichtete, wo die beiden getrunken haben? Mal sehen! Bloß nicht verraten. Donnerwetter, wie lange das dauerte, bis er sich erregte! Ah, jetzt! Nein, doch nicht ganz so groß wie Willis. Aber auch sehr schön. Komisch, im Ruhezustand zeigte er mehr her. Wie er rieb, Vorhaut auf und ab. Nahm er jetzt Spucke? Tatsächlich! Am liebsten hätte sie ihm zugerufen: Gleitgel nehmen, nicht die Feuchtigkeit aus dem Rachen. Wie langsam er das machte. Wahrscheinlich wollte er lange was davon haben? Aber in dem Zustand? Plötzlich stand Ivo auf, verschwand nach links. Wie doof. Da war er ja schon wieder? Aha, ein Tuch geholt. Sie hätte ihm auch sonst was gesagt, würde er auf den schönen Teppich spritzen. Männer sind darin hemmungslos. Mit welcher Entschlossenheit er jetzt wichste. Dann musste es bald soweit sein. Wieder stellte er sich aufrecht. Er stand genau vor ihren Augen. Fast konnte sie die Adern der Eichel sehen. Warum zog er die Haut auch immer ganz rüber! Jetzt! Ein Zittern ging durch seinen Körper. Nun ein Zucken des Rohrs. Wo war der Stofffetzen? Nein, das Schwein spritzte los. Mit einer Kaltblütigkeit auf den Teppich. Na warte, dem werde ich die Leviten lesen. Ivo verschwand nach rechts. Da war das Bett. Was, nicht ins Bad? Ivo knipste das Licht aus.

Endlich was erlebt! Das wird noch des Öfteren passieren, und wenn dann die beiden im Sessel sitzen, Myriam auf seinem Schoß reitet, herrlich. Wie gut, dass sie den Sitz genau in die Lichtschneise des Schlüssellochs gestellt hatte.

Selma blickte nach oben. Für sie war es der Himmel. Man hätte – wäre man dabei – vernommen, wie sie Willi ansprach und ihn darum bat, nicht böse zu sein, wenn sie sich solche kleinen Vergnügen leisten würde. Dass sie nur an ihn gedacht hätte, müsste doch für Willi ausreichen. Ob er sauer wäre? Ach was.

In Wirklichkeit allerdings hatte sie Willi verdrängt, denn dieser junge Mann war äußerst aufreizend. So einen hätte sie auch gern mal nebenbei vernascht. Aber das war Schnee von gestern.

Frühaufsteher

Die drei waren Frühaufsteher. Fast stürmten sie zusammen in den Frühstücksraum. Der Himmel war blau, keine Wolke zu sehen. Ivo trat ans Fenster und blickte nach Föhr rüber. Raphael stellte sich daneben, blickte seinen Trainer von der Seite an und sagte:

„Guten Morgen, Cheftrainer, reicht der Wind zum Surfen aus?"

„Good morning, Sir! Yes for you, not for me!"

Beide lachten und schlugen ihre Hände zusammen.

„Kann ich heute wieder mitkommen, ich störe nicht, Hand drauf!", fragte Myriam zaghaft. Sie war gestern in den Dünen schon etwas braun geworden, sah aber noch käsig aus, was Raphael auffiel. Er nickte mit dem Kopf zu dem jungen Mädchen hin, warum sollte sie sich nicht da aufhalten können, wenn es ihr Spaß machte? Die Hauptsache, sie störte nicht.

„Wird mich mein neuer Cheftrainer in die Mangel nehmen oder ist Knut wieder zurück?"

„Ich sage mal so, wenn nicht, dann übernehme ich heute Morgen zwei Stunden, wenn ja, wirst du von ihm betreut. Er ist ein fabelhafter Surflehrer, der beste, den ich kenne."

„Nee, das bist du!"

Selma brachte den Kaffee, stellte die Brötchen auf den Tisch und strahlte. Ihre Pläne rückten näher. Raphael war offensichtlich vernünftiger geworden, und die beiden Kerle müssten sich irgendwie nähergekommen sein.

„Und? Wie war der Abend?", fragte sie voller Neugier. Sie wollte unbedingt wissen, was die Männer getrieben hatten. Vielleicht kann man Myriam schon auf ein Treffen vorbereiten?

„Super gegessen!", pustete Raphael ahnungslos raus. Warum sollte er auch aus der Einladung ein Geheimnis machen?

„Bei Ekke Nekkepenn! Ivo hat mich eingeladen, weil ich eine gute Figur zu Anfang meines Trainings gemacht habe!", gab Raphael stolz von sich und schaute sein Gegenüber grinsend an.

Dem war die Auskunft offensichtlich nicht so recht. Man muss nicht alles ausposaunen, das war eine grundsätzliche Haltung von ihm.

„Stimmt! Der Kleine hatte es verdient. Er wird ein knallharter Surfer, so begabt scheint er zu sein!", raunte er Selma zu.

„Ich hatte euch gehört, als ihr wieder hier ankamt. Ein so langes Essen?"

Sie konnte ihre Neugierde nicht verhehlen, dachte Ivo. Ich werde nichts sagen und Raphael einen Wink geben, ebenso zu schweigen. Sie musste nicht alles wissen. Und Myriam schon gar nicht. Zwar hatte er nichts mehr gegen sie, aber auch nichts für sie. Weiber halten nur von der

Arbeit ab, und schließlich will Raphael nach der Ausbildung viel auf dem Wasser verbringen.

„Soll ich dir was vom Buffet mitbringen?", fragte Raphael Ivo.

„Was denn?"

„Vielleicht ein Ei?"

Raphael stand bereits, und ohne dass die beiden Frauen das mitbekamen, legte er seine Hand auf Ivos Schulter. Seine Lockerheit erstaunte ihn selbst. Es war seine erste Berührung mit diesem Mann, der ihm gestern Nachmittag durch sein Geständnis am Strand sympathisch geworden war. Raphael hatte sie beide verglichen und eine Übereinstimmung herausgefunden: Sie waren beiden sehr unfreundlich zueinander und pampig, und das ohne Grund, jetzt war ihr Umgang miteinander inzwischen normal geworden, und als sie gestern in den Wagen stiegen, und Ivo seine rechte Hand auf Raphaels Schenkel legte und sagte: „Ein toller Abend!", war der Junge von seinem Nachbarn fasziniert. Die Hand versetzte ihn, ohne dass sie sich bewegte, sofort in einen Taumel. Vielleicht war es das Bier, was er getrunken hatte, vielleicht aber etwas anderes.

Als er morgens aufwachte, sah Raphael das Bild vor sich. War das etwa ein Schlüssel zu seinem aufkeimenden Bedürfnis, mit diesem Mann im Doppelpack über die Wellen zu gleiten? Raphael sagte sich, dass diese Gedanken zu früh gekommen sind, außerdem ist da ja noch Ju, aber war der nicht etwas ganz anderes für ihn, jemand, bei dem er Geld verdiente und manchmal unter besonderen Anforderungen einfach einen höheren Betrag bekam?

Ivo war mehr für ihn.

„Ich brauche immer zwei Eier!", wieherte Ivo ausgelassen und grunzte frech dabei. Raphael wusste nicht genau, wie man das verstehen sollte, aber es wäre peinlich gewesen, hätte er nachgefragt. So zottelte er los, stieß beinahe in seiner Aufregung Selma um, die ihn anfrotzelte:

„Kaum sechzehn geworden, und schon über die Stränge geschlagen!", bohrte sie. Man müsste doch wissen, was Gäste so treiben, sagte sie sich. War die Frage denn unberechtigt? Es gab doch auf der Insel keine fragwürdigen Plätze, Häuser oder sonst was, die man nicht aufsuchen konnte. Und die Dünen-Geschichte mit Myriam war wirklich eine Ausnahme. Nie hatte Selma von einem vergleichbaren Ereignis gehört. Nett war der Junge im Gegensatz zu seinen Unverschämtheiten bei der Ankunft, wie hatte Ivo das geschafft?

Raphael nahm sich vier Eier. Wenn Ivo zwei braucht, dann er umso eher, schließlich würde er ja die Arbeit machen. Ivo konnte alles, was zum Surfen gehört, er musste es noch lernen, und daher werden die Anstrengungen für ihn doppelt und dreifach sein. Eigentlich sollte er drei Eier für sich mitnehmen. Was er aber nicht tat.

Ivo und Raphael hatten abgesprochen, demnächst noch einmal über Selma zu reden. Da Ivo sie aus dem letzten Jahr kannte, gab es Dinge, die ein Gast von ihr wissen sollte. Ivo glaubte, dass man mit ihr nichts Persönliches besprechen sollte. Davon wollte er auch Raphael noch überzeugen. Noch weiß Raphael nicht, dass er den Jungen von Anfang an mochte, er hätte sonst nie an der Kirche gehalten, um ihn einsteigen zu lassen. Dass dieser sich flegelig benahm, na ja, war er in diesem Alter nicht selbst so gewesen?

Geplänkel

Ivo blinzelte den Jungen an, als dieser die Eier auf den Tisch legte. Er hoffte, dass Myriam nichts von dem Gespräch mitbekam.

Selma beobachtete die beiden jungen Männer mit Argusaugen, erkannte sofort, dass es zwischen den beiden schon vertraulich zuging.

„He, tatsächlich vier Eier?“, fragte Raphael gönnerhaft und lächelte.

„Ja, für jeden zwei!“

„Du und zwei?“ fragte Ivo, prustete los und glotzte Raphael empört in die Augen.

„Du bist zu jung für so viel Eigelb!“, sagte Ivo und wollte Raphael damit herausfordern. Mal sehen, was er dazu zu sagen hat. Mit Schlagfertigkeit entgegnete der Junge:

„Ich esse daher auch nur Eiweiß! Mit jedem neuen Tag steigt mein Bedarf nämlich an!“

Ivo schmunzelte.

„Wirklich? Soll ich dir noch zwei weitere holen? Weißt du übrigens, dass man bei solchen Versuchen Proben entnehmen muss? Kontrolle ist notwendig, unbedingt.

Dann schielte er Raphael triumphierend an.

„Wenn ich mich an dich neulich erinnere, als du arbeiten warst ..."

„Du meintest gestern. Was war da?"

„Du sahst sehr mitgenommen aus! Und das schon morgens!"

„Stimmt!", flötete Selma dazwischen. „Man merkte es auch gestern Abend, als du gleich ins Bett gingst, nicht mal das Licht hattest du angedreht!"

Raphael verstand den Satz überhaupt nicht, und wieso Licht?, dachte er. Ivo dagegen wurde hellhörig. Er hatte gehört, dass stures Anstarren zu Fehlern verleitet. Würde Selma sich verplappern? Sie aber hatte den Bock sofort erkannt, das Feld geräumt. Sie war in die Küche geeilt, wo sie mit dem schmutzigen Geschirr laut klapperte. Ivo wusste, was er das nächste Mal zu tun hat, wenn er so spät nach Hause kommen würde, nämlich, ein Handtuch auf die Klinke hängen. Hoffentlich hatte sie den Schein nur durch die Türspalt gesehen und nicht durchs Schlüsselloch.

Verdammt!

Wie konnte er nur so hemmungslos und unvorsichtig sein. Er ermahnte sich, dies heute Abend zu prüfen, wer weiß denn, ob die Wirtin nicht überall versuchte, irgendetwas Aufregendes zu erhaschen? Es war doch merkwürdig, dass Selma noch zu später Nachtzeit in den Fluren herumschlich. Was machte sie da?

Ivo stieß Raphael mit dem Ellbogen an. Auch das hatte er noch nie gemacht. Eine Geste, die verborgen bleiben sollte. Myriams Augen hatte sie wahrgenommen. Immer wieder hatte sie überlegt, wen sie von den jungen Männern besonders mochte, und sie kam tatsächlich auf Raphael. Sie fand dessen Körper hinreißend und sein Aussehen gefiel ihr ebenso. Außerdem wäre es gut, hätte sie einen jungen Kerl, der noch keine Ahnung im Umgang mit dem weiblichen Geschlecht hatte, wie sie nicht mit Männern, und Raphael schien noch ein Unschuldslamm zu sein.

Ivo erhob sich, sagte zu Myriam, dass er in zehn Minuten losfahre, wenn sie wirklich mitkommen wolle, solle sie am Auto warten. Raphael tuschelte er ins Ohr, ob er nicht mit ihm in sein Zimmer kommen wolle, er habe ihm etwas von Knut mitzuteilen. Warum er das nicht im Frühstücksraum gemacht hatte, konnte Raphael nachvollziehen, denn zu viele Ohren hörten zu. Auch ging Raphael davon aus, dass Myriam nichts davon mitbekommen sollte. Sowohl er, als auch Ivo waren ihr gegenüber voller Argwohn. Sie tuschelte oft mit Selma. Möglicherweise erzählte sie alles, was sie von den beiden hörte.

Bis jetzt noch gar nichts, dachte Ivo, aber manches kann ja noch kommen, oder?

Raphael schloss die Augen. Und kaum waren die Lider unten, flimmerte ein Film über seine Netzhaut: Ivo und er im Bett! Er strengte sich an, Ivo nackt zu sehen, das gelang nicht. Dennoch: seine Wimpern flatterten in der Realität. War es etwa Angst? Wenn ja, wieso? Er hatte ja oft genug was mit Jungen gehabt, und sollte Ivo darauf aus sein, wüsste er sich richtig zu verhalten. Als er am Morgen aufwachte, musste er über den Surfer nachdenken, ja, er hatte ihn genau vor Augen. Ihm wurde nun deutlich klar, dass das Verhältnis von ihm zu Ivo ein anderes war als das zu Ju. Ob man mit zwei Leuten – unabhängig voneinander - gleichzeitig, natürlich getrennt voneinander, Sex haben konnte, ließ er offen. Wenn aber die Gefühle so unterschiedlich sind, wie er sie zurzeit empfand, dann muss es auch im Sex Unterschiede geben, sinnierte der Junge. Am besten, jetzt die Antenne ausfahren, Raphael.

Raphael und Ivo gingen in Abstand nebeneinander.

Folgte ihnen jemand? Nein!

Ein Stein fiel Ivo vom Herzen. Sein Bedürfnis, den Jungen zu berühren, nahm unangenehme Dimensionen an. Im Flur legte er den Arm auf Raphaels Schulter.

Niemand war zu sehen. Glück gehabt!

Und als Ivo die Zimmertür aufschließen wollte, stellte sich Raphael hinter den Studenten. Schließlich braucht man zum Öffnen freie Arme und Platz. Ivo reagierte sofort. Endlich. Er drückte seinen Po an Raphaels Unterleib. Nanu ... Himmlisch ... Ein stehendes Glied. Raphael schaute schamvoll zu Boden. War sein Ständer ein gutes oder ein schlechtes Omen? Wenn gut, besagte das nicht, dass er Ivo schätzte oder mehr als das? Er erinnerte sich im gleichen Augenblick an die Übungsstunden mit dem Surfer, seiner sanften Art, ihm etwas beizubringen.

Wer weiß, was er jetzt vorhat, ging's Raphael durch den Kopf. Die Zeit war knapp, es waren doch nur noch acht Minuten, denn Myriam wird vorm Auto pünktlich warten. Man kann doch nicht mal eben auf die Schnelle, wenn man sich das erste Mal nahe gegenübersteht?

Ivo schloss die Zimmertür auf, reichte mit seiner linken Hand nach hinten zu Raphael, weil er ihn durch den Griff in dessen Taille zu sich ziehen wollte, damit sie beide gleichzeitig durch die Tür schritten. Raphael wusste nicht, was das zu bedeuten hätte, wollte es aber mit sich geschehen lassen. Leider oder Gottseidank griff Ivo aber daneben, denn Raphael war einen halben Schritt zurückgetreten. Ivos Hand landete am Hosenschlitz des Jungen. Er musste das erregte Glied gespürt haben, dachte Raphael, peinlich, peinlich! Es war nicht mehr zu ändern! Schon war man im Raum.

„Ich packe meine Sachen zusammen", ließ Ivo Raphael wissen, „dann muss ich dir von Knut etwas berichten, ich habe schon mit ihm gesprochen. Du willst sicher von einem richtigen Trainer, einem Fachmann, trainiert werden, daher bin ich freiwillig von einer weiteren Doppelstunde zurückgetreten, so dass er mit dir die nächsten Übungen absolvieren kann."

„Das ist aber doof. Gerade habe ich mich an dich gewöhnt, und nun lässt du mich im Stich?"

Genau das wollte Ivo hören, und seinem Geschick war es zu verdanken, dass er die richtigen Worte gefunden hatte. Raphael ist drauf reingefallen!

„Wie, du willst es mit mir noch einmal versuchen?"

„Nur einmal …?"

Ivo ging das runter wie Öl. Der Junge hatte angebissen. Wie nett er geworden war. Nur einmal mit Fragezeichen, hieß doch: so oft wie möglich?

„Bist du dir denn im Klaren darüber?"

„Und wie!"

Plötzlich sprang Raphael auf Ivo zu. Im Handumdrehen lagen seine beiden Arme um dessen Hals:

„Bitte!"

„Na gut, ich opfere mich!"

„Mich zu trainieren, ist für dich ein Opfer?", fragte Raphael enttäuscht und wollte das Zimmer verlassen.

„Nein, halt mal an, Raphael, für mich ist das jetzt ein Opfer, weil ich lieber mit dir sonst wo – allein – sein würde, begriffen, du Dummkopf?"

„Behandle mich nicht wie einen Federball, der hin- und herspringt!", entgegnete Raphael sauer. „Ich bin sehr sensibel, und mein Körper auch!"

„Kleiner, das habe ich längst gemerkt. Wenn du wüsstest, wie es mir geht. Willst du's mal überprüfen?"

Raphael prustete los. Seine Ängste hatten sich längst verzogen. Unvermittelt griff er in den Schoß von Ivo:

„Du hast mich dazu ermuntert!"

„Missverstanden! Ich wollte nur mal sehen, wie du reagierst. Ich bin verheiratet, habe sechs Kinder und Weiber sind meine Welt!"

„Fabelhaft! Da liegst du genau bei mir richtig!"

Ivo musste lachen.

„Mensch, es ist längst Zeit, komm, Myriam wartet."

„Und was hattest du bei deinem unmoralischen Griff festgestellt!"

„Nur Einverständnis!"

„Immer geht zuerst die Arbeit vor, und außerdem muss niemand merken, dass du mich so verabscheust!", gluckerte Ivo dem Jungen ins Ohr.

Als die beiden auf den Flur kamen, wedelte Selma mit einem Staubtuch über die Bilder, zwei hingen jeweils den drei Türen zu den einzelnen Zimmern gegenüber. Gute eingerahmte Fotografien der Insel. Ohne Frage. Aber dass Selma diese gerade jetzt putzen musste, merkwürdig?

„Ich befreie sie von Staub, damit ihr einen schönen Anblick habt, wenn ihr das Zimmer verlasst!"

Ivo blickte Raphael an, ein kurzes Nicken offenbarte, dieser hatte verstanden. Selma hatte also wieder gehorcht. Anders war die Emsigkeit, mit der sie mit dem Wedel herum wirtschaftete, nicht zu verstehen.

„Myriam wird nicht mitkommen. Wir machen uns jetzt auf den Weg zum Doktor und dann zur Polizei."

„Polizei? Wieso?", gab Raphael von sich.

„Sie ist gestern in den Dünen vergewaltigt worden!"

„Oh Gott, das gibt's hier auch?", fragte Raphael entsetzt.

„Natürlich nicht für euch. Ich wusste auch nicht, dass Frauen gefährdet sein könnten! Ich muss jetzt mit ihr los, wir haben einen festen Arzttermin, ich berichte später über den Vorfall!"

„Ist sie sehr unglücklich?", hörte Selma noch, drehte sich um, ihr böser Blick sprach Bände.

„Na hör mal!" Ärger stieg in ihr auf. Daher wandte sie sich schnell von den beiden ab.

25. Juni
Gespräche am Morgen

Die beiden jungen Männer holten ihre Taschen aus ihren Zimmern. Als sie sich davor trafen, prusteten sie gleichzeitig los. Raphael hatte sich mit dem Kopf durch die Bügel gezwängt und die Tasche dann nach hinten auf den Rücken gedreht, Ein beschwerliches, aber eigenwilliges Unterfangen, dachte Ivo. Er selbst trug sie vorm Bauch, wie Mütter manchmal ihre Babies. Sie durchschritten den Flur und passierten den Empfang.

Selma und Myriam waren schon auf dem Weg zum Arzt. Unterwegs zum Doktor stellte Selma fest, dass sie ihre Brille zuhause liegen gelassen hat. Aber wozu brauchte sie sie denn? Sie war doch nur die Begleiterin von Myriam.

Ivo hatte das Gefühl, dass ihn Raphaels Blicke durchbohren würden. Der Junge mochte ihn, fühlte der Student. Aber was besagte das schon? Es gibt viele Menschen, die man mag, und das ist es dann! Eine Steigerung von Mögen wäre sehr Mögen, ging's ihm durch den Kopf. Auch das würde für Ivo nicht ausreichen, eine Freundschaft einzugehen. Im Übrigen eine lasche Beschreibung! Nein, der Bengel müsste Lust auf ihn haben, wie er schon gestern Abend Sehnsucht nach ihm hatte. Das Ergebnis war seine Gier nach Sex, die wahrscheinlich Selma mitbekommen hatte, diese falsche Schlange ...

Wenn der Junge wüsste, was heute auf dem Spiel steht, mein Gott. Ivo hatte während der Morgentoilette darüber nachgedacht. Es müsste ganz leicht sein, weil der Wind relativ flau und auflandig war. Flache Wellen die Folge.

Raphael durchbrach das Schweigen zwischen beiden, denn er konnte sich nicht erklären, warum Ivo nichts sagte. Vielleicht seine Müdigkeit, da er drei schnelle Bier runtergestürzt und einen Inselcocktail getrunken hatte. Das wird es sein!

„Was sagst du zu dem Skandal mit Myriam?", tönte Raphael empört.

Seine Neugierde war sprichwörtlich und seine kritische Haltung ebenso.

„ Das mit Myriam, meintest du?"

„Ja!“

„Selma muss uns mehr erzählen, Myriam hatte sich bestimmt bei ihr ausgequatscht, die stecken doch sowieso unter einer Decke. Schrecklich, wenn so etwas passiert!“

„Und das hier auf der Insel!“

„Was würdest du denn tun, versuchte man dich zu vergewaltigen?“, fragte Ivo überraschend.

War das der Beginn eines Verhörs? Wie konnte man darauf antworten? Im Augenblick fehlte Raphael für solche Situation die Fantasie. Schon die Vorstellung, wie die Vergewaltigung bei Myriam abgelaufen sein könnte, blieb ihm ein Rätsel. Es waren doch überall so viele Leute unterwegs!

„Wie sollte das denn gehen?“, fragte er ungehalten.

Wofür hielt ihn Ivo denn, für einen Schwächling? Er würde den Kerl in den Sack hauen, so wie man es im Sexunterricht gelernt hatte.

„Wenn dich zwei Kerle besteigen wollen!“

„Dem einen quetsche ich die Eier ab, dem anderen ziehe ich den Schwanz lang!“

„Sie werden Mittel finden, dich umzulegen!“

„Erstens presse ich die Lippen aufeinander!“

„Du denkst, du müsstest jemand einen blasen? Das meinte ich gar nicht, vielmehr, man wollte dich von hinten ficken!“

„Alte Sau!“

„Stell‘ dich nicht wie ein Mädchen an und antworte mir!“, säuselte Ivo süffisant, zog seine Mundwinkel zu einem miesen Grinsen nach unten.

„Ich bin eben ein Mädchen!“, wieherte Raphael seinem gestrigen Trainer zu, und Ivo registrierte ein Lachen, das durch den ganzen Körper zu fliegen schien.

Als sie am Wagen anlangten, war es bereits zehn Uhr. Eigentlich sollte das Training um zehn beginnen, wie Knut es Ivo am Telefon aufgetragen hatte. Er selbst blieb noch einen Tag in Husum. Der Verkehrsunfall war doch weit weniger heftig, als der Anruf der Mutter vermuten ließ. Dennoch hatte sich Knuts Vater ein Schienbein gebrochen und ein paar Rippen geprellt. Ziemlich schmerzhaft, sagte er zu seinem Sohn.

In jedem Fall rief er Ivo auf dessen Handy an und bat darum, noch einmal für ihn den Trainer zu spielen.

„Wie war's denn?", fragte Knut.

„Ich kam jedenfalls zurecht."

Wohlweislich verschwieg er das After-Training-Essen und den Disco-Besuch.

Verhör

Myriam saß beim Arzt auf dem berüchtigten Stuhl. Es war ihr peinlich. Gehorsam legte sie ihre Beine auf die Ablagen rechts und links, öffnete ihren Schoß. Der Doktor untersuchte sie behutsam.

„Sie haben in der Scheide Verletzungen. Ich gebe Ihnen eine Salbe mit. Für eine Woche keinen Verkehr! Sie sollten allerdings das Krankenhaus in Heide aufsuchen, um testen zu lassen, ob ein weiterer Befund vorliegt, wir können in dieser Praxis nichts mehr für Sie tun!"

„Ich soll nach Heide zur einer Spezialuntersuchung!", wimmerte Myriam. „Was könnte der Doktor wohl gemeint haben?"

„Dass du geschwängert worden bist!", blökte Selma ihr ins Gesicht. Wie kann man nur so bescheuert sein ..., dachte sie. „Nein, vielleicht, dass der Kerl dir eine Geschlechtskrankheit geschenkt hat."

„Um Gottes willen!"

„Da siehst du mal, wenn man allein auf die Piste geht!", entgegnete Selma sarkastisch.

„Außerdem darf ich die nächste Woche mit keinem Mann, und wenn Ivo dann doch mit mir was anfangen will?"

„Wir zögern das hinaus, ich helfe dir dabei, du weißt doch, was ich dir versprochen hatte ..."

„Hoffentlich geht alles gut!"

Die beiden Frauen nahmen den nächsten Bus von Norddorf nach Wittdün. Ihr Ziel: die einzige Polizeiwache der Insel. Bis auf einen Polizisten trafen die beiden sonst niemand an.

Die Dienststelle zeigte von draußen nichts her, von innen war sie mehr als trist. Solche veraltete Tapete hatte Selma noch nie gesehen. Sie stand mit Myriam vor dem Tresen, hinter dem der Polizist gelangweilt saß, auf seinem Schreibtisch eine Tasse Kaffee und eine Aluminiumdose, aus der er gerade sein Brot entnehmen wollte. Als Selma sich umdrehte, fielen ihr mehrere Plakate an der Wand auf. Da sie ohne Brille schlecht sehen konnte, schritt sie mit Bedacht durch den Raum und stellte sich fünfzig Zentimeter davor auf. Sie sah jetzt die Namen von Gangstern oder Dieben oder Mördern, die gesucht wurden. Dann strich sie mit dem Zeigefinger über die Wand und hielt ihn vor die Augen: total staubig. Mein lieber Mann, da wird von jedem Gast täglich Kurtaxe erhoben, und die reicht nicht mal für einen neuen Anstrich aus. Sie stellte sich wieder an die Seite von Myriam, die zitterte.

Mit einem Rundblick erfasste Selma auch noch Aktenschränke und Anrichten, auf denen Stapel von Ordnern lagen. Das Fensterbrett schmückte ein vertrockneter Strauß.

Und das alles soll Vertrauen schaffen? Die haben sie doch nicht alle ...

„Junger Mann!“, redete sie den alten Polizisten an, „hier ist wohl mal eine Renovierung nötig, oder?“

„Kümmern Sie sich um Ihre eigenen Angelegenheiten, wir kümmern uns um unsere!“, ließ der Polizist sie verärgert wissen.

„Wie reden Sie denn mit mir?“

„Wie man in den Wald ruft, so schallt es zurück, kennen Sie dieses Sprichwort?“

„Wir möchten ...“

„Ich habe jetzt Frühstückspause, nehmen Sie bitte Platz, in einer Viertelstunde beschäftige ich mich mit Ihnen! Sie wollen doch etwas von mir, nicht wahr?“

Darauf entnahm er der Dose eine eingewickelte Schnitte Brot, packte sie geräuschvoll aus und biss hinein. Selma hatte das Gefühl, dass es sich um einen nicht mehr ganz jungen Limburger Käse handelte, den er gerade aß. Sie rümpfte sichtbar angewidert die Nase. Dem muss man es doch zeigen ... Und dann noch sein Kauen, das Geräusch ließ auf eine lose Zahnprothese schließen. Das ist ja haarsträubend, ging‘s ihr durch den Kopf. Sie beschloss, mit dem Chef zu sprechen. Als anständige Amrumerin musste man sich diese Behandlung nicht bieten lassen. Und die arme Myriam durfte nun auch noch das Warten ertragen.

Endlich war‘s soweit.

Myriam erzählte alles genau so, wie sie es Selma vorher –allerdings unter einem Schock – erzählt hatte. Ihr Bericht klang nicht mehr so dramatisch. Als sie ihn beendet hatte, fing sie wieder an zu weinen.

„Sie waren allein in den Dünen?", fragte der Mann sie kopfschüttelnd. „Als Frau hätten Sie wissen müssen, dass man das nicht tun sollte, vor allen Dingen, wenn man wie Sie jung und attraktiv ist!"

Dieser Scheißer, dachte Selma, Myriam ist wirklich noch jung, aber was ist bei ihr bitte schön attraktiv? Keine Brüste, Strubbelfrisur und wulstige Lippen. Dazu eine piepsige Stimme, nein, anziehend war das Geschöpf nicht. Für einen Newcomer wird's ausreichen, für Ivo muss es genügen. Das erste Mal wird er sowieso nicht hinsehen! Sein Schwanz wird einfach nur jucken.

„Name?"

„Myriam König!"

„Vorbestraft?"

„Na, hören Sie mal!", warf Selma dazwischen.

„Halten Sie sich bitte da raus", giftete er sie an.

„Wohnhaft hier?"

„Bei mir in der Pension Haus Agathe, Norddorf!"

„Ich sagte, Sie sollen sich da raus halten, hatten Sie das nicht verstanden?"

Weitere Formalien folgten. Es dauerte, bis der Mann diese in ein mehrseitiges Formular eingetragen hatte. Er ließ sich ein zweites Mal die Vorgänge beschreiben, achtete darauf, ob die anfängliche Schilderung mit den Aussagen fürs Protokoll übereinstimmten – offensichtlich hatte er Myriams Äußerungen von vornhin noch im Kopf, oder er tat nur so.

„Beschreiben Sie den Kerl!"

„Er war nackt! Das hatte meine Freundin vorhin schon erwähnt!", funkte Selma trotz der Zurechtweisung unfreundlich dazwischen.

„So?" Der Polizist zog seine Brille mit beiden Händen auf die Nasenspitze und schielte über den Brillenrand. Selma gewann den Eindruck, dass er Myriam nicht glaubte, so verzog er sein Gesicht.

Nachdem der Gesetzesvertreter die Brille wieder direkt an die Augen beförderte, sagte er unverfroren:

„Und warum sind Sie dann in seine Holzbude geklettert?"

Myriam konnte ihre Tränen nicht mehr zurückhalten. Sie sah die

Düne vor sich, hatte den Kerl vor Augen, der so nett zu sein schien.

„Ihr Verhör scheint mir sehr eigenwillig zu sein!“, polterte Selma jetzt los, und selbstbewusst, wie sie war, stützte sie sich mit den Ellbogen auf den Tresen: „Statt mit einer vergewaltigten Bürgerin freundlich und sanft umzugehen, treten Sie mit der Art Ihrer Fragestellung ständig ins Fettnäpfchen. Glauben Sie mir, wie heißen Sie?, das hat noch Folgen. Immerhin gelte ich auf Amrum was!“

„Ich muss Sie doch bitten“, herrschte der Polizist sie darauf ungehalten an, „diesen Raum zu verlassen, damit ich in Ruhe den Sachverhalt aufnehmen kann, der für die Beurteilung einer Straftat nötig ist. Da ist die Tür!“

Wütend stand Selma auf und verließ die beiden. So etwas hatte sie noch nie erlebt. Allerdings gestand sie sich ein, dass Sie nur wenig Kontakt mit der Polizei hatte und ihr Willi auch nicht.

Nach einer halben Stunde verließen beide die Polizeistation, Myriam verängstigt und Selma wütend.

„War noch was Besonderes?“, fragte Selma neugierig.

„Weiß nicht, er meinte, ich sollte einen Psychotherapeuten aufsuchen“, jammerte Myriam und heulte wieder.

Ob sie überhaupt wusste, was das für eine Empfehlung war? Selma zweifelte daran, fand aber dennoch den Ratschlag gut, obwohl er einem Polizisten gar nicht zukam. Wie dem auch sei, Selma sagte sich, dass sie prüfen wird, ob so ein Fachmann auf der Insel lebt.

Umkleidegeschwätz

Der Parkplatz an den Dünen war bereits gut gefüllt. Ivo bugsierte den Wagen in eine Parklücke, und beide jungen Männer standen wenig später am Strand neben dem Office der Surfschule. Knuts Vertretung kannte Ivo, begrüßte ihn stürmisch und fragte, ob er wieder Raphael trainiere, der Boss käme ja erst morgen zurück. Ivo nickte nur, er hatte mit dem Jungen etwas vor, was er der Vertretung nicht gleich auf die Nase binden wollte. Es war ein Versuch, sagte er in Gedanken zu sich, und eine Herausforderung. Außerdem wollte er den Jungen prüfen, wie dieser seine

Anweisungen aufnehmen würde.

Als sie in die Umkleide kamen, stellten beide gleichzeitig fest, dass diese heute noch nicht benutzt war. Ivo fragte sich, ob er Raphael einfach umarmen sollte, wies aber den Gedanken von sich. Bloß nichts überstürzen! Raphael hoffte, dass Ivo ihm beim Anziehen helfen könnte, es ist ziemlich schwierig, die Neoprenbluse allein über den Körper zu ziehen, dachte er.

Da standen sie nun an der Tür und überlegten, wohin sie sich zum Umziehen setzen sollten. Ivo zeigte nach links.

„Dann nehme ich die rechte Seite!", tönte Raphael.

„Musst du doch nicht! Du kannst dich doch neben mich setzen, oder hast du Angst, dass ich beiße?", fragte Ivo hinterhältig.

„Habe ich! Wer weiß, was ein Trainer im Sinn hat?"

„Ach, komm schon, ich muss dir was gestehen!"

„Und das geht nicht, wenn wir uns gegenüber sitzen?"

„Nein, geht nicht, es ist so geheimnisvoll, dass ich nur flüstern kann!"

„Na gut!"

Raphael setzte sich neben Ivo hin, einen halben Meter entfernt. Ivo rutschte ihm auf die Pelle, legte seine linke Hand auf Raphaels rechten Schenkel, streichelte ihn mit dem Mittelfinger, was niemand bemerkt hätte, sähe man ihm zu.

Kaum berührt, meldete sich Raphaels Schwanz.

Raphael räusperte sich und griente vor sich hin. Er genoss seine Reaktion. Potenz ist wunderbar, geisterte durch seinen Kopf. Ivo blinzelte derweilen auf seine Hand, die bereits Leben unter sich spürte. Mein lieber Mann, das wird noch was werden ...

Raphael schob Ivos Hand beiseite. Er meinte, das wäre hier besser so. Darauf raunte Ivo dem Jungen zu:

„Des Geheimnisses wegen!"

Beide lachten lauthals und wohl auch verlegen ...

Dann murmelte Ivo:

„Wir nehmen heute ein Longboard, das ist besser geeignet für einen Zweierritt. Wir fahren als erstes gemeinsam aufs Meer, damit du einmal siehst, wie man das Brett manövriert."

„Longboard? Das habe ich doch immer bei mir!"

Ivo schaute seinen Schüler von der Seite amüsiert an, griente frech und antworte sehr nebulös:

„Hast du denn auch ein Schwert dabei?"

„Immer!"

„Weißt du was, verscheißern kann ich mich allein!"

„Auf meinem Fahrplan steht für den zweiten Tag aber Aufriggen und Trimmen, danach Starttechniken!"

War der Junge plötzlich aufmüpfig? Eigentlich sollte er mir schon vertrauen, denn einige meiner Gesten ihm gegenüber waren doch sehr freundlich. Oder ist er vielleicht doch der Typus, der nachplappert, schweigt und sich wie eine Schnecke ins Gehäuse zurückzieht, wenn es ihm brenzlig erscheint? Nein, nein, Raphael ist ja ein munterer Kerl, und er lässt sich die Butter nicht vom Brot nehmen.

„Genau das übe ich mit dir, nur nicht im flachen Wasser, vielmehr auf hoher See. Es ist einfach besser, Griffe und Manöver praktisch zu lernen, sozusagen auf einem gleitenden Brett, und ich zeige sie dir!"

Raphael staunte über seinen Trainer. Wenn Ivo das so meint, wie er es selbst verstanden hat, dann wollte er keine Einwendungen machen. Musste man sich als Schüler nicht immer seinem Trainer beugen? Kann man als Lernender Einspruch erheben?

Nein und ja.

Nein ...

„Wir ziehen heute nur Badeshorts an, es ist warm draußen und erleichtert uns, die Positionen auf dem Brett schnell zu wechseln, wenn dies erforderlich ist. Du weißt, dass ein Surfanfänger auf dem Wasser eigentlich immer einen Neoprenanzug tragen muss, zum Schutz. Aber heute bin ich mit dir unterwegs, und das bedeutet für dich Sicherheit. Du brauchst also nicht zu befürchten, dass du dich irgendwo verletzen wirst."

Raphael war das nur recht. Er hasste sowieso dieses verfluchte Gummizeug, das ihm Schwierigkeiten beim Anziehen bereitete und manchmal sogar zu eng auf dem Körper schien, es drückte besonders an seinen Genitalien. Raphael hatte entschieden, sich zurückzunehmen. Erstens wusste er viel zu wenig vom Surfen und zweitens vom Trainer. Allerdings hatte er längst ein gewisses Maß an Vertrauen zu ihm aufgebaut.

Mit dem Rigg über dem Kopf stapfte Raphael als erster durch den Sand zum Ufer. Das machte er prima, dachte Ivo, der ihm mit dem Board und dem Schwert folgte. Er hatte das Brett seitlich hochgenommen und hielt es mit einer Hand in der Mastspur, mit der anderen griff man an das Schwert, den Bug in den Wind gerichtet.

Raphael sah seinem Lehrer zu, wie er das Segel noch einmal prüfte, er nannte das Trimmcheck.

„Die Spannung muss stimmen“, ließ er Raphael wissen. „Dann kann das Segel seine ganze Kraft entfalten. Verstehst du das?“, fragte Ivo. „Das Schwert, und das weißt du von gestern, kann aus oder in das Brett geklappt werden. Wir brauchen es wegen der Stabilität. Die Finne am Heck ist aus Glasfiber. Ohne sie würde man nur im Kreis segeln. Hier, schau her. Durch eine Schraube von oben wird sie gehalten“, sagte Ivo ernst. Er war wirklich ein guter Lehrer, dachte Raphael.

Nachdem das Rigg mit dem Mastfuß in der Rinne des Brettes fixiert war, konnte es losgehen.

Auf dem Mini-Golf Center-Court

Ju war heute früh am Arbeitsplatz. Er hätte es gern gehabt, dass Raphael schon die einzelnen Bahnen mit ihren runden Abschlagsfeldern und Hindernissen gesäubert hätte, nun musste er es selbst tun. Er hatte seit Tagen versucht, jemand zusätzlich zu engagieren, doch Einheimische lehnten diese Tätigkeit für zehn Euro pro Stunde ab, und Fremde waren hier zum Urlauben, nicht aber zum Malochen.

Es dauerte meist immer zwei Minuten pro ebener Bahn, drei Minuten für abfallende oder aufsteigende Betonwege. 18 Bahnen, die gefegt werden mussten. Auch wenn alle dieselbe Länge von 12 Metern und eine Breite von 1,25 Metern hatten - bis auf die Weitschlagbahn -, so sammelte sich auf dem Beton ziemlich viel Dreck an, an manchen Stellen klebte es wegen seiner rauen Oberfläche sogar fest. Ganz zu schweigen von den Rändern, die - wie hier - durch Rohrbanden begrenzt sind. Das runde Eisen lief überall ein bis zwei Zentimeter über der Erdoberfläche. Darunter verhaken sich oft genug Papier, Zweige und was es sonst noch gibt. Kinder stecken sogar aus Übermut Plastikbecher in die Zwischenräume oder sind zu faul, den Müll in die Plastiksäcke zu werfen, die überall in besonderen Gestellen herumhingen.

Er hätte Raphael gleich jeden Tag nehmen sollen, ging's ihm durch den Kopf. Der junge Mann war anstellig und pünktlich. Und außerdem ...Warum war ihm das nur nicht eingefallen, als der Junge nach einem Job fragte? Ju war sich ehrlich genug gegenüber, es war sein Geiz, der ihm bei diesen Gedanken einfiel. Er schalt sich selbst, denn die paar Euros, die er zahlen wollte und sollte, wären nicht ins Gewicht gefallen. Vielleicht wären bei absoluter Sauberkeit der Anlage noch mehr Leute gekommen, auch wenn man bisher schon gut frequentiert wurde. Meist standen an jeder Bahn vier bis fünf Leute. Aber zwei weitere hätte man noch verkraften können. Die Leute sind wirklich geduldig, wenn man sich einmal entschlossen hatte, sich durch die Felder zu schlagen.

Außerdem hätte er mit dem Jungen dann täglich Spaß gehabt, noch nie war ihm jemand begegnet, der so willig seine besonderen Wünsche erfüllte. Manchmal war er neidisch auf den Bengel, der offensichtlich ständig wichsen konnte. Und vielleicht wäre er eher bereit gewesen, sich ficken zu lassen, solche Jungs wollen doch nur Geld verdienen. Hier ging es auch nicht um Liebe, sondern lediglich um den Spaß. Besondere Gefühle musste man nämlich nicht investieren, und eine persönliche Abhängigkeit aus Zuneigung heraus, gibt's bei dieser Art von Sex nicht.

Liebe, das Wort passte zu Raphael überhaupt nicht. Beide waren eben nur geil.

Als Ju ihm einen extra Schein in die Hand drückte, war Raphael zum Stricher geworden, überlegte der Minigolfbesitzer. Das könnte dazu führen, dass der Junge Blut geleckt hatte nach mehr Geld, und das könnte Sex mit anderen nach sich ziehen. Bloß aufpassen.

Zu viele Kerle haben irgendeine Krankheit.

Wenn der Junge nun einen anderen Kerl findet, was dann? Hübsch genug ist er, einen prallen Arsch hat er auch und einen richtig guten, geraden dicken Schwanz. Ju musste trotz seiner gegenwärtigen schlechten Laune lachen. Er hatte den Jungen vor Augen und plötzlich machte sich auch seine Rübe bemerkbar.

„Nein! Jetzt nicht!“, murmelte er, sein Gesicht auf seinen Hosenstall gerichtet. „Toiletten putzen, los!“

Eine halbe Stunde dauerte die Reinigung der Häuschen, getrennt nach Frauen und Männern. Gleich war es zehn Uhr. Ju hörte schon das Geschnatter der Kinder, auch Schreien blieb nicht aus.

„Wow, fertig“, raunte er sich selbst zu.

Während er in sein Büro ging, die Rolle mit den Eintrittskarten bereitstellte und die Kasse öffnete, fiel ihm zum Abschluss noch ein, dass er schon lange auf abendliche Vergnügungsstunden verzichtete, die Buchhaltung forderte ihren Preis. Manchmal konnte er der einfallenden Menge kaum gerecht werden, Karten abreißen, entwerten, abrechnen und Wechselgeld herausgeben, viel auf einmal. Auch das wäre eine Arbeit für Raphael. Könnte er den bloß mehr an sich binden!

Er blickte nach draußen, eine Großfamilie war angekommen. Darüber war er froh, denn bei ihr gab es nur einen Zahler. Leider waren aber manche Mütter so beflissen, dass jedes Kind die Karte extra kaufen durfte. Für den Kassierer der reinste Schwachsinn.

Vielleicht kann Raphael ja auch mal abends kommen. Man ist nicht allein, sitzt in der Bude, das Belegbuch für die Steuer vor sich, der Junge würde sich bestimmt zusätzlich etwas einfallen lassen, was beides, Arbeit und Vergnügen zulässt. Unglaublich, wie gewieft dieser Bengel schon war. Sechzehn Jahre und schon so ein Ferkel.

Jetzt musste er erst mal die kleinen Geister beruhigen. Tatsächlich, jedes Kind wollte eine eigene Karte kaufen und bezahlen. Blöde Mütter. Wenn sie doch nicht nur über die Gören nachdenken würden ...

Zu zweit auf dem Board

Raphael war gespannt, was nun kommen würde. Sie standen inzwischen beide auf dem Brett. Ivo hatte vorher verlauten lassen, dass sie wie zwei Löffel – aber erst einmal nur gerade aus – lossegeln würden. Raphael wunderte sich hierüber, aber Ivo ergänzte sofort, dass der auflandige Wind und das schwere Longboard eine solche Fahrt ermöglichen.

„Eine kleine Einschränkung nur, wir werden nicht schnell über das Wasser gleiten, also bitte hierzu keine Ansprüche stellen!“

Dann dirigierte er Raphael zum Mastfuß, er selbst bezog hinter ihm Stellung, fasste den Gabelbaum mit beiden Armen in der Mast Nähe an. Die Hände griffen von oben.

„Cool, du bist biegsam wie ein Weidenzweig, das erleichtert meine Manöver.“ Dann löste er einen Arm, zog den Jungen eng an sich, und brachte sich wieder in die Ausgangsstellung, so dass sich Japser eng umschlossen fühlte, als würde er umarmt werden.

„Jetzt zu den Füßen! Schaffst du es, deine um meine Fesseln zu legen, von außen bitte nach innen, so dass sich deine Zehen vorn treffen? Ja, so ist es gut, total richtig. Es kann losgehen."

„Mann, geil, ich habe das Gefühl, im warmen Körbchen zu liegen, den Rücken in einer Kuhle abgestützt."

„Bleib locker, gehe mit meinen Bewegungen mit. Wenn ich mich nach hinten lehne, und vielleicht sogar fast über dem Wasser liege, keine Angst haben und mit deinem Körper nachkommen, also immer an meiner Brust und meinem Bauch bleiben!"

Das Board kam langsam in Fahrt. Schon gleich empfanden beide den Gleichklang von Haltung und Bewegung, als sie die Oberfläche des Meeres zerschnitten wie der Bug eines Schiffes, der das Wasser verdrängt.

Raphael spürte plötzlich, wie Ivos Schwanz munter wurde und sich in seine Pofalte drückte. Mit Erstaunen stellte er fest, dass ihm das gefiel. Gleichzeitig richtete sich sein Pimmel zu einem Ständer auf. Immer wenn Ivo erkannte, dass sich der Wind normal verhielt und keine Böe zu einem Manöver zwang, griff er mit der linken Hand sekundenlang um die Hüfte seines Schülers herum und strich sanft über dessen Lümmel hinweg, um sich danach zurückzuziehen. Raphael registrierte die Vibration, die sich ein bisschen durch den angedeuteten Wellengang verstärkte. Sie war wunderbar. Ihm ging durch den Kopf, dass ihn das hier in eine völlig andere Stimmung versetzte, als wenn er es mit Ju trieb. Er überhörte nicht sein Herzklopfen, das ihm milder erschien als mit dem Boss des Minigolfes, und das ihn in Sehnsuchtsgefühle manövrierte. Er wünschte sich, von Ivo geküsst zu werden. Auch das war für ihn neu. Mit Ju wollte er gleich zur Sache. Mit Ivo bekam er Lust, gestreichelt zu werden. Ihm war, als könnte er mit diesem Mann jeden Tag zusammen sein.

Sie waren inzwischen weit von der Schule entfernt. Nirgendwo ein anderes Brett. Ihr Board hatte sich etwas beschleunigt und mit der neuen Geschwindigkeit flogen sie dahin wie eine Schwalbe, leicht wie eine Feder. Die leichte Brise wirbelte ihre Mähnen auf. Die Haarspitzen wogten wie ein Kornfeld im Wind hin und her, ein betäubendes Gefühl. Ivo holte die Segel noch dichter. Mit zunehmender Entfernung verschmolzen die Surfer zu einer Figur. Der Bug lag eine Winzigkeit über, das Heck unter Wasser. Raphael versuchte nach hinten zu blicken, beugte sich etwas vor und sah, wie tausende von Bläschen dem Board folgten. Ihre Spur war weiß. Die Weite des Meeres beflügelte seine Fantasie. Das war Freiheit. Raphael fühlte nicht mehr, dass er zu zweit war, nein, ihm schien, als fetzte er allein über die Wasseroberfläche. Theoretisch hatte er gestern schon gelernt, dass Windsurfen die schönste Wassersportart ist, jetzt – in der Praxis – gab er seinem Lehrer Recht.

Surfen ist wie ein Spiel, schnell, luftig, und elegant.

Feuchte Luftteilchen schlängelten sich durch seine Nasenhöhlen in den Rachen. Das Meersalz ätzte leicht. Auf der Zunge bildeten sich sogar winzige Kristalle, die prickelten wie Sekt. Raphael war glücklich.

Unerwartet kam Ivos nächster Griff. Raphaels inzwischen schlafender Pimmel erwachte sofort zu neuem Leben. Und da Ivo kräftiger zulangte, stand er in Sekunden wie eine eins.

Ein neues Manöver vom Trainer verlangsamte das Board, dann stoppte es ganz, worauf die Segel im Wind flatterten.

„Wir werden hier wenden. Da ich auf eine Halse mit dir verzichten muss – schließlich bist du absoluter Anfänger – springen wir jetzt ins Meer , lassen das Segel auf die Wasseroberfläche fallen und bringen das Rigg gleich wieder so in Position, dass wir zurücksegeln können. Mit anderen Worten: Wir drehen um."

Gesagt, getan!

Im Nu waren beide nebeneinander in der Nordsee. Das Wasser war hier draußen zwar etwas kühler, aber sehr gut erträglich. Nach dem Sprung trennten beide ein paar Meter. Ivo schwamm auf Raphael zu. Die winzigen Wellen bildeten kein Hindernis.

„Das Board geht nicht unter und durch die liegenden Segel bleibt es hier bei uns."

Dann zog er den Jungen an sich und küsste ihn mit einer Inbrunst, dass beide beinahe unterzugehen drohten. Ivos Zunge stieß nämlich so abrupt in Raphaels Rachen, dass der Junge zuerst nicht wusste, was geschah. Dann nahm er das Spiel an.

Kaum begonnen, zog sich Ivo zurück. Er musste zu ihrer Sicherheit etwas sagen:

„Deine Beine ab deinen Knien bewegen, dann bleibst du oben!"

Ivo hatte immer von diesem Augenblick geträumt. Er war ihm neu, und doch hatte er das Gefühl, dass er ihm vertraut war. Vielleicht aus irgendwelchen Pornos, er wusste keine Antwort. Dann fiel ihm ein, dass er des Öfteren gesehen hatte, wie Männer knutschten, lange Zeit die Lippen aufeinander pressten, zuletzt auf dem Parkplatz, aber das bedeutete ja nicht, zu wissen, wie sich das alles anfühlt. Er schob noch einmal seine Zunge in Raphaels Mund, begann am Gaumen seines Schülers zu kreisen und suchte mit dessen Spielkameraden Kontakt aufzunehmen, was bei der Enge in Millisekunden erfolgreich war. Die Zungen trafen sich und stießen gegeneinander, berührten sich mit ihren Spitzen, fuhren auseinander, suchten sich erneut. Ivo hatte das Gefühl einer irren Raserei. Der ganze Körper schien in Aufregung, die Augenbrauen zuckten und die Wimpern flatterten bei ihm.

Er nahm Raphael fest in den Arm. Beinahe hatte er vergessen, die Beine zu bewegen. Sein Griff an Raphaels Schwanz lösten Glücksgefühle bei sich aus. Das erste Mal einen fremden Ständer in der Hand zu haben, zwar noch in der Badehose, dennoch great! Wie muss das erst ohne Hose sein. Im Nu hatte er sie nach unten gestreift.

Mein Gott.

Der Junge stöhnte, als Ivos Finger seinen Steifen in der Hand hielten.

„Bewegen!“, murmelte der Trainer dem Jungen ins Ohr, als dieser unterzugehen schien.

Cool … weiter , dachte der Junge, mach weiter, ohne einen Ton zu verlieren. Raphael torkelte in den siebten Himmel.

„Beine bewegen, auch wenn's schwerfällt“, wiederholte Ivo, es war eher ein Winseln als ein Sprechen, so erregt war er inzwischen. Totale Lust überwältigte ihn. Nie gekannte Gefühle überfluteten seinen Körper. Schließlich war der Junge der erste fremde, männliche Körper, den er hautnah erlebte. Zärtlich glitten seine Fingen den Schaft hinunter.

Raphaels Schwanz war so wunderbar anzufassen, dass ihm schwindelig wurde. Ein gerades schönes dickes Rohr. Wie oft hatte er in Pornos Schwänze gesehen, die einer Kaffeekannen-Tülle ähnlich waren, andere glichen einem Türkensäbel, manche waren sogar oben an der Eichel geknickt. Er dachte Sekunden an seinen Freund, der irgendwo auf St. Pauli mit einem Kerl gefickt hatte.

Seine Hand hatte nun den Schwanz von Raphael voll im Griff. Er tastete noch einmal die Dicke und Länge ab, um seine ersten Eindrücke zu bestätigen, rutschte mit den Fingern wieder nach oben und rieb vorsichtig an der Eichel herum. Das machte ihn noch geiler als er schon war. Er war besessen, wenn man seinen Zustand kennzeichnen wollte.

Ich muss auch ins Wasser spritzen!

Er fischte sich Raphaels rechte Hand.

„Hier ist mein Lümmel!"

„Donnerwetter", krächzte dieser.

Ivos Schwanz stand wie das Rohr einer Kanone, schräg nach oben und weit ausgefahren. Raphael tastete an ihm herum. Griff, drückte, streichelte. Er war dicker als sein eigener. Die Besessenheit, die beide gepackt hatte, ließ kein Zurück mehr zu. Beide wichsten im Rhythmus. Es war in der Tat schwierig, das Gleichgewicht zu halten. Wie konnte das schon gehen, wenn die Bewegungen der Beine, das Spielen der Zungen, das gegenseitige Klammern gleichzeitig sein mussten? Raphael quietschte vor Vergnügen. Sein Atem ging bereits schneller. Ivo röhrte wie ein Hirsch in der Brunft. Dann schoss der Saft aus ihnen heraus. Raphael versenkte in diesem Augenblick seine Augen in Ivos. Er nahm sein Zittern nicht wahr, so heftig war das Zucken seines Schwanzes und so lange stieß er den Samen ins Meer. Ivo erging es nicht anders.

„Ich liebe dich!", hechelte Ivo.

„Meinst du, ich nicht?"

Sie kletterten aufs Board. Erst da merkten sie, dass sich Raphaels Badehose selbständig gemacht hatte. Was nun? „Das ist kein Problem", sagte der Trainer zu Raphael. „Du bleibst draußen ein bisschen von der Schule entfernt auf See und ich hole eine neue aus meinem Fach im Regal."

Ein Glück, dass sie das beide rechtzeitig feststellten, denn am Strand war viel los.

Als sie endlich Segel und Board am Strand abgelegt hatten, ließ Ivo den Jungen wissen, dass nun noch eine Stunde zur Verfügung stände, in der er mit ihm die vorhin erwähnten Übungen abarbeiten werde. Heute Nachmittag hätte er keine Zeit mehr, er müsste auch an den Sylt-Wettbewerb denken, und „du setzt bitte nicht die Surfer – Übungen fort. Du musst dich ausruhen, etwas anderes tun oder dich schlafen legen!"

„Damit ich heute Abend fit bin?" Raphael grinste so herausfordernd, dass auch Ivos Miene verräterisch griente. Dann sagte er:

„Wolltest du mich denn noch mal sehen?“

„Und ob, wo bloß?“

„In unseren Zimmern, da gibt es Möglichkeiten, zusammen zu sein, ohne dass irgendjemand das merkt, es sei denn, wir verhängen nicht das Schlüsselloch.“

„Welches bitte, deins oder meins?“

„Beide, du Penner!“

Ivo und Raphael waren sich einig, es war das größte Erlebnis, das sie bisher im Leben hatten. Alles, was davor war, erklärte der Jüngere , war Kinderkram.

„Ach, du hast schon vor mir Sex-Kontakte gehabt?“

„Ja, in der Schule! Nur war das pure Geilheit, wie Jungs sie in der Pubertät haben“, sagte Raphael.

„Du hast mich heute ganz schön durcheinandergewirbelt ... mein lieber Mann, deine Zunge ..., meinen Kopf, meinen Körper, meine Seele. Ein Unterschied, nicht wahr?“

Unfreiwillige Hilfe

Selma war voll sauer. Eine solche Unverfrorenheit auf einer Behörde hatte sie noch nie erlebt. Wie kann man einem Opfer so begegnen, wie der Polizist es in Wittdün getan hatte? War sein Frühstück wirklich so wichtig, dass er die beiden warten lassen musste, bis er die Mahlzeit beendet hatte? Müssten nicht gerade Menschen, die Schlimmes erleiden, unterstützt werden? Selma beschloss, an den Innenminister in Kiel zu schreiben, das wollte sie sich in keinem Fall gefallen lassen. Außerdem dachte sie sofort ans Posten, schließlich war sie lange genug bei Facebook, auch wenn sie es eigentlich nur für die Pension benutzte. Daher sprach sie Raphael an, als er vom Surfen nach Hause kam. Zuerst irritierte sie sein Glanz in den Augen, dann sagte sie sich, dass es dem Jungen so viel Spaß gemacht haben musste, dass sein Glück nachhaltig wirkte.

„Wie war's heute auf dem Wasser, viel dazu gelernt?“

„Mega!“

„Auf dem Brett, auf dem Wasser oder im Wasser?“, fragte sie lachend. Mega war ihr nun doch zu wenig.

„Nein, auf dem Wasser und im Wasser!“

„Ach, hat dich das Board oft abgeworfen?“

Ihre Ironie wurmte Raphael. Er nahm sich aber zusammen und blieb höflich. Er überlegte, wie er es ihr heimzahlen konnte. Solche Fragen … im Wasser. Sie konnte doch nicht ahnen …

„Im Wasser! Ich war lange Zeit drin!“

„Das ist doch viel zu kalt!“

„Wieso? In der Surfschule stand am schwarzen Brett: 21 Grad!“

„Mein Willi brauchte immer ein paar Grad mehr, und daher fuhren wir im Winter an den indischen Ozean. Er sagte jedes Mal, sonst zöge sich alles bei ihm zusammen!“

„Komisch!“, kicherte Raphael. „Wenn man sich bewegt …“

Selma konnte sich darauf nur einen halben Reim machen. Was hatte der Bengel im Wasser zu suchen? War er etwa mit dem Trainer unterwegs? Zur zweiten Unterrichtseinheit? Nein, da stimmte was nicht oder der Junge log. Er war ja der Prototyp, der sich durch Angeben größer machte als er in Wirklichkeit war. Hatte sich Raphaels Board etwa selbständig gemacht? War es vielleicht untergegangen? Das kann es doch nicht geben! Das Brett schwimmt immer, das wusste Selma von Arne.

Egal!

Sie nahm sich vor, mit Knut zu reden, den sie sehr gut kannte. Bevor er die Surfschule übernahm, hatte er sie oft besucht.

Der Junge war gut drauf, also sollte sie ihn jetzt bitten …

„Sag mal, Raphael, ich möchte dich bitten, mir zu helfen.“

„Womit?“

„Du weißt, dass Myriam vergewaltigt worden ist. Wir waren heute bei der Polizei. Die war so unverschämt, dass ich das ins Facebook schreiben werde. Dir ist bekannt, dass ich in diesem sozialen Netzwerk bin. Nicht aber in Twitter, und da kannst du vielleicht ein Tweet einstellen, nicht wahr!“

„Geil, was wollen Sie denn schreiben? Schon überlegt?“

„Junge, vergewaltigte Frau in Wittdün von Polizei diffamiert!“

„Haben Sie gerade ein Stück Papier zur Hand? Und einen Stift?“

Selma gab ihm beides, und Raphael schrieb:

#Verletzung, #Vergewaltigung Frau in Wittdün von #Polizei# Diffamierung! #Inselbote vom 24.6.

„Was sind denn das für merkwürdige Zeichen?“, fragte Selma kopfschüttelnd. Sie hatte diese noch nie gesehen.

„Hashtags! Man fordert den Leser mit ihnen auf, in einem Verzeichnis, es könnte ein Lexikon sein, nachzuprüfen, was sie zu besagen haben. Dadurch erspart man sich nähere Erklärungen, die man anderswo suchen kann.“

„Meine Güte, kluges Kerlchen! Absolut cool!“, ließ Selma staunend ab. Der Junge war in Ordnung, das befand sie jetzt.

„Wirst du das für mich tun?“

„Nichts leichter als das!“

„Und nun habe ich noch eine Bitte?“

„Wieder für Sie?“

„Nein, für Myriam!“, antwortete die Wirtin zaghaft. Sie ahnte bereits, er würde die Anfrage ablehnen. Ihm fehlte noch die Sehnsucht nach einer Frau, wie Willi sie gehabt hatte. Er war zu jung.

Sollte man ihn nicht bei der Ehre packen?

Wird er sich wenigstens anhören, was sie wollte?

Nein, wahrscheinlich nicht.

Tatsächlich, Raphael mochte noch keine Frauen und schon gar nicht solche, die so herumschleichen, wie es Myriam tat, so unterwürfig und wenig selbstbewusst. Außerdem stand sein Trainer im Vordergrund, nicht Knut, sondern Ivo, nach diesem Erlebnis.

„Ich kann nicht für jeden x-beliebigen Gast was tun!“, gab er schroff von sich und wandte sich von Selma ab.

„He, ich hatte dir verziehen, als du am ersten Tag großkotzig hier angekommen bist. Hast du das vergessen? Ich hätte dich gleich rausschmeißen können!“

„Hätten Sie!“, blökte er sie frech an. „Aber Sie haben es nicht getan!“, entgegnete Raphael verärgert.

„Muss man denn immer für alles bezahlen? Diese Scheiß-Denke!“

„Als ich den Aufdruck auf deinem Sweatshirt sah, hatte ich gedacht, Donnerwetter, was für ein mutiger junger Mann!“

Raphael stutzte. Was wollte sie damit sagen? Dass er Mut hatte, sich gegen rechts aufzulehnen? Das stimmte. Er hasste die Rechten und die Linken, kleinkariertes Gesocks! Selma hatte Recht, denn er wurde deshalb oft genug angegriffen.

„Meinetwegen. Was wollen Sie?“

„Nichts weiter, als dass du mit Myriam nach Wittdün fährst und mit ihr das Wellenbad besuchst. Du gehst keinerlei Risiko ein, bitte halte dich nur in ihrer Nähe auf. Dann hätte sie das Gefühl, beschützt zu werden. Allein geht sie da nicht hin, gleichzeitig wird sie die Strandorgie für ein paar Stunden vergessen. Sie leidet bestimmt unter einem Trauma. Stell dir vor, du wärest überfallen worden. Das könntest du auch nicht einfach verdrängen.“

„Wann?“

„Gleich, ich sage ihr Bescheid. Sie ist in ihrem Zimmer.“

Wenig später standen beide Frauen vor Raphael. Myriam hatte ihren Beutel in der Hand, darin waren sicher die obligate Wasserflasche, Badezeug und Badeschuhe. Er bat um ein paar Minuten, weil er sich gleich die Badehose unterziehen wollte, dann brauchte er nicht mal einen Schrank.

Wenig später kam Raphael zurück.

„Hier ist das Geld für den Bus und für den Eintritt für euch beide. Wer nimmt es?“, fragte Selma und blickte von vornherein Raphael an. Der reagierte aber nicht.

Als Myriam auf Raphael zeigte und sagte:

„Nimm du es!“, wechselte das Geld den Besitzer. Selma strahlte. Vielleicht werden das die ersten Kontakte. Wie gut, dass sie dem Jungen überlegen war. Ein kluger Schachzug.

„Wenn ihr zurückkommt, steht Kaffee auf dem Tisch und ein hinreißendes Stück Eistorte!“

„Das ist ein Wort!“

Bei Raphael lief schon jetzt das Wasser im Mund zusammen. Er sagte sich, dass er diese Aufgabe schon hinter sich bringen werde, das werden gerade mal drei Stunden sein. Danach wird Ivo vom Strand kommen, mal sehen, was sein Trainer mit ihm im Schilde führt.

Badefreuden

Myriam und Raphael hatten Glück. Der Bus stand schon an der Endhaltestelle in Norddorf gleich an der Hüttmann-Wiese bereit. Es warteten nur wenige Fahrgäste, und so bekamen sie sofort einen Platz. Raphael fand, dass man ganz hinten sitzen sollte, dann sähe man viel mehr; natürlich war das eine Ausrede. Myriam war einverstanden. Der Junge achtete nun darauf, dass die junge Frau einen halben Meter von ihm entfernt saß, er wünschte keine Körperberührungen.

Geredet wurde nicht.

Bald hatten sie rechts Westerheide mit seinen kleinen, anheimelnden mit Reet gedeckten Häuschen hinter sich gelassen, und gelangten nach Nebel, die Haltestelle lag direkt vor der Nebelinformation der Kurverwaltung. In einer knappen halben Stunde erreichten sie das Wellenbad in Wittdün. Ihnen wurde an der Kasse erklärt, wie die Organisation abläuft, fragte nach der Kurkarte, die beide noch nicht ausgefüllt und bezahlt hatten, übergab jedem einen Schrankschlüssel und wies sie in einen Vorraum, in dem man die Schuhe abzustellen hatte. Ein Regal sorgte für Ordnung.

„Was soll das denn?“, fragte Raphael empört. „Ich ziehe doch nicht meine Nikes aus und lasse sie hier stehen, dieses Modell zieht nämlich überall die Aufmerksamkeit auf sich, vielleicht klaut man es sogar.“ Dann kehrte er Myriam den Rücken und ging zurück in den Kassenraum. Myriam dagegen unterwarf sich den Bedingungen wortlos.

„He Sie, Schuhe ausziehen? Bei mir Fehlanzeige!“, schrie er über den Tresen und über die Köpfe anderer Leute hinweg. Mit seinem Geschrei zog er die Blicke der anderen an der Kasse stehenden Badegäste auf sich. Was war das denn für ein Flegel ...?

„Junger Mann!“, antwortete die Kassiererin höflich, „Schuhe Ausziehen ist ein Muss. Sie können nicht mit schmutzigen Sohlen durch die Umkleide laufen. Das ist hier unerwünscht. Und wenn Sie das nicht wollen, geht’s nicht zum Baden.“

„Sie können mich mal... Mit der Zahlung habe ich mir den Zutritt erkauft, oder?“

„Gezahlt wird nach dem Aufenthalt!“ , ließ sie ihn von oben herab wissen.

Seine Stimme überschlug sich jetzt. Er war längst wütend geworden, weil er den Schwachsinn nicht akzeptieren wollte. „Dann besorgen Sie mir mal den Boss, es wäre ja noch schöner ...“, brüllte er und zog sich zurück in den Schuhraum, setzte sich breitbeinig auf eine Holzbank, die eigentlich alten Leuten das Lösen der Schuhbänder erleichtern sollte.

Niemand hätte mehr Platz gefunden. Gott sei Dank war in diesem Raum im Augenblick kein weiterer Badegast anwesend.

Der Chef des Bades, größer und breiter als Raphael, außerdem noch fett, ließ nicht lange auf sich warten, stürzte auf Raphael zu und stellte sich demonstrativ so dicht vor den Jungen, dass ein anderer im Boden versunken wäre, nicht aber Raphael. Durch Machtdemonstration ließ der Junge sich nicht beirren, im Gegenteil. Er blickte dem Direktor voll in die Augen.

„Sie werden tun", blies er Raphael ins Gesicht, „was unsere Bedingungen von Ihnen fordern. Sonst bleiben Sie draußen!"

„Mann, wie sprechen Sie mit einem Gast?", entgegnete Raphael laut und respektlos. „Sehen Sie sich doch meine Nikes an, ein einmaliges Modell. Die werden doch geklaut, da bin ich mir sicher!", pustete er sich auf, allerdings war sein Ton jetzt etwas gedämpfter als bei der Kassiererin, aber immer noch aggressiv.

„Sie können Ihre Latschen mitnehmen und in ihrem Schrank verstauen, nichts spricht dagegen. Aber vorher werden diese ausgezogen. Daran führt kein Weg vorbei!"

„Latschen sagten Sie? Haben Sie noch nie etwas vom diesem Label gehört?"

Der Boss überhörte diese Frechheit. Einen Augenblick herrschte zwischen beiden Stille.

„Wenn es so ist ..."maulte Raphael darauf, gab klein bei und murmelte noch ein paar Worte, die niemand verstand. Die Leute, die sich inzwischen angesammelt hatten, grienten ihm schadenfroh zu. Was für eine Dumpfbacke, als ob er im Gebäude allein wäre, dachte man, dann ignorierte man ihn.

Raphael zog die Nikes aus und nahm sie unterm Arm. Die Kabinen waren eng. Was ihn noch saurer werden ließ. Alte Bruchbude ...

Mit seinen Sachen bewaffnet, suchte er seinen Schrank unter vielleicht 150 Schränken, die in verschiedenen Gängen aufgestellt waren. Leider nicht in der Reihenfolge der Nummern.

Verdammt, wo ist die Nummer 68 ? Hätte er Selma bloß einen Korb gegeben, sinnierte er.

Er warf sein Zeug auf den Schrankboden, statt Hemd und Sweatshirt auf einen Bügel zu hängen, verschloss die Tür und fand sich im angrenzenden Waschraum wieder. Der war überfüllt, keine Dusche war frei.

Verflixt, läuft denn in diesem Scheißladen alles quer?

Er stellte sich mitten in den Raum, drehte sich um die eigene Achse, verweilte mit seinen Augen bei jeder Duschzelle, hustete und rülpste, eine Taktik, die wenigstens eine Brause freimachen sollte. Nichts dergleichen passierte. Waren die Kerle denn so schmutzig, dass sie immens lange duschen mussten? Je intensiver er die Leute anstarrte, desto eher verlängerten sie dort ihr Reinigungsgeschäft.

„Hast du noch keinen nackten Mann gesehen? Hau gefälligst ab, wir brauchen keine Glotzer."

„Mann, bei dir ist wohl eine Schraube los! Ich bleibe solange, bis du dich endlich verpisst, ist das klar?"

„Da kannst du lange warten, blöder Bengel! Von so einem wie dir lasse ich mich nicht provozieren!"

„Fuck you!"

„Du kannst jetzt hierherkommen", murmelte ein gleichaltriger Junge Raphael zu, „ich bin fertig. In vier Minuten beginnen die Wellen."

Raphael ließ sich das nicht zweimal sagen. Er drehte den Wasserhahn nach rechts und schon floss ein warmer starker Wasserstrahl über seinen Rücken.

Ab in die Schwimmhalle. Wo war Myriam? Ah, da! Raphael winkte ihr zu und zusammen schritten sie ins Becken, das vorn ganz flach war, wo zwanzig Kinder herumwuselten.

„Das kann ja gut werden!", raunte er leise Myriam zu, ergriff ihre Hand und zog sie in den tieferen Teil des Beckens.

Die Wellen begannen langsam und waren flach, so dass sie den Körper nur leicht in Bewegung setzten. Bald wurden sie höher und schneller. Ihre Kraft warf manches schwächere Geschöpf ins Wasser, das daraufhin Schwierigkeiten hatte, sich wieder aufzurichten, weil bereits die nächste Woge anrollte. Ihre Höhe betrug inzwischen circa zwei Meter.

Auf einer Empore stand ein Bademeister und beobachtete das Geschehen. Man durfte nicht zu nah an die Seitenflucht herankommen, aus der die Wellen in das Becken gepresst wurden, weil man sich verletzen könnte. Aus diesem Grund blieb Raphael nah bei Myriam. Wie die meisten lachte sie, wenn sie beinahe umfiel, verzerrte vor Anstrengung das Gesicht, wenn sie sich der Kraft entgegenstellte. Man konnte wirklich das

Gefühl haben, man befände sich im aufgewühlten Meer, wären nicht die vielen Menschen da, die einem kaum genug Raum für die eigene Körperkontrolle gaben.

Plötzlich wurde Myriam doch durch eine kräftige Woge umgeworfen. Sie riss Raphael mit sich, der direkt hinter ihr stand und versuchte, seine Füße am Boden zu halten, was nicht gelang. So lagen sie aufeinander, Myriam oben, Raphael unten. Das auslaufende Wasser zog sie am Boden entlang bis an den Rand des Beckens, andere Körper berührend, denen es ähnlich erging. Raphael fühlte die fremde Haut auf seiner. Im Nu meldete sich sein Schwanz. Wie war das möglich? Er war doch auf Ivo fixiert.

Beide zusammen wollten sich vorn in den Stand drücken, doch überall sprangen Gören herum, die schallend lachten oder grienten, weil die beiden es nicht schafften – schon wurden sie vom Rückstrom wieder ein paar Meter ins Becken gezogen.

„He, könnt ihr nicht beiseite gehen, wenn Erwachsene kommen?“, schimpfte sie Raphael unangemessen aus.

„Mann, sperren Sie doch Ihre Augen auf. Kinder können nichts dafür!“, dröhnte es nun in Raphaels Ohren. Eine kreischende Frauenstimme!

„Ewig diese Görenkacke! Sie haben sie wohl nicht alle ...“ und an Myriam gewandt blökte er: „Mütter sind doch Alphatiere!“

„Was sind sie?“

Raphael war bedient. Sie hatten das Ende des Beckens erreicht und standen wie zwei begossene Pudel da, geifernde Mütter um sie herum.

„Du bist ja ein ziemliches Arschloch!“, blies ihm eine weibliche Bohnenstange ins Gesicht und drückte ihr Kind an sich.

„Fuck yourself!“

Raphael nahm Myriam an die Hand, im Gleichschritt verließen sie den Platz am Beckenrand. Aus Ärger schnellte sein Mittelfinger hoch. Die Richtung war unübersehbar. Die Frau lief im Gesicht rot an.

Inzwischen hatte die Maschine ihre Arbeit eingestellt, sie würde nach dreißig Minuten wieder starten.

Was war das? Ein sprudelndes Geräusch, ein Blubbern.

„Jesses Maria, der Whirlpool ist angesprungen!“, hauchte Myriam ihrem Beschützer zu. Der stutzte bei diesem Ausruf, den er noch nie gehört hatte, selbst bei seiner Großmutter nicht, die ziemlich fromm war.

Der Whirlpool befand sich in einer runden Seitenausbuchtung des Wellenbeckens.

So ein Mist!

Man musste da hindurch, und das schafft man nicht mit großen Schritten, das Wasser bildet ein natürliches Hindernis.

„Komm schnell!“, murmelte Raphael Myriam ins Ohr, nahm sie erneut an die Hand und los ging‘s. Sie rissen gleich vorn im flachen Wasser zwei plantschende Kinder um, stießen eine Frau beiseite und schwammen zehn Meter bis zu einem Durchgang von zwei Metern Länge.

Myriam löste sich aus Raphaels Hand, gestikulierte mit den Armen, sie wollte damit Raphael ein Zeichen geben. Der aber blickte nur nach vorn.

Auch von anderer Seite versuchten Leute in großer Eile zum Sprudelspaß zu kommen. Schon stauten sich die Leute am Verbindungsweg. Raphael aber war im Vorteil. Mit seiner Geschmeidigkeit und Schlankheit schlängelte er sich an allen vorbei, ignorierte das Meckern der Leute und befand sich plötzlich im Whirlpool, der in seiner Mitte eine kräftige Wassersäule an die Oberfläche zauberte.

Ein Schritt zur Seite, ein Schritt rückwärts und schon saß der junge Mann auf der Massagebank, unter ihm Wasserdüsen, die ihre Strahlen gegen seinen Po plätschern ließen. Das war vielleicht komisch! Übrigens auch wirkungsvoll. Raphael hatte sich so raffiniert hingesetzt, dass für Myriams zarten Po noch genügend Platz war, während dickere Leute mehr Fläche hätten einnehmen müssen.

„Rutschen Sie bitte etwas!“, röhrte ein Mann vor ihm.

Raphael war auf dem Ohr taub, tat so, als ob er den Satz nicht verstanden hätte, rührte sich nicht. Da sah er Myriam und winkte ihr zu. Sie verstand!

Vor dem Schüler rechts der ältere beleibte Badegast, links von ihm Myriam. Raphael rutschte unerwartet nach rechts, Myriam ließ sich auf den schmalen Platz links von Raphael fallen, wollte sich festhalten und griff aus Versehen in Raphaels Schritt. Was sie in der Hand hatte, ließ sie versonnen lächeln.

„Aua.“

„Sie unverschämter Bengel. Ich war vor dieser impertinenten ...“

„Sie meinen meine Freundin?“

„Frau da, mir gehört der Platz!", plusterte sich der Mann auf, er zitterte vor Wut.

„Verdammt, regen Sie sich bloß nicht auf. Sie würden mit Ihrem zarten Po gar nicht auf dieses schmale Stück Bank passen, können Sie das denn nicht selbst einschätzen?", stieß Raphael mehr als ironisch hervor.

Was nun passierte, war grotesk.

Der zeternde Kerl versuchte sich zwischen Myriam und der nächsten Person zu zwängen, was nicht funktionierte. Er verletzte Myriam ebenso wie deren Nachbarin, als er seine Arme benutzte, um sich Luft zu verschaffen, eine voluminöse ältere Frau, wohl eine Großmutter, die mit ihrem Enkel da war. Der Kleine, der neben seiner Oma saß, schrie auf. Inzwischen hatten sich auch andere zu Wort gemeldet.

„Widerlich!", entfuhr es einem alten Herrn.

„Sie sind ja ein ekelhafter Stinkstiefel!", gab eine junge Frau von sich. Offensichtlich standen sie auf Raphaels Seite. Vielleicht der Jugend wegen?

Raphael und Myriam waren vollkommen in den Hintergrund der Menschen gerückt. Die Großmutter mit ihrem Enkel stand nun auf:

„Kleben Sie sich doch den Sitz an Ihren Arsch!", sagte sie ordinär, machte aber den Eindruck einer Dame. Wahrscheinlich war ihr der Kragen über so viel Unverschämtheit geplatzt. Dann balancierte sie mit dem Lütten durch den Whirlpool und verschwand mit ihm im nächsten Becken. Der Mann erntete nur bissige Blicke.

Wenig später versiegten die Wasser-Fontänen.

Eigentlich war die ganze Aufregung der wenigen Vergnügungsminuten wegen umsonst. Unwirsch und umständlich erhob sich der Kerl neben Raphael, starrte ihn noch einmal an und sagte:

„Nun bin ich auch noch der Sündenbock, verursacht haben Sie den Ärger!", grollte er.

„Schwachsinnig, wenn Sie das glauben. Die Badegäste sehen das wohl anders!"

28. Juni
Dünenspaß

Noch immer herrschte ein Bombenwetter, das Hoch Pauline erfreute fast alle Gäste am Meer. Die Restaurants waren gut besucht, die Diskothek in Wittdün ‚Die blaue Maus' spielte draußen ihre Rockmusik, die Biergärten barsten vor Menschen. Abends war es zudem warm, vielleicht 24 Grad, und viele Pärchen nutzten die Temperaturen, um noch lange am Strand zu spazieren.

Um zwanzig Uhr befanden sich Raphael und Ivo auf dem Weg über die Norddorfer Aussichtsdüne in Richtung Nordsee. Die Bohlen unter ihren Füßen, meist einen halben Meter über dem Sand installiert, erlaubten ein flottes Gehen. Die Bänke auf den Wegen waren besetzt, alte Ehepaare tauschten Erinnerungen aus, die Jugend kitzelte sich, strich sich gegenseitig durch Haare oder über die Schenkel, sie kümmerte sich nicht um ihre Nachbarn. Junge Leute kicherten hemmungslos.

Die beiden jungen Männer ließen sich nicht ablenken, genossen die herrliche Ruhe, die schönen Aussichten auf die mit Strandhafer bewachsenen Sandhügel mit ihren anschließenden Tälern. Die Pflanzenwelt war nicht allzu abwechslungsreich, aber dicht, so dass sich Kaninchen, Hasen und Fasanen gut tarnen konnten. Ein paar Gänse überquerten das Gebiet, Möwen kreischten noch, bald aber werden sie die Nacht einläuten und sich irgendwo am Boden einrichten.

Die beiden waren inzwischen am Fuße der Aussichtsplattform am Kniepsand angelangt. Nach links sahen sie das Quermatenfeuer scheinbar mitten in den Dünen, aber es lag am Rande von ihnen, erhöht, so dass der Schein der Strahlen ungestört über den Strand und das Meer fliegen kann.

Die jungen Männer verspürten keine Lust mehr, bis ans Wasser zu gehen, der Strand war hier wohl sechshundert Meter breit. Ivo machte den Vorschlag, sich oben in eine Kuhle zu legen, möglichst auf einer Dünenkuppe, und so den Sonnenuntergang zu beobachten, Raphael war gleich einverstanden. Ihn hatte der Tag mit Knut, die ständigen Anweisungen und Korrekturen mürbe gemacht. Es war das erste Mal, dass ihm der Unterricht zu lang wurde.

Sie umgingen das Aussichtsterrain, das nur über viele Treppenstufen zu erreichen war, durchschritten verbotenerweise ein Tal. Als sie den nächsten Hügel erklommen hatten, war ihnen, als ob das Quermatenfeuer tatsächlich näher gerückt war. Der Blick über den Strand offenbarte ihnen, dass sich im Umkreis von ihnen überhaupt keine Leute aufhielten, die waren lieber mit den Beinen im Wasser. Das hieß, man jagte Möwen und Krähen und manchmal auch die wie ein Uhrwerk laufenden Strandläufer im flachen Wasser, die nach Würmern pickten. Hunde sprangen herum, die Pärchen waren meist eingehakt, einige Menschen suchten nach Muscheln. Ein tolles Leben an einem endenden Sonnentag.

Die beiden hatten eine Kuhle unterhalb einer Dünenkuppe entdeckt, die nach vorn zum Strand den Blick freiließ, nach hinten zum Dünenareal abfiel. Raphael sah einen blauen Stab, der in ihrer Höhe tief im Sand steckte. Er rüttelte dran und stellte fest, dass er nicht zu bewegen war.

„Nicht rausziehen, so finden wir den Platz wieder, bestimmt kommen wir hier bald wieder her. Wo findet man solche Einsamkeit?" Raphael staunte über seinen Freund. Was hatte dieser heute denn vor? Hier im Sand wichsen?

Ivo zog einen kleinen Beutel aus seiner Jackentasche, und dieser stellte sich als fantastisch praktisch heraus. Ivo öffnete ihn, bat Raphael das eine Ende anzufassen, er selbst nahm das andere, dann rief er:

„Ziehen!"

Eine große, viereckige Plane kam zum Vorschein. Ivo strich sie auf dem Boden glatt.

„Den Beutel habe ich immer bei mir. Er ist so praktisch, wenn man sich mal ausruhen will oder sogar auch für einen Augenblick schlafen legen möchte. Und bei Regen stülpe ich mir die ausgezogene Plane über den Kopf, sieh mal, in der Mitte ist sogar ein Schlitz. Komm, wir probieren das aus."

Als sie nebeneinander lagen, richteten sie ihre Blicke zuerst in die Ferne. Es war ein unglaubliches Gefühl, das beide empfanden. Die langsam einsetzende Dämmerung, die Sonne, die bald untergehen wird, ihr Rot am Horizont.

„Mein lieber Schwan!", flüsterte Ivo dem Jungen ins Ohr, leckte gleichzeitig an seinen Ohrläppchen herum. Raphael gackerte vor Vergnügen. Alle solche Intimitäten am eigenen Körper waren ihm unbekannt. Erst jetzt wurde ihm klar, warum die Leute in den Pornos immer so ächzten und Laute von sich gaben, die man sonst besser lässt.

„Mann!", flüsterte Raphael, zog Ivos Kopf zu sich, suchte mit seinen Lippen Ivos und küsste ihn sanft. Der Student rekelte sich wohlig, ließ seine Zunge vor und zurückschnellen, schob sie einmal bis zu Raphaels

Stimmbändern, der plötzlich husten musste. Egal, es war alles wunderbar.

Ivo wurde zudringlicher. Seine Zunge schien in Raphaels Mund zu tanzen. Es schien, als würde sie tausend Nerven in Wallung bringen. Raphaels Gefühl verdichtete sich. Ihm war, als gelangte er in einen Rausch wie neulich. Er verdrängte den Sonnenuntergang, den Standort, die Sicht. Nur Ivo und er waren wichtig.

Welches Gefühl! Wäre es doch des Öfteren da.

Seine Sinne waren aufs Ficken fokussiert.

Nein! So etwas hatte Raphael in dieser Stärke noch nicht erlebt. Jemand so eng in der Natur bei sich zu haben, total cool. Sein Schwanz hatte sich längst zur Größe entwickelt und pochte unverschämt gegen den Stoff der Hose.

„Ausziehen, Kleiner!", säuselte Ivo Raphael zu.

„Mal sehen, wer schneller ist", hauchte der Junge zurück.

Da standen sie, beide nackt. Raphael hatte keine Unterhose angehabt, und auch Ivo steckte mit seiner puren Haut in dreiviertellangen Jeans. Sie blickten an sich hinunter. Ivo staunte wieder, dass Raphael fast keine Schamhaare hatte, was er ja schon festgestellt hatte, aber wieder kam ihm zu Bewusstsein, wie geil das war.

„Gestern Nacht noch einmal rasiert!", ließ Ivo durchblicken und zeigte auf seinen Unterleib.

„Wie? Einfach mit einem Rasierer?"

„Klar!"

„Warum?"

„Man soll keine Haare in die Schnauze bekommen, wenn man mich bläst."

„Ach!"

„Bei dir kann das noch nicht passieren!"

„Dann ist es ja cool, dass ich da unten ziemlich glatt bin!"

„Stimmt. Bei dir laufe ich nicht Gefahr, mich durch ein verschlucktes Haar übergeben zu müssen ... mit Atemnot", grunzte Ivo erregt. Sein Schwanz hatte sich längst voll Blut gepumpt.

„Du hast ja ein dickes Ding!", röhrte Raphael begeistert. „Und das soll ich in meinem Mund schieben?"

„Natürlich !"

Ivo drückte seinen Ständer nach unten, raunzte Raphael an: „Sieh mal!“ und ließ ihn wieder hoch wippen. Beide lachten, Raphael eher aus Verlegenheit, so ein Riesending! Im Wasser hatte er es unterschätzt. Dann kniete sich Ivo vor ihm hin, Raphaels Rute stand vor dessen Gesicht. Der Student nahm beide Hände, legte sie um Raphaels Nille und rollte sie, als würde er einen Quirl in der Küche benutzen.

Raphael juchzte. Das Gefühl war ihm unbekannt. Es kribbelte, brannte leicht wie ein Likör, der langsam die Speiseröhre hinunter lief und zog weitere Blutmengen in die schon gefüllten Schwanzvenen. Ihm war, als würde sein Rohr gleich platzen, so spannte sich die Haut seines Schaftes. Es war geil!

Ivos Lippen schlossen sich. Er fühlte die Eichel des Jungen an seinem oberen Gaumen. Mit der Zunge schob er die Vorhaut unter den Ring und fuhr mit ihr über das empfindlichste Gewebe des Körpers.

Was für ein Gefühl!

Raphaels Körperhärchen an Armen und Beinen hatten sich wie Zinnsoldaten aufgestellt. Seine Haut war gespannt wie ein Flitzbogen, es kribbelte am ganzen Körper, als säße er in einem Ameisenhaufen, seine Wimpern zuckten.

„Hat mir noch keiner gezeigt!“, flötete er nach unten, seine Stimme vibrierte. „Great!“

„Und was ist mit den Eiern?“, stotterte er. Ivo gab den Schwanz von Raphael für Sekunden frei, antworte:

„Da knubbelt man drauf herum! Abwechselnd!“, und stülpte seine Lippen wieder über diesen jungen Prügel.

Raphael stöhnte. Er musste sich fest auf den Boden drücken, schob seinen Unterleib weiter nach vorn, ergriff instinktiv Ivos Kopf und schob ihn vor und zurück. Jetzt schneller, gleich war es so weit. Er fühlte, wie sein Sperma die Wurzel seines Schwanzes erreicht hatte und wie es mit Kraft nach oben drängte.

„Jetzt!“

Ivos Rachen füllte sich. Dreimal gab der Schwanz sein schleimiges Zeug ab. Ivo schluckte ein-, zweimal.

Raphaels Penis beruhigte sich, entließ das Blut wieder in den normalen Kreislauf. Als er nur noch halb steif war, schwappte er aus Ivos Mund. Der ging in den Stand, küsste seinen Freund zärtlich, fuhr mit seinen Lippen über die von Raphael, fragte dann zaghaft, ob es ihm gefallen hätte. Raphael hechelte noch, sein Herz hatte sich kaum beruhigt, sein Atmen ging ruckweise.

Als er endlich zur Ruhe kam, murmelte Raphael:

„Voll ätzend! Es war das Größte, Mann!“

Dann stöhnte er. Ivo war, als ob alle Luft aus der Lunge seines Geliebten entwich.

Raphael löste sich und setzte sich auf die Plane. Nur einen Augenblick ausruhen, sagte er zu sich.

Ivo hatte das längst verstanden.

Der Junge brauchte eine Verschnaufpause. Er setzte sich neben ihn, nahm dessen linke Hand und legte sie auf sein Gemächt. Das war ein bisschen in sich zusammengefallen, aber immer noch verdammt groß.

Raphael griff zu. Schlenkerte Ivos Schwanz hin und her, drückte ein bisschen, und schon wuchs dieser in Sekundenschnelle. Ivo war genauso potent wie der Sechszehnjährige.

Ivo erhob sich. Sein Schwanz war voll prall. Raphael blinzelte von unten hoch. Wie sollte er das Monstrum in seiner Mundhöhle versenken? Er kniete sich hin. Vor seinem Rachen nun Ivos Stange. Gewaltig und gerade.

Raphael näherte sich der fetten Eichel. Langsam, dachte er, mein Mund muss noch geschmeidiger werden. Mit den Lippen fuhr er über den gleichmäßig abgerundeten Nillenkopf, glitt dann die Ränder entlang, die ihm geschwollen vorkamen. Als seine Lippen etwas nachgaben, drückte Ivo ihn in den Rachen, ganz langsam. Ivo wusste, welchen Raum sein Glied einnimmt, und daran musste man sich gewöhnen.

Raphael tat es.

Daher wartete der Student ab.

Raphaels Sinne waren auf diesen Moment konzentriert. Als er sich ein bisschen an den Fremdkörper gewöhnt hatte, fing seine Zunge an, ihn zu genießen, streifte ihn flüchtig, dann stärker, abwechselnd. Ivo begann mit großer Konzentration, seine Stöße rhythmisch in Raphaels Höhle zu jagen, vor und zurück, rein und raus. Raphael wurde fast ohnmächtig.

Das aber durfte er seinem Freund nicht antun, schoss es ihm durch den Kopf, Ivo hatte durchgehalten, auch wenn sein Schwanz nicht ganz so dick ist.

Ivo ächzte.

Er stieß Laute aus, die Raphael neu vorkamen. Sie waren mächtiger als die im Wasser. Schöner, langgezogener. Wird sich sein Gaumen bei der Stärke verletzen? Ivo beschleunigte sein Tempo. Manchmal berührte Ivos Stange Raphaels Zähne, was nicht wehtat.

Ivos stand noch auf beiden Füßen, wackelte aber bedenklich. Daher verlegte er die Brust nach hinten, den Unterleib nach vor. So wurde er sicherer, außerdem verstärkten sich die Empfindungen. Ivo stöhnte lauter, plötzlich bäumte sich sein Schwanz in Raphaels Rachen auf, schlug ein-, zweimal an sein Zäpfchen.

Ogottogott!

Dann schmeckte er plötzlich den Samen, dieses süßliche, klebrige Zeug. Und er mochte es.

Raphael schluckte. Was für ein Schuss.

Viel später stahlen sich beide Jungen ins Haus. Sie kamen bewusst getrennt, damit Selma nicht gleich erfahren sollte, dass sie zusammen waren. Aber die Wirtin war nicht dumm. Ähnliches hatte sie auch schon einmal bei anderen Gästen erlebt, die getrennt angereist waren, sich in der Pension kennen- und lieben lernten. Das sollte niemand mitbekommen. Sie irrten sich, Selma hatte immer die richtigen Antennen ausgefahren.

Raphaels Schwerstarbeit

Als Raphael die Zimmertür zugeschlossen hatte, dachte er über sein Abenteuer mit Ivo in den Dünen nach. Er hatte längst erkannt, dass das ein cooler Typ war, mit dem man nicht nur rummachen, sondern auch Gespräche führen konnte, ein junger Mann, der Tiefgang hatte. Dazu sein Können auf dem Surfboard. Raphael ärgerte sich, dass er ihn anfänglich völlig falsch einschätzte. Wenn er mit irgendjemand zusammentraf, meckerten die ihn zuerst an, mal wegen der Kleidung, mal des Haarschopfes wegen, mal über seine Hoodietexte, mal überhaupt. Ivo hatte kein Wort über seine Aufmachung verloren.

Wer sich beim Entkleiden nicht schämt, muss entweder viele Erfahrungen haben oder einen saftigen Schwanz, vielleicht aber auch ein Kerl sein, der zurückhaltend ist, sinnierte Raphael weiter.

Wie auch immer, der Junge mochte Ivo inzwischen sehr.

Nein, es war weit mehr. Der junge Mann war noch nicht mit aufrichtiger Liebe konfrontiert worden, er hatte Sex, aber das war es dann. Selbst der Besitzer des Minigolfes, der durchaus sympathisch war, konzentrierte sich nur auf den Schwanz. Machte ja auch Spaß mit ihm, in keinem Fall sehnte sich Raphael nach ihm. Bei Ivo hatte der Junge eher das Gefühl, dass er ihn unbedingt wiedersehen und näher kennenlernen möchte. Wiedersehen wird sowieso kein Problem sein, sich ihm aber richtig zu nähern, gedanklich und mit Herz, das wird anders sein. Die erste Hürde hatte er bereits genommen. Hätte er schon sagen sollen, dass er ihn liebt? Nein, denn genau konnte er dieses Gefühl nicht definieren. Ihm war nur klar, dass es mit Sehnsucht zu tun hat. Und was den Rausch anging, den er in den Dünen empfand, ähnliches hatte er ja auch bei Ju gefühlt, da war er allerdings auf Sekunden begrenzt, hier waren es bereits Minuten. Mit Ivo war es mehr als Appetit, eine Art Drängen, Begehren.

Raphael zog sich aus, sprang unter die Dusche, zog sich ein neues T-Shirt an, außerdem Nacht-Shorts, schlupfte in Sandalen und warf einen Blick auf den Schrank, der vor der Verbindungstür zu Ivos Zimmer stand. Er rückte ihn zentimeterweise beiseite, um nicht durch zu viel Lärm Selma auf den Plan zu rufen. Tatsächlich, es klappte. Er blieb so leise, wie gleich zum Anfang, quetschte sich in den Zwischenraum zum Durchgang und griff an die Türklinke. Die Tür war verschlossen.

Raphael hatte sofort eine Idee. Er versuchte sein Glück mit dem Schlüssel seiner Korridortür – nachdem er das Schlüsselloch mit einem Hemd zugehängt hatte. Er stocherte mit dem Schlüssel herum. Plötzlich ließ er sich drehen. Ein Griff an die Klinke, hurra, sie sprang auf. Raphael beließ es dabei, hatte ebenso viel Arbeit beim Herausziehen des Schlüssels wie beim Reinstecken, aber auch ebenso viel Erfolg. Morgen, dachte er, wird das Ding geritzt. Der Schrank war schnell wieder in seine alte Lage gebracht, ohne dass es lautere Geräusche gegeben hat. Gott sei Dank! Morgen ... Ein Strahlen zog über sein Antlitz, die Aussichten waren auch berauschend.

Dann sprang er ins Bett. Das Laken war erneuert, der Kissenbezug ebenfalls. Darüber wunderte sich der Junge, zuhause wird die Bettwäsche alle drei Wochen gewechselt.

Zwar machte der junge Mann sofort die Augen zu, schlafen konnte er nicht. Der Tag war zu aufregend.

Nicht nur der Abend, sondern auch schon der Morgen, als sein Surflehrer mit ihm über das Meer segelte, beide nebeneinander, damit er die Haltung des Trainers vor Augen hatte, wie Knut ihn das hinterher wissen ließ. Ihm kam mit einem Mal die Aussage des Schulpsychologen in den Sinn, der behauptete, wenn man etwas behalten möchte, müsse man es sich genau vorstellen, ja, beinahe vor Augen holen.

Was sich jetzt vor seine Pupillen schob, war der Riemen von Ivo. Raphael konnte sich das nicht erklären. Er hatte doch gar nicht an Ivos Schwanz gedacht. Nichts desto trotz: Er erkannte ihn an der Form der Eichel, nun sah er sogar die große Ader, die bis an den Ring verlief – wo sie wohl bleibt? - dann die Farben, oben zart rosa, durchzogen von kleinsten roten Äderchen, der Schaft selbst war etwas heller, wie er fand. Er sah den Prügel zucken, also spritzte er sein Sperma los. Raphael schmeckte förmlich das milchige Zeug, süßlich, ein komischer Geschmack, und eine eigenartige Konsistenz, wie Haferflocken-Wassersuppe, die er in der Kindheit oft essen musste.

Was für Bilder! Als Ivos Schwanz sich langsam wie unter einer Zeitlupe verzog, stand sein eigenes Rohr steil nach oben.

Nein, Raphael, jetzt pennen. Sonst gehst du morgen auf dem Zahnfleisch.

29. Juni
Raphaels Morgen

Zum Frühstück saßen die drei wieder zusammen. Myriam hatte rote Bäckchen und klimperte mit den Augendeckeln, wie Selma das nannte. Demnach musste sie sich mit Raphael im Wellenbad wohlgefühlt haben. Darüber hatte sie allerdings noch nicht mit der Wirtin gesprochen. Raphael nahm sehr wohl wahr, wie Myriam ihn irgendwie – fand er – anhimmelte, dagegen merkte Ivo gar nichts. Er stieß dauernd Raphael mit dem Knie an und dieser lächelte verklärt. Selma registrierte, dass ihre drei am extra Tisch sitzenden Gäste Kohldampf haben mussten, Ivo aß wieder zwei Eier, Myriam zwei normale Brötchen und Raphael ein Ei, zwei Baguette-Brötchen und Fleischsalat, während sich Myriam bald ein halbes Pfund Marmelade auf den Teller löffelte. Na, dachte Selma, das Zusammensein ihrer Schutzbefohlenen, und Raphael musste wirklich angestrengt gewesen sein. Aber auch Ivo schlug auf dem Buffet kräftig zu, was hatte das zu bedeuten, denn bisher aß er morgens nur bescheiden? Nun gut, überlegte die Wirtin, nach dem Beratungstermin beim Psychotherapeuten in Nebel, den sie für Myriam organisiert hatte, wird sie mit der jungen Frau reden. Natürlich werden sie aber noch die Untersuchung im Krankenhaus wahrnehmen. Man muss ja sicher sein ...

„Du bist zu spät!“, grummelte der Minigolfboss ärgerlich, als Raphael um neun Uhr eintrudelte. „Wir öffnen gerade.“

„Ich denke, ab zehn können die Leute spielen. Jedenfalls hast du mir das beim ersten Mal gesagt.“

„Habe ich das? Wenn ich eher hier bin und Leute stehen vor meinem Geschäft, dann bin ich eben flexibel. Wie auch immer, du bist zu spät, Raphael!“

„Na und? Passiert dir so etwas nicht auch mal?“

„Nein, tut es nicht, als Boss ist man pünktlich!“

„Verdammt, dann gehe ich wieder, tut mir leid. Kaum ist man hier, um seine Dienste anzubieten, und dann die Anmache! Das kotzt mich an!“, muckte Raphael böse auf!

„Raphael, ist bei dir was nicht in Ordnung? Was für eine Laus ist dir über die Leber gelaufen? Mich auch noch anzumachen, wo du derjenige bist, der sich mies verhalten hat, oder?“

„Mies verhalten? Wo ich mich nur mal ein paar Minuten verspätet habe?“

„Ein paar Minuten? Kann der Herr noch nicht einmal die Uhr richtig lesen? Wie alt ist er denn, drei Jahre?“

„Gestern das Training auf dem Meer hat Kraft gekostet, acht Stunden im und auf dem Wasser, ich habe einfach verpennt.“ Das letzte stimmte, das erste war eine glatte Lüge.

„Soll ich nun bleiben oder gehen?“

„Also bleib, ich bin ja großzügig. Mach dich an die Toiletten ran, die Spielbahnen werden dann heute Abend gewienert!“

„Heute Abend? Ich weiß nicht, ob ich kommen kann. Wenn guter

Wind ist, segelt der Trainer noch mit mir raus ...“

„So? Das kannst du mir nicht erzählen. Entweder du kommst auch heute Abend und holst nach, was du jetzt versäumt hast oder du brauchst überhaupt nicht mehr anzutanzen, ist das klar?“

„Nichts ist klar. Soll ich nun anfangen oder nicht?“, meuterte Raphael.

„Da kommen die ersten Spieler, los, die Toiletten warten!“

Raphael holte sich den leeren Eimer, füllte ihn mit Wasser auf, nahm einen sauberen Lappen, Handbürste und Schrubber aus einer Abseite und suchte das Reinigungszeug. Er hatte den Namen vergessen, wühlte unter den Flaschen herum, die unter der Spüle standen, und entschied sich instinktiv für Sakrotan. Nach einer guten halben Stunde glänzten die Örtchen, so dass sich Raphaels Arbeitgeber zu einem Lob hinreißen ließ.

„Möchtest du noch eine Cola zur Belohnung?“, fragte er scheinheilig, was Raphael nicht registrierte. Der Boss ging ins Häuschen, ahnungslos folgte Raphael.

„Aus dem Eisschrank oder nicht ganz so kalt?“, fragte er den Jungen. Als sich der bückte, um dem untersten Regal die Dose zu entnehmen, stand Ju hinter ihm, griff mit beiden Armen um dessen Taille und zog den Jungen an sich.

Raphael fühlte den Ständer und spürte, wie sich sein Pimmel regte. Der Ältere zog den Jungen am Kopf hoch, griff an dessen Riemen und sagte:

„He, immer voll geil?“

Raphael erfüllte diese Frage mit Stolz. Sein Schwanz war tatsächlich ein Phänomen. Die kleinste Berührung verhalf ihm zum Aufstand. Er riss die Lasche der Dose auf, während der Chef zur Tür sprang, nach draußen rief, wenn was wäre, möge man ans Fenster klopfen, er müsse telefonieren und schloss ab!

Dann wandte er sich an Raphael, der, durch die Arbeit durstig geworden, gierig an der Dosenöffnung nuckelte.

„Ficken tue ich dich am Tag nicht, denn das dauert länger. Man muss sich eincremen oder ein Wichsgel benutzen, damit das enge Arschloch nachgibt, aber heute Abend, ich erwarte dich um zwanzig Uhr, da schließe ich. Dann stört uns niemand!“

Im gleichen Augenblick holte er seinen Schwanz aus seinem Hosenstall und hielt ihn Raphael entgegen, und der stülpte seine Lippen sofort über dessen Eichel. Wenn die da draußen das Stöhnen gehört haben, dachte der Junge, mal sehen, wie man den Besitzer ansehen wird, wenn er rausmarschiert.

Raphael gab sich Mühe, seinen Geldgeber zufrieden zu stellen, denn dessen Laune wirkte sich auf den Stundenlohn aus. Wenn man um die dreißig ist, muss sich ein Bläser wohl noch mehr als normal einfallen lassen, sinnierte der Junge. Dabei sog und lutschte er an der Eichel herum wie ein Weltmeister, fuhr mit der Zunge den Schwanz bis zu den Eiern runter, machte den Mund auf, und raus flutschte das fremde Rohr.

Jetzt die Eier knabbern!

Jus waren ziemlich groß, größer als Raphaels, aber seine werden noch wachsen, dachte der Junge und versuchte trotz dieser ungewohnten Situation zu grinsen.

Flop, sie waren dem Rachen entschlüpft.

Er sperrte seinen Mund sperrangelweit auf, und schon hatte er wieder eins geschnappt. Das andere blieb traurig draußen hängen. Die Haut war haarlos glatt. Raphael klemmte es zwischen seine Zähne, bewegte seinen Kopf, zog daran – vor und zurück – Raphaels Opfer grunzte wie ein Schwein. Nicht gelernt und doch gekonnt, stellte Raphael fest. Er war mechanisch ganz bei der Sache, in Gedanken aber war er bei Ivo.

Der Boss genoss den Jungen, röchelte, stöhnte, fiepte.

Raphael fragte sich, ob er das nicht auch mit Ivos versuchen sollte. Aber dann gleich beide zusammen, ein Unterschied muss sein ...

Der Umgang mit seinen Männer-Knödeln bekam dem Boss gut. Sein Körper zitterte. Sein Schwanz war noch praller geworden, die Eichel wie ein aufgepumpter Fußball hart. Kaum war die Hälfte des Schaftes in Raphaels Rachen, begann sich Ju zu bewegen. Das war ein Zeichen für Raphael, seine Lippen aufeinander zu pressen und so dem Rein und Raus Widerstand entgegenzustellen.

Als Raphael merkte, dass Ju gleich den Höhepunkt erreicht hatte, öffnete er seine Lippen und der Riemen schoss aus seinem Mund.

Es war noch rechtzeitig, aber dennoch eine kleine Katastrophe. Der Kerl spritze los, Raphaels Gesicht triefte. Das Zeug lief ihm die Wangen runter. Ein zweiter Schuss folgte. Dessen Saft landete an Raphaels Hals und rann unter sein T-Shirt. Raphael holte die Enden seines bedruckten Hemdes aus der Hose und wischte sich damit Gesicht und Hals. Auch nicht die feine Art, dachte er, aber es lässt sich ja schnell auswaschen. Darauf verstaute er den feuchten Stoff wieder in seinem Hosenbund.

„Mann, war das heute ‘ne Aktion!“

„Du warst ein King, wie gut, dass du hiergeblieben bist. Hier, fünfzig Euro! Bis heute Abend!“

Ivos Morgen

Raphael und Ivo verließen zur gleichen Zeit ihr Zimmer, das Frühstück wartete. Ivo orientierte sich nach allen Seiten, niemand war sonst zu sehen. Er wartete einen Augenblick ab, weil er Selma kannte, die oft genug – schon im vorigen Jahr – zur unpassenden Zeit irgendwoher auftauchte. Er kniff Raphael kräftig in den Po, fasste in seinen Schritt und küsste ihn auf die Stirn. Raphael blieb stehen wie ein begossener Pudel, den man überrascht hatte. Wie Ivo registrierte, fand Raphael die liebevolle Attacke herrlich. Er griente verschwörerisch.

Ivos Glück war heute Morgen vollkommen. Schon um sechs Uhr war er mit der Erinnerung aufgewacht, gestern im Paradies gewesen zu sein, nur waren es Sandhügel und Strandhafer, Mulden und eben Raphael, dieser unbändige, eigenwillige Bengel. Er schaute nach draußen. Blauer Himmel. Und das verspricht einen idealen Surftag, denn auch die Kayersche Familienfahne flatterte im leichten Wind, der von der See herüberwehte.

Als er neben Raphael saß, Myriam gerade burschikos zum Buffet ging, schnellte Ivos Hand unter die Tischplatte und ratschte mit den Fingernägeln über Raphaels linken Schenkel. Es ist aber auch verführerisch, wenn man nur eine kurze Hose trägt. Das „Aua!“ mobilisierte fast alle Frühstücksgäste, und die in der nächsten Nähe Sitzenden fragten besorgt, ob was passiert wäre. Raphael konnte sich ein Grienen nicht verkneifen, was Selma, die gerade ein Gespräch mit Myriam beginnen wollte, bemerkte. Zwar konnte sie sich nicht erklären, warum die beiden so vertraut waren – das Mienenspiel verriet die jungen Männer ihrer Meinung nach – aber sie sagte sich gleichzeitig, das Surfer wie fanatische Tennisspieler oder Golfer sind und nur über Tricks, Manöver und Qualitäten der Materialien reden. So ganz Unrecht hatte sie damit nicht, nur in diesem Fall lag sie völlig falsch.

Ivos Erlebnis mit Raphael haben ihn Myriam gegenüber sanft gestimmt. Als Selma an den Tisch kam und fragte, wie es denn so ginge und sich über die Berge wunderte, die alle zu vertilgen gedachten, blickte Ivo zu Myriam, deren Miene nicht mehr verbiestert schien. Das bewog ihn, sie anzusprechen. Selma hörte das mit Freuden. Jetzt lachte sie ...

„Wie war's im Wellenbad!"

„Total spannend. Raphael ist ja einer ... der hatte vielleicht Dampf gemacht!", hauchte sie Ivo komplizenhaft zu.

Ivo wurde hellhörig. Was hatte der Junge wieder angestellt? Hatte er sich vor Myriam etwa ausgezogen? Ist er in seine miese Haltung zurückgefallen, die er beim ersten Auftritt zu Tage förderte?

„Er hat den Chef der Badeanstalt kommen lassen. Dem hat er's gegeben ..."

„Aber warum?", fragte Selma leicht irritiert.

„Na, er sollte doch seine Nikes draußen hinstellen, wie alle, aber seine sind so teuer, und er hatte ..."

„... Angst, die werden doch geklaut!", unterbrach Raphael Myriam.

„Und im Whirlpool sind wir angemacht worden! Ein widerlicher Kerl wollte meinen Platz haben!"

„Das müsst ihr mir morgen früh erzählen, ich muss jetzt los zum Surfen, Wasserstarts üben und meine Technik beim Anluven vervollständigen, gestern hatte ich mich schon mit dem Abfallen beschäftigt."

Myriam verstand nur Bahnhof, Raphael merkte sich die Begriffe, sein Surfbuch wird die Erklärung hergeben und Selma fühlte sich bestätigt, Surfer denken nur in Riggs, Finnen und Boards. Zum Kotzen!

Schon verschwand Ivo.

Raphael sah auf die Uhr. Er wird circa eine Stunde zu spät zum Minigolf-Platz kommen, was Ju wohl sagen wird? Ganz sicher: Er wird sauer sein. Soll er doch! Wenn er mich behalten will, wird er sich beruhigen, wenn er mich rausschmeißt, suche ich mir was Neues. Arbeit gibt's überall, und wenn es Tellerspülen heißt.

Ivos Surfer-Spaß

Ivo war ein Profi. Das sagte auch Knut, und der musste es wissen. Ihm gehörte ja nicht nur die Surfschule, sondern er war auch vor zwei Jahren nationaler Sieger beim klassischen Surfen auf Sylt geworden. Außerdem war er Sportlehrer und hatte in Köln studiert.

Für die Meisterschaften traute er Ivo eine Menge zu. Knut meinte, dass er die richtige Körperhaltung beherrsche, die dem Board Balance und Schnelligkeit verleihen würde. Er hätte das Board im Griff wie ein Rennwagenfahrer sein schnelles Geschoss, wie Rossberg seinen Formel 1 - Mercedes.

Einmal war er bereits parallel zu Ivo bei steifem Wind mit Windstärke sechs gesurft. Die Wellen hatten eine Höhe von vier Metern erreicht, das Wasser zeigte sich in seiner schönsten Erscheinung mit weißen Schaumkronen und leichter Gischt, die ihnen ins Gesicht wehte. Ivo hatte nach seiner Meinung jede Position beherrscht, alle notwendigen Manöver fehlerlos ausgeführt.

Gerade jetzt startete er. Sein Körper war nach vorn gerichtet, schulterbreit fassten die Hände an den Gabelbaum, der hintere Arm war gebeugt, der vordere gestreckt, um das Segel dicht zu holen. Das Rigg stand senkrecht.

Sein aufrechter Körper hatte alles im Griff.

Speedsurfen mahnte ihn sein Inneres und Gleiten erleben!

Gleich wird Ivo Fahrt aufnehmen.

Als Ivo aus der langsamen Verdrängerfahrt ins Gleiten kam, glaubte er in eine andere Welt vorzudringen, ihm war, als flöge er über die zwei Meter hohen Wellen, die den Windverhältnissen als mäßige Brise entsprachen. Das war seine Welt. Die kleinen Schaumkronen auf dem Meer ließen bei ihm das Gefühl aufkommen, er bade im Champagner, die Blicke verloren sich in der Weite der See. Niemand war zu sehen. Er flitzte mit seinem Board über die Oberfläche parallel zum Land, aber einen Kilometer von ihm entfernt. Niemand verlangte von ihm Rechenschaft, er war sein eigener Herr.

Das war es, was Ivo liebte. Keinem fremden Befehl zu folgen, nur seinem eigenen Verstand gehorchen. Wenn er ohne Trapez surfte, konnte man bei diesen Verhältnissen nachdenken. Und heute kam ihm immer wieder Raphael in den Sinn. Der Junge hatte ihn in seinen Bann geschlagen.

Bei gleichmäßigem Windaufkommen ließ sich gleichzeitig gut nachdenken, und das war jetzt so.

Als er schon etwas länger unterwegs war, dachte er, dass es Zeit wäre, das Trapez zu benutzen. Er hatte es schon an Land umgelegt, die Trapeztampen gleichweit vom Segeldruckpunkt entfernt am Gabelbaum mit einem Klettband befestigt und brauchte jetzt nur noch den Clip einzuhaken. Was er machte ...

Das Board guckte vorn am Bug aus dem Wasser, das Heck war untergetaucht. Ivo hatte den rechten Fuß in die vordere Schlaufe geschoben, nun folgte der linke in die hintere. Das dicht geholte Segel blähte sich noch mehr auf, mit seiner Unterkante lag es jetzt fast auf dem Board. Steht man in beiden Schlaufen, ist die Kontrolle über das Brett gut.

Wie elegant das Speedsurfen für einen Außenstehenden wirkt, lässt sich nur mit dem Begriff Ästhetik verbinden. Ivo wusste das. Mit einer Wende ging‘s zurück an den Ausgangspunkt, die anderen Surfer außerhalb des Meeres blickten ihm nach und klatschten in die Hände. Sie nahmen wahr, wie er eine Power-Halse manövrierte und riefen ihm begeistert zu.

Knut war stolz auf seinen Surfer. Er wusste, dass Ivo kein Profi war, der sich Geld mit der Sportart verdienen wollte, sondern der aus Fun surfte und diese Sportart zu seiner praktischen Sportprüfung im Rahmen seines Lehrerstudiums machen wollte. Wenn Ivo unter Freunden war, versuchte er anderen zu verdeutlichen, welche Gefühle einen Menschen begleiten, der allein auf dem Meer über die Wellen reitet.

Ivo hatte erneut Raphael im Kopf. Der Junge ging kaum noch aus seinem Kopf. Damit er sich weiter über ihn Gedanken machen konnte, hakte er sein Trapez wieder aus. Die Geschwindigkeit des Boards verringerte sich sofort.

Der Junge faszinierte ihn maßlos. Noch nie war ihm ein Mensch begegnet, der so entgegengesetzte Verhalten zeigte, so unterschiedliche Stimmungen und dabei offensichtlich festgelegte politische Auffassungen hatte. Er selbst war in seiner Pubertät nicht so, vielleicht, weil seine Eltern ihm nicht die Freiheit einräumten, die ein junger Mensch braucht, auch hatte er selten Gespräche mit ihnen geführt.

Ivo hatte seiner Familie nie vorgeworfen, dass vieles in seiner Erziehung fehlgelaufen war.

Ivo steuerte sein Board zurück an den Strand. Der Wind war in eine leichte Brise zurückgefallen, Wellen von einem halben Meter brachen sich nicht mehr. Knut half ihm, Rigg und Board an den Strand zu ziehen und bat ihn zu einer Stärkung an den Tisch vor seinem Büro. Ohne dass Knut feststellte, dass Ivo mit seinen Gedanken woanders war, sprach er über seine Schule, die sehr gut angenommen worden war, über das Wetter, das sich bald ändern wird und über persönliche Belange.

Ivo tat so, als ob er zuhörte.

Selmas Einsatz

Selma Kayer saß in ihrem Büro am Schreibtisch. Vor ihr eine Tasse Friesentee. Insider wissen, dass dieser nur mit Rum schmeckt, auch am Vormittag, und Selma hielt sich jeden Tag an diesen Amrumer Brauch. Genüsslich schlürfte sie ihre erste Tasse, sie machte sie sanfter, manchmal auch fröhlicher. Ivo und Raphael hatten das Haus längst verlassen, Myriam war in ihr Zimmer gelaufen, um sich für den Tag zurecht zu machen. Selma fühlte sich vom Polizisten immer noch bloßgestellt. Wenn es ihr in einer halben Stunde nicht besser geht, muss eine zweite, wenn nicht sogar eine dritte Tasse Tee für einen Umschwung sorgen! Dieser Gedanke ließ Selma richtig grinsen.

Sie sah gut und jünger aus als sie war. Ein dunkelgrünes Kostüm gab ihr einen eleganten Anstrich, ihre Haare hatte sie schon morgens streng nach hinten gekämmt und mit einem mächtigen Dutt abgeschlossen. An der linken Schläfenseite hatte sie einen auffälligen Kamm gesteckt. In ihren Lederschuhen mit einem etwas erhöhten Absatz - Pumps konnte sie nicht mehr tragen – steckten ihre nackten Füße. Auf Strümpfe hatte sie verzichtet. Eine hübsche Muschelkette reichte beinahe bis zum Nabel. Sie war der Meinung, dass man einen guten Eindruck hinterlassen müsste, wenn man einen Arzt aufsuchte. Zwar waren sie und Myriam beim Psychotherapeuten angemeldet, aber Selma nannte ihn Arzt. Schließlich sollte er der jungen Frau helfen, um über die Vergewaltigung hinwegzukommen, und das ähnelte doch einer ärztlichen Hilfe und Beratung. Und wies nicht auch ein weißer Kittel auf die richtige Bezeichnung?

Myriam und sie fuhren nach dem Frühstück mit dem Bus nach Nebel, waren am Gemeindehaus ausgestiegen und hatten den Weg in Richtung Friedhof eingeschlagen, denn dort am Uasterstigh war die Praxis des Psychologen Jan Borgfelde.

Die Begegnung mit ihm enttäuschte Selma. Erstens hatte der Psychotherapeut keinen weißen Kittel an, zweitens war er ziemlich wortkarg.

Mehr noch.

Der etwa Vierzigjährige gab ihnen nicht einmal die Hand, wies bei der Begrüßung darauf hin, dass das Gespräch nur allein mit Myriam geführt werde.

„Sie sind nicht verwandt miteinander, daher können Sie Ihrer Freundin hier nicht beistehen, nehmen Sie doch im Wartezimmer Platz, die Sitzung dauert immer circa eine Stunde!"

„Aber hör'n Sie mal, ich war die erste Person, die Myriam nach dem Verbrechen ansprach und diejenige, die sie gleich tröstete", flötete Selma dem Therapeuten ins Gesicht.

„Beides war großartig, legitimiert aber nicht Ihre Anwesenheit im Sprechzimmer."

„Fürsorge ist nicht gefragt, nicht wahr?"

„Auch Psychotherapeuten unterliegen der Schweigepflicht, was besagt, dass Sie draußen bleiben müssen!"

„Nun macht man schon so viel, rennt mit der jungen Frau zur Polizei, schreibt sogar dem Minister und dann dies! Ich protestiere aufs heftigste und werde mich beschweren!"

„Tun Sie das, aber lassen Sie mich jetzt meine Arbeit machen!"

Jan Borgfelde schob Myriam in die offene Tür des Sprechzimmers, drückte sie mit einem Fuß zu und bat Myriam Platz zu nehmen.

Selma war empört.

Schon bei der Polizei dieser Reinfall, und jetzt das hier. Wütend stapfte sie nach draußen. Da bringt man jemand zum Arzt, zieht sich ordentlich an, wofür eigentlich?, dachte sie.

Ausladende Schritte sollten sie so schnell wie möglich wieder zur Haltestelle bringen, sie wollte den nächsten Bus nach Norddorf bekommen, der fährt nämlich nur alle dreißig Minuten, und warten wollte Selma Kayer nicht.

Auf dem Weg bricht ihr der rechte Absatz weg. Ach du lieber Gott!

Ausgerechnet ihre schwache Hüftseite. Hätte das nicht die andere sein können? Jetzt humpelte sie unter großen Schmerzen, was andere Menschen zu dem Schluss veranlasste, man hätte es mit einer Schwerbehinderten zu tun. Ausgerechnet sie als bekannte Wirtin der Pension Haus Agathe. Man bot ihr gleich im Bus einen Sitzplatz an, der wenige Minuten nach ihrem Eintreffen an der Haltestelle ankam.

Kaum Zuhause stellte sie fest, dass alle Gäste aushäusig waren. Selbst ihre Putzfrauen hatten das Haus verlassen. Das passte gut, denn gestern Abend hatte sie eigenartige Geräusche aus Raphaels Zimmer gehört. Zweimal innerhalb von circa einer halben Stunde. Was hatte der junge Mann angestellt? War er wieder nachts durchs Fenster ausgestiegen? Nein, nein, überlegte sie, das hörte sich anders als das Öffnen eines Fensters an. Sie holte sich den Generalschlüssel und eilte zu Raphaels Zimmer.

Der erste Blick sagte ihr, dass gar nichts verändert worden ist, also hatte sie sich geirrt. Aber war ihr Gehör nicht fabelhaft?

Sie durchschnitt den Raum, blickte in seine Ecken, zog die Kommode von der Wand, nichts ... Allerdings stellte sie fest, dass ihre Putze geschludert hatte, unter dem Kieferholzmöbelstück lag fingerdicker Staub. Na warte, morgen ... Sie holte sich eine Taschenlampe und legte sich vorm Schrank auf den Boden, vielleicht haben die Frauen auch hier gefuscht.

Dass man sich überhaupt nicht mehr auf das Personal verlassen kann, obwohl sie mit den beiden Polinnen sonst sehr zufrieden war. Sie brauchte nur 6 Euro pro Stunde zu bezahlen, dafür aber bot sie ein einfaches Mittagessen kostenlos an.

Da sah sie, dass um die Tür herum zu Ivos Zimmer und dicht an der Fußleiste der Wand Spuren zu erkennen waren. Dem musste sie auf den Grund gehen. Sie versuchte, den Schrank etwas abzurücken, doch das verfluchte Ding bewegte sich keinen Zentimeter. Was könnte sie tun, um sich zur Tür durchzuschlängeln? Sie holte sich zwei Handtücher aus der Küche, hob zuerst die hintere Seite eine Winzigkeit hoch, ächzte und schimpfte mit sich selbst. Bei solchen Arbeiten hat jeder alte Mensch Schwierigkeiten und Angst, dass die Wirbelsäule in Mitleidenschaft gezogen wird. Egal, Außergewöhnlichem musste man auf den Grund gehen. Es war nicht nur Neugierde, sie war besessen von Entdeckerchancen. Sie waren ja auch ein Grund ihrer nächtlichen Beobachtungstouren.

Das Tuch lag schon unter dem hinteren Schrankfuß und sie verfuhr mit dem vorderen ebenso. Ihr Rücken schmerzte bereits verdächtig.

Selma feuerte sich selbst an. Sie hatte ihre beiden Hände um die Schmalseite des Möbelstücks gelegt, wie eine Umarmung, dachte sie, sich auf Zehen gestellt, die Knie an die Schrankwand gelehnt und den Spind ruckweise noch vorn gezogen. Selma stöhnte dabei, als würde sie sich nach dem Unkrautzupfen aufrichten.

Sieh da, die Schrankfüße bewegten sich etwas. Dann bückte sie sich, griff an die Handtücher und zerrte daran. Das Glück stand ihr zur Seite. Ein schmaler Spalt, der sich hinter der Zimmertür zu einem Dreieck verengte, öffnete sich, genug, um hineinzuschlüpfen.

„Ich wusste es!", mumelte sie.

Auf dem Boden erkannte sie eindeutig Fußabdrücke. Da war jemand entlang geschlichen, denn rundherum war der Staub unberührt. Selma griff an die Tür zu Ivos Zimmer. Wie gut, dass die Putze so oberflächlich war. Ich werde ihr aber dennoch gehörig die Meinung blasen.

Verschlossen.

Sag ich doch, dachte sie, aber wo war der Schlüssel? Hatte sie ihn weggelegt, doch wohin? Oder war er sogar im Müll gelandet, weil sie davon ausgegangen war, ihn nicht mehr zu benötigen?

Gehässig und grinsend sieht sie den Jungen vor sich. Das schadet ihm gar nichts! Der Schrank war bald wieder in seine alte Position gebracht, die Zimmertür verschlossen. Beruhigt eilte sie ins Büro.

Dann schaltete sie den Computer an, wartete, bis Windows 7 erschien, wählte Word, suchte nach dem üblichen Briefformat, was sie sofort fand, setzte ihren Absender ein, holte sich aus dem Internet den Namen des Innenministers und schrieb:

Sehr verehrter Herr Minister Stefan Studt, *29.Juni*

als Minister fürs Innere sind Sie nach meinen Recherchen verantwortlich für die Polizei. Ich bitte Sie, mir zu helfen. Meine Freundin Myriam König aus Rostock ist am helllichten Tag am Strand - genau gesagt in den Dünen - vergewaltigt worden. Sie kam völlig verwirrt nach Hause. Ich brauchte Zeit, die junge Frau zu beruhigen. Man bekommt ja direkt Angst, dass hier so etwas passiert. Wahrscheinlich liegt das daran, dass wir nur noch einen Polizisten auf der Insel haben, und der ist schon sehr alt.

Es ist unglaublich, wie die Politik mit den Amrumern umgeht. In jedem Fall gehört doch im Sommer bei den vielen Urlaubsgästen mehr Polizei hierher, auch angesichts der Leute und der Ausländer, die tagsüber von Dagebüll rüberkommen und teilweise ihr Unwesen treiben. Sehen Sie sich doch nur mal die Gesichter an! Man hört ziemlich viel, und immer wieder schreibt die Zeitung, dass Taschendiebe am Werk sind.

Nun noch mal zur Polizei.

Ich war nämlich in Wittdün auf der Wache. Wie ich behandelt worden bin – ich war ja nur Begleitung meiner Freundin, um sie zu unterstützen - Sie müssen wissen, Myriam König, 27 Jahre, ist etwas unbeholfen – möchte ich Ihnen nicht beschreiben. Meine Empörung fand keine Worte. Ein Verbrechen erfordert doch sofortige Maßnahmen.

Ich bitte Sie freundlichst, den Fall schnellstens zu untersuchen. Ich habe auch die Bildzeitung informiert.

Mit freundlichen Grüßen
Selma Kayer, Norddorf/Amrum

War das richtig mit der BILD? Aber wie oft war zu lesen, das Bild in der Rubrik *Bild kämpft für Sie* eingesprungen ist! Vielleicht auch in diesem Fall.

Zufrieden über sich selbst, rekelte sich Selma in ihrem Bürostuhl. Ihrem Geschick war es zu verdanken, dass sich dieser selbständig machte und zwei Meter in die Mitte des Raumes rollte. In ihrer Freude, dass sie den Brief fertig bekommen hatte, will sie sich eine weitere Tasse Tee zur Stärkung eingießen, reichte allerdings mit ihren kurzen Ärmchen nicht an den Schreibtisch heran, beugte sich zu weit vor, und rutschte von der Sitzfläche.

„Aua! Verdammt!", jammerte sie, drehte sich auf dem Boden zum Stuhl hin, versuchte sich auf den Lehnen aufzustützen und hoch zu kommen, was dauerte. Aber sie schaffte es!

Ihre Schmerzen in der Pogegend hatten sie sehr beeinträchtigt. Hoffentlich war nicht ihre Wirbelsäule gebrochen, man hörte davon doch so viel! Mit Mühen wankte sie ins Schlafzimmer, legte sich aufs Bett. Wenn

Myriam kommt, sagte sie sich, und das wird gleich sein, habe ich Hilfe genug.

Ein Psychotherapeut im Gespräch mit Myriam

Jan Borgfelde bat Myriam noch einmal aufzustehen und am runden Tisch Platz zu nehmen, der in der Mitte des Zimmers stand. Sie sollte ein Formular ausfüllen, dann bräuchte er die Daten nicht noch einmal abzufragen. Hinterher könnte sie sich erneut bequem in den Sessel vor seinem Schreibtisch setzen, worin sie zuerst saß.

Er legte ihr das Formular vor, das aus einem Doppelbogen bestand, gab ihr einen Kugelschreiber und erklärte ihr, dass sie dafür ungefähr zehn Minuten benötige. Myriam wechselte den Platz und machte sich an die Arbeit. Das Übliche: Name, Wohnort mit PLZ, Straße, Geburtsort und Geburtsdatum, Arbeitgeber in der Reihenfolge ihrer Beschäftigungsverhältnisse nach der Schule – hierfür standen mehrere Spalten zur Verfügung. Beschreibung der letzten Tätigkeit, Schulbildung, Grund, warum sie das Institut aufgesucht hatte, Namen von Mutter und Vater und deren Wohnort, wo sie auf Amrum wohnte, wer der Vermieter/die Vermieterin war, dazu die Adresse.

Während Myriam schrieb, beobachtete der Psychotherapeut seine Patientin sehr eingehend. Seiner Meinung nach konnte man viel aus dem Verhalten beim Schreiben ablesen, nämlich ob man längere Zeit grübeln musste, ob man den Stift schwer über das Papier zog oder mit leichter Hand schrieb, ob sich das Gesicht bei irgendeiner Fragestellung veränderte oder ob es zum Schluss ängstlich wurde, wenn nach sehr persönlichen Dingen gefragt wird.

Myriam hatte wenige Probleme mit dem Formulartext, nur als sie sich über den Dünenvorfall ausließ, stutzte sie mehrere Male.

Was hatte das zu bedeuten?

Die Frage nach persönlichen Erlebnissen, aus deren Beantwortung man vielleicht entnehmen konnte, warum sie so ist, wie man sie wahrnahm, ließ sie unbeantwortet.

Warum hatte sich Myriam bringen lassen?, fragte sich der Therapeut. Was steckte hinter ihrer Ängstlichkeit?

Als Myriam in acht Minuten den letzten Bogen ausgefüllt hatte, nickte ihr der Psychotherapeut zu, sie möge sich bitte ihm gegenüber hinsetzen, er flöge nur kurz über das Geschriebene. Die Schrift war ohne Ausrutscher normal und klar. Das war ein gutes Zeichen. Schnell ging er die Antworten mit den Augen durch, sah, dass sie in Rostock wohnte, dass sie siebenundzwanzig Jahre war, die Mittlere Reife in einer Handelsschule bestanden hatte und jetzt Brötchenverkäuferin wäre.

„Bevor wir anfangen, möchte ich Sie etwas fragen, das uns beiden sehr helfen wird."

Jan Borgfelde blickte seine Patientin dabei freundlich an, lächelte leicht, vielleicht sogar etwas amüsiert. Myriam tat das gut. Sie hatte schon beim Ausfüllen der Formulare das Empfinden, hier gut aufgenommen zu werden, auch wenn der Therapeut Selma nach Hause schickte. Sie wusste, dass es gerade im Gesundheitswesen Vorschriften gibt, die zu Gunsten der Patienten aufgestellt worden sind. Damit war die Neugierde von Selma zur stumpfen Waffe geworden. Myriam kannte sie schon aus den letzten Jahren und spürte sie wieder, als die beiden jungen Männer im Haus eintrafen. Im Übrigen diese Schlüssellochbeobachtungen ...

„Als Sie meine Praxis betraten, gaben Sie mir das Gefühl, dass Sie sich in Selma Kayers Hände begeben hatten. Selma Kayer ist bekannt als resolute, aber auch neugierige Frau, die sich gern in fremde Angelegenheiten mischt und ihre Gäste insgesamt ziemlich bevormundend behandelt, will sagen, dass ihr autoritärer Charakter sie fast unnahbar erscheinen lässt. Haben Sie mich verstanden, was ich sagen will?"

„Ja, das habe ich!", antwortet Myriam sehr bestimmt. „Ich bin schüchtern und ängstlich, manchmal höre ich, dass ich als die Unschuld vom Lande angesehen werde. Aber so bin ich nicht in meinen Berufen. Wenn ich allerdings allein unterwegs bin, habe ich wirklich Angst, und vor Männern mache ich einen großen Bogen."

„Na ja, in den Dünen ja nicht ...!"

„Stimmt! Aber das war auch eine eigenartige Situation." Myriams Stimme war kläglich geworden, als sie das sagte. Der Psychotherapeut bemerkte auch, dass sie ihn nicht ansah, ja, ihren Kopf fast in den Schoß beugte.

„Darüber reden wir noch. Sie sind ja noch einige Tage hier, und wir werden uns des Öfteren sehen. So eine junge, tatkräftige Frau muss es doch lernen, selbstbewusster aufzutreten."

Myriam zog ihre Schulter hoch, wie es Kinder tun, wenn diese in der Schule eine Frage beantworten sollen, was sie nicht können.

„Zuerst einmal zu Ihren Berufen. Im Formular steht nur, dass Sie in Rostock Brötchen verkaufen."

„Ja, das ist richtig!"

„Frau König, davon kann man nicht leben, und im Übrigen gehe ich davon aus, dass sich Ihre Tätigkeit dort nur auf morgens bezieht, vielleicht sogar bis zur Mittagszeit geht, aber nicht länger!"

„Ich arbeite in der Bäckerei von morgens um fünf bis um elf Uhr, genau gesagt meist sechs Stunden."

„Wie hoch ist der Lohn?"

„Sechs Euro fünfzig."

„Zu wenig, Frau König. Können Sie nicht mit Ihrem Chef reden?"

„Nein, dann schmeißt er mich raus, und ich bin auf die Stelle angewiesen!", jammerte Myriam.

„Warum wehren Sie sich nicht gegen einen Hungerlohn?", fragte der Therapeut und blickte Myriam freundlich an.

„Ich möchte diese Frage nicht beantworten, Ihnen aber sagen, und ich habe das nicht ins Formular geschrieben, dass ich eine zweite Tätigkeit ausübe."

„Und die wäre?"

„Ich arbeite jede Woche zusätzlich in Wismar im Krankenhaus, Nachtwache von um sechs abends bis um zwölf Uhr. Da brauche ich mit niemand als mit kranken Patienten zu reden und meine Pflicht zu tun. Das fällt mir leicht. Sollte ich Rede und Antwort stehen, hätte ich diese Arbeit nicht angenommen."

„Warum wollten Sie diese Arbeit verschweigen?"

„Weil ich mich geniere!"

„Sie sagten, Sie gehen Männern aus dem Weg? Waren Sie schon einmal in einem Pornoladen?"

Jan Borgfelde blickte Myriam erwartungsvoll an.

„Ja, ich habe mir dort einen Porno reingezogen. Was angeboten worden ist, habe ich nicht gesehen. Ich hatte immer nur Angst, dass mich irgendjemand erkennen würde, wenn ich den Vorführraum verlasse. Aber nichts passierte!"

„Und hatte Ihnen der Erotikfilm gefallen?“

„Nein, die Männer waren brutal!“, zischte Myriam verlegen durch ihre fast zusammengepressten Lippen. „Und einer Frau hatten sie KO-Tropfen eingeflößt, die dann alles mit sich geschehen ließ.“

„Danke, Frau König. Nun wird es leichter sein, mich auf Sie einzustellen. Beginnen wir bei der Vergewaltigung, die Sie hierher geführt hat!“

Myriam sprach daraufhin über ihren Strandspaziergang, über den Voyeur, der vom Leuchtturm kam und über den Strand eilte, sich neben sie begab und seinen Penis herausholte, was ein anderer Mann auf den Dünen inmitten des Kniepsandes aus seiner Holzbude beobachtete. Dieser hätte den Kerl verjagt und sie zu einer Tasse Kaffee - sozusagen zur Entspannung - nach oben holte. Sie wäre die Sanddüne hochgestapft und da stand ein sympathischer, sechzigjähriger Herr – „so etwas könne sie auf Grund ihrer Krankenhaus-Erfahrungen durchaus beurteilen“ – nackt allerdings. Er bot ihr einen Platz auf einer ausgebreiteten Decke hinter dem Verschlag an, weil dieser im Schatten lag. Er hätte gemeint, wenn sie sich genieren würde, brauchte sie nur ihr Höschen auszuziehen, ihr Shirt könnte sie anbehalten, dann sähe man nichts und trotzdem sei man, wie alle in der Umgebung, Angehöriger der Freikörperkultur.

„Sie hätten ihn doch durchschauen müssen, hatten Sie denn keinen Verdacht?“, fragte der Therapeut mehr als skeptisch. Er schüttelte den Kopf, denn es war für eine Frau ihres Alters einfach unbegreiflich, den Aufforderungen eines nackten Mannes zu folgen ...

„Wir lagen nebeneinander, der Kerl bot mir ein Glas Wein an und hatte trotz der Hitze keine Bedenken, dann noch eins. Was dann passierte, weiß ich nicht! Circa zwei bis drei Stunden später kam ich zu mir, rief Alex - den Namen des Mannes -, keine Antwort. Der Kerl war abgehauen. Meine Schmerzen an der Scheide machten mir klar, was passiert war. Man hatte mich mit KO-Tropfen niedergestreckt. Auf meiner Haut war getrocknetes Sperma! “

„Nicht alle Männer sind so rabiat, Frau König, das sollten Sie sich immer wieder sagen. Mit siebenundzwanzig ist man noch jung. Vielleicht treffen Sie einen noch jüngeren Mann, der keine Erfahrungen mit Frauen hat, dem könnten Sie sich anvertrauen, ohne dass Sie Angst haben müssen, aber darüber sprechen wir noch das nächste Mal!“

„Meinen Sie?“

„Frau König, unsere Zeit ist leider um. Ich gebe Ihnen einen neuen Termin. Wir werden noch einmal über dieses Verbrechen sprechen. Ich habe mir von Ihnen ein Bild machen können, habe aber das Gefühl, dass Sie den Schock besser verkraftet haben, als man es erwarten konnte, was auf Ihre besondere Tätigkeit zurückzuführen ist."

„Danke. Der einzige Grund, warum ich hinterher befürwortet habe, dass Frau Kayer mich zur Polizei und zu Ihnen gebracht hat, ist, dass ich mit Drogen bewusstlos gemacht worden bin. Leute, die Frauen unter Drogen setzen und sie missbrauchen, sind Verbrecher. Nicht der Schock war der Anlass. Wäre es anfänglich nach mir gegangen, hätte ich überhaupt nichts unternommen. Frau Kayer hat mir hierzu geraten."

„Haben Sie in Ihrer Jugend ein ähnliches Erlebnis gehabt?"

„Wie? Meinen Sie einen Schock?"

„Lassen Sie uns darüber in der nächsten Sitzung sprechen!"

„Muss das sein?"

„In zwei Tagen sehen wir uns um zwölf Uhr wieder, meine Hilfe vorn gibt Ihnen einen Terminzettel!"

Mehr Paradies geht nicht

Die jungen Männer hatten abgesprochen, nachmittags nach dem Surfen und dem Unterricht zu chillen und zu quatschen.

„Sag ja, ich will mehr von dir wissen!"

„Aber das Wichtigste kennst du doch schon ..." flötete Raphael seinem Freund ins Ohr.

Zuerst trotteten sie nur in der Gegend umher, schlabberten ein Eis, kehrten im Café Schult ein und ließen sich ein Stück Torte schmecken. Dann kam Ivo auf die Idee, einen Spaziergang zu machen, vielleicht am Watt lang nach Nebel und Wittdün.

„Mann, das ist was für alte Leute. Lass uns doch ein Rad leihen!"

„Ach Kleiner, du bist doch schwer von Kapee! Glotz mal nach vorn", gab Ivo von sich, als sie unten am Deich standen. „Keine Menschenseele latscht da herum. Weißt du, warum das so ist? Die ruhen sich aus, sind erschöpft von der Sonne oder wollen zum Essen. Es ist jetzt fünf Uhr. Wir beide machen genau das Gegenteil von dem, was Leute tun."

„Schwer von Kapee? Muss ich mich beleidigen lassen?“

„Nein, musst du nicht! Ich meinte es doch nicht so. Hast du denn gar nicht gemerkt, worauf ich hinaus will?“ Ivo boxte Raphael an, griente wie ein Honigkuchenpferd, und dachte, der Bengel müsste doch merken ...

„Ach so! Wir sollten die Natur allein genießen?“

„Brauchst du Zuschauer, wenn wir das Wattenmeer betrachten?“

Ivo nahm Raphaels Hand und schleuderte sie nach vorn!

Der Junge blickte den Freund betreten an.

Ivo fühlte, dass das ein bisschen zu burschikos war. Er korrigierte sich durch eine zärtliche Berührung mit der Hand.

Raphael genoss die Nähe. Er hatte gelesen und kannte es aus Filmen und Fernsehserien, Menschen, die sich lieben, sind ständig dabei, am Körper des Partners oder der Partnerin herumzufummeln. Mal gibt's einen Kuss, mal streichelt man einen Arm. Mal piekt man den anderen vorsichtig mit dem Finger, mal leckt man am Ohr. Zuneigung und Liebe verursachen so etwas wie einen Rausch, sie sind wie eine Droge, man möchte mehr davon haben. Das hatte er im Unterricht gelernt.

Raphael graulte sich vor diesem Spaziergang.

„Gleichzeitig,“ gab Ivo von sich, „ erlebst du die wunderbare Natur!“

„Hör mal, kenne ich doch schon ... neulich in den Dünen konkret erlebt!“

Es herrschte totale Ebbe. Das Watt erschien den beiden als große graue Fläche, unterbrochen von Rinnsalen und kleinen Lachen, und belebt durch unzählige Vögel, Eiderenten, Gänse, Brandseeschwalben, Austernfischer, Seemöwen und viele andere. Von weitem ein Durcheinander. Man muss genau hinsehen, dann erkennt man, dass viele Vögel Pärchen sind. Trippelt einer los, läuft der andere hinterher. Bei diesen Gedanken schielte Ivo seinen jungen Freund an, der den Blick spürte. Ivo vergewissert sich, ob irgendwo noch Leute auftauchten, aber er hatte Recht gehabt. Jetzt war man allein. Er legte seinen Arm auf Raphaels Schultern. Eine Winzigkeit war Raphael kleiner als er, was seinem Arm zugutekam. Die Luft war herb.

„Du riechst besser!“, prustete Raphael Ivo zu.

„Kommt drauf an wo?“

Das Watt begann feucht zu werden. Die Nässe kam von unten, wie

Raphael bemerkte. Es glitzerte inzwischen in der Abendsonne, und aus dem scheinbar trostlosen Feld grauer Lehmböden bildete sich ein See, zuerst klein, von der Mitte der Fläche ausgehend und sich nach allen Seiten ausdehnend. Raphael blickte staunend auf diese Schönheit. Noch immer liefen die Vögel hin und her, pickten wie verrückt, verjagten sich, bekriegten sich, einige flogen nun fort. Die Nordsee hatte das Gebiet zwischen Föhr und Amrum in Besitz genommen. Raphael war begeistert. Sie hatten inzwischen Nebel hinter sich gelassen und gingen die angedeutete Steilküste von Steenodde hoch. Rechts von ihnen ein Sonnenblumenfeld, wenige Meter dahinter eher zur Linken ein kleiner Hain, und vor ihnen ein ominöser Bau, getrennt vom Spazierweg durch einen Zaun. Sie standen vor einem Tontaubenschießstand, dessen Rampe nicht zu sehen war, sie lag unter ihnen. Die Jungen kletterten über die Pforte, nahmen rechter Hand ein paar Stufen nach unten und standen in einem Unterstand, in dem an der Wandseite ein paar Stühle aufgereiht waren. Eine traumhafte Stille lag über dem Wasser.

„Von hier schießt man Tontauben in die Luft und versucht sie mit einem Gewehr zu treffen ...“

„Wie wir jetzt?“, fragte Raphael hinterlistig.

Ivo zog den Jungen an sich. Der hatte längst darauf gewartet.

Schneller konnte man die Hosen nicht herunterziehen und die Shirts beiseitelegen.

Raphael betrachtete den edlen Körper seines Freundes, die Armmuskeln, das ständige Hantieren mit dem Gabelbaum hatte sie markant gemacht. Im nächsten Jahr würde er selbst so dastehen können, nicht zu vergessen den Sixpack, mit dem Ivo Staat machen konnte. Raphaels Vorbild hierfür war bis jetzt Christiano Ronaldo. Nun ist es Ivo geworden.

Die Augen des Jungen fraßen den Freund förmlich auf. Sie eilten über den Bauchnabel zu Ivos halb erigiertem Schwanz, der ihm die wildesten Sex-Vorstellungen einzureden schien.

Ivo gefiel es.

Sein Blick blieb plötzlich an Ivos Eiern hängen. Er hatte bisher nicht bemerkt, dass das eine kleiner als das andere war.

„Was ist damit los?“, fragte er überrascht.

Ivo wurde verlegen. Konnte seine damalige Amputation des einen Hodens das Ende ihrer Zuneigung bedeuten? Quatsch, dann wäre sie nur auf Sand gebaut. Ivos Verstand arbeitete jetzt wie ein Computer. Was sollte er nun machen? Dann sagte ihm sein Kopf, er sollte die Wahrheit sagen.

„In der Kindheit hatte ich einen Tumor da unten. Man musste einen Hoden wegnehmen, wenn man mein Leben retten sollte. So geschah's. Ich bekam ein Ersatzei, der Größe des anderen angepasst. Nun steht die nächste OP bevor, wenn ich vom Wettbewerb zurück bin, die Größen gelten nun als ausgewachsen und können angeglichen werden“, log er, aber eigentlich war es nur eine Notlüge, er hatte schon lange vorgehabt, die Operation hinter sich zu bringen.

„Und trotzdem bist du so potent?“

„Ja, das eine übernimmt die Funktion für beide, sagten damals die Ärzte!“

„Toll, dass du mir das alles erzählst!“

Ivo war noch nie so betrachtet worden – man könnte meinen, vor ihm stände ein Bewunderer, der gerade die Konturen einer männlichen Skulptur entlang gleitet. Und er selbst stand auch nie so frech vor einem Jungen, den er begehrte. Ivo war ein unbeschriebenes Blatt, was Raphael nicht ahnte. Der Junge glaubte, mit dem Zweiundzwanzigjährigen einen Partylöwen geangelt zu haben, und nach dem Unterleib zu urteilen, einen Hengst. Ivo ließ sich nicht anmerken, dass er ein Newcomer war. Etwas allerdings hatte ihn nach den Sexspielen erstaunt, dass man trotz fehlender Erfahrung das richtig machte. Er brachte es auf einen Punkt: Sex ist ein Urgefühl, und das haben alle Menschen, alle Tiere. Techniken lernt man im Laufe seiner Liebschaften. Er fühlte sich durch Raphael bestätigt.

Musste der Junge eigentlich nicht noch unbedarfter hierin als er selbst sein? Und flutschte es zwischen beiden nicht schon großartig, hatten sie nicht schon ganz große Gefühle, als sie sich dem Höhepunkt näherten?

Ivos Pupillen waren längst groß geworden. Der Pimmel von Raphael reizte ihn, auch wenn dieser sich noch nicht mit seiner Schwanzgröße messen konnte. Die Eier waren ausgeprägt. Raphaels Schwanz war wunderbar gewachsen, seine Vorhaut hatte sich längst verselbständigt und lag unter dem Eichelring. Auch das mochte Ivo. Bisher konnte er Genitalien von Nahem nur vorm Spiegel betrachten, und nur seine eigenen, mit der Aussicht auf Raphael stand alles real vor ihm.

Raphael wollte in die Hocke gehen, seine Lust auf Ivos Sahne war riesig. Ivo verhinderte das, nein, er schob die Situation nur ein bisschen hinaus. Der Ältere legte seinen Arm um Raphaels Nacken, strich mit seinen Lippen über die des Freundes, presste seine Zunge in Raphaels Mundhöhle. Die Körper waren angespannt, der Unterleib von Raphael drückte gegen den von Ivo. Der Junge bewegte seine Hüften von links nach rechts, sein Schwanz hopste dadurch über Ivos hinweg und fand auf der anderen Seite seines Ständers Platz. Das machte er ein paar Mal. Ein wirksames Spiel.

„Geil!", stöhnte er. Die Berührungen beider prall gefüllter Riemen übertrug ein prickelndes Gefühl auf ihre Sinne. Ivo schob seine Zunge immer weiter in Raphaels Mundhöhle, spielte immer verrückter mit Raphaels Gaumen, und seine Umarmungen wurden rasender. Beide waren von sich besessen.

Raphael riss sich von Ivo los, landete auf den Knien und schnappte nach dessen Glied, das kaum in seinen Mund passte. Ivo half mit leichten Bewegungen nach. Längst war seine Haut elektrisiert, die Härchen an den Armen hatten sich aufgerichtet, ein leichtes Flattern der Wimpern setzte ein. Ivo schloss die Augen, er fühlte sich im Paradies, hunderte von Sternen fielen aus der Atmosphäre auf die Erde, als hätten Feuerwerkskörper einen leuchtenden Himmel erzeugt. Seine Knie zitterten inzwischen, er hatte sie eingeknickt und sein Gewicht auf die untere Wirbelsäule konzentriert. Nichts war mehr wichtig als sein Schwanz und dessen Entladung. Er zog ihn aus dem Rachen des Jungen, griff in dessen Haare und holte ihn nach oben, ihre Lippen trafen sich zu brennenden Küssen. Ivo war nicht mehr in der Gegenwart. Mit unerhörter Gewalt wichste seine Hand unkontrolliert weiter.

Raphael hatte sich so gedreht, dass sein eigener Penis nicht mehr gegen den Schenkel des Freundes drückte, frei im Raum stand, und mit den Fingern der linken Hand fuhr er über seine Eichel. Die fremde Zunge im Mund, das Geräusch eines arbeitenden Kolbens, das Stöhnen und Schreien eines Besessenen erhöhten seine Geilheit. Sein Verstand war längst abgeschaltet, jetzt gab es nur Gefühle pur. Durch Ivos Körper rasten Blitze, das Blut schien zu kochen. Er spritzte in die Gegend, das Sperma landete auf der Wand, an der die Stühle standen. Sein Mund schloss sich instinktiv, seine Zähne rieben aufeinander. Armer Raphael, dessen Unterlippe geriet dazwischen. Raphael merkte nichts, er setzte gerade zum ersten Schuss an. Sein ganzer Körper vibrierte, Raphaels Laute waren undefinierbar.

Die beiden jungen Männer hielten sich noch lange fest, öffneten dann die Augen, himmelten sich an. Diese drückten dasselbe aus:

Wow! Great!

Raphael legte seinen Arm auf Ivos Schulter, drehte den Surfer zum Wattenmeer, zeigte mit den Fingern in die Ferne. Beide waren überwältigt von der Einzigartigkeit dieses Wandels. Das Watt lag vollständig unter Wasser. Die vielen Vögel hatten inzwischen die Buhnen besetzt. Kulps flogen in großen Scharen über das Gebiet hinweg, die Gänse waren weg gezogen. Sie werden auf den Wiesen von Norddorf die Nacht verbringen.

Ivo forderte Raphael auf, mit ihm nach unten ans Wasser zu gehen.

„Säubern!", sagte er und Raphael merkte, wie sich sein Freund angestrengt hatte, er war noch nicht Herr seiner Sprache.

Auf zum Arzt

Selma brauchte nicht lange zu warten, Myriam flatterte ins Haus, sprang durch den Vorraum und rief laut nach ihrer Freundin. Selma hörte, wie sich einige Türen öffneten. Wahrscheinlich suchte sie die junge Frau. Also antwortete Selma laut, gequält und jammernd, sie wäre in ihrem Schlafzimmer.

Dann stand Myriam vor ihr.

„Was ist passiert?", fragte sie wirklich besorgt. Myriam mochte Selma, diese war gut zu ihr. Myriam hatte nichts auszustehen, im Gegenteil, sie wurde von der Wirtin vor anderen Gästen bevorzugt. Selmas Bevormundung nahm sie in Kauf, kam Selmas Anliegen, manchmal im Haus mitzuhelfen, nach, überging aber auch manche Ratschläge. Myriam hatte erkannt, dass Selma ihr nichts Böses anhaben wollte. Außerdem lernte sie eine Menge von ihr. Myriam genoss es auch, dass Selma alles Mögliche in Bewegung setzte, die jungen Männer für sie zu gewinnen. Sie hoffte, dass sie auf einen zweiten Willi stoßen würde, den Selma aus allen Perspektiven und jedes Jahr neu beschrieb. Manchmal lächelte sie versonnen, als

Selma ihren Sex mit ihm breittrat.

Selma erzählte, dass sie vom Stuhl gefallen und sich sehr wehgetan hätte, ihr Kreuz schmerze noch und der linke Fuß wäre inzwischen angeschwollen. Sie hielt ihn hoch und Myriam sah bestürzt, dass der Spann und der große Zeh einem Ballon glichen.

„Du musst zum Arzt!“, sagte sie energisch, „er muss entscheiden, was man tun kann. Vielleicht ist es nur eine Verstauchung, und die schmerzt mehr als jeder Bruch! Aber dafür gibt es Mittel, zum Beispiel essigsaure Tonerde.“

Selma nickte. Man könnte ja morgen früh auf dem Weg nach Heide bei Dr. Hummer vorbeifahren.

„Heute noch, ich rufe da an!“

Selma war platt. Bisher hatte sie alles für ihre Freundin übernehmen müssen, ja, sogar die Kurtaxe musste sie ausrechnen und in der Kurverwaltung einzahlen, dachte sie, und plötzlich ergreift die junge Frau die Initiative? Hatte der Psychotherapeut eine so schnelle Persönlichkeitsveränderung ausgelöst?

„Unbegreiflich!“, murmelte Selma.

„Wie bitte?“, fragte Myriam.

„Nichts!“, entgegnete Selma und schwor sich, noch mehr auf das Verhalten von Myriam zu achten. Schließlich musste sie doch wissen, woran sie ab sofort war. Daraufhin lenkte sie Myriam von sich selbst ab und ließ sie von dem Besuch reden, was Myriam auch ausführlich tat. Natürlich verschwieg sie einiges, was sie bisher ihrer Freundin vorenthalten hatte, zum Beispiel ihre zwei Berufe.

„Ich habe eine coole Idee!“, meinte Myriam strahlend. „Ivo hat einen geräumigen Wagen, er kann uns zum Doktor fahren! Ich begleite dich!“

„Das tut nicht nötig!“, wehrte sich Selma.

„Keine Widerrede, du bist gestürzt, und daher brauchst du echte Hilfe!“

Immer noch staunte Selma, aber war doch gewillt, den Vorschlag zu akzeptieren, denn eins wusste sie natürlich zu gut, dass sie nämlich eine alte Frau war. Oft genug war sie gestolpert, dann ließ sie etwas fallen, stieß sich des Öfteren an irgendwelchen Ecken und Kanten, vergaß Namen, alles schlechte Zeichen ihres Alters.

Myriam rief bei Dr. Hummer an, der sie bat, in kürzester Zeit zu kommen, denn die Praxis wäre eigentlich schon geschlossen.

„Da kommen die jungen Männer!“, rief Myriam Selma zu und rannte in den Hauseingang. Sie sah nicht, dass beide strapaziert aussahen und auch nicht, dass beide verschwörerisch grienten.

„Wartest du etwa auf uns?“, fragte Raphael.

Myriam überhörte wohlweislich *etwa*, weil es abwertend gemeint war, also Neugierde bedeutete oder sogar Abneigung. Stattdessen redete sie wie ein Wasserfall, zuerst, dass sie beim Physiotherapeuten war, dann von Selma, winkte den beiden zu, sie sollten ihr folgen. Widerwillig trotteten beide hinter Myriam her. Als sie bei Selma anlangten, fühlten beide gleichzeitig eine gewisse Hilflosigkeit. Was sollten sie hier? Es war das erste Mal, dass die jungen Surfer im selben Augenblick das gleiche dachten, wie sich später herausstellte. Psychologen sprechen von Telepathie.

„Ich komme gleich wieder, gehe nur schnell in mein Zimmer und lege meinen Rucksack ab!“ Kaum gesagt, war Raphael fort, öffnete eiligst seine Zimmertür und als erstes sah er, dass der Schrank nicht ganz gerade stand – Selma musste das übersehen haben.

Was war das denn? Der vordere Fuß des Schranks stand auf einem Handtuch. Wie kommt es dahin?

Zornig lief er zurück, warf dabei einen Blumentopf um, was ihm egal war. Selma sah seinen roten Kopf. Mein Gott, geht das nun wieder mit dem Bengel los? Da drängte Myriam Raphael zur Seite. Er hatte sich so blöd in die Mitte des Raumes gestellt, dass sie Selma überhaupt nicht hätte helfen können, wenn sie es gemusst hätte ...

„Selma möchte euch bitten, sie mit Ivos Wagen zum Arzt zu fahren, es muss sofort etwas mit dem Fuß unternommen werden!“, flötete sie mit einer Eindringlichkeit, dass sich Raphael und Ivo unversehens ansahen. Und während die jungen Männer ratlos in die Luft starrten, dröhnte Selmas Stimme durch den Raum:

„Ich bin gestürzt, habe mir vielleicht was gebrochen, oh Gott, hoffentlich muss ich noch nicht sterben!“

„I wo, Selma, Unkraut vergeht nicht!“, platzte Myriam heraus, griff beherzt unter Selmas Arme und zog sie vom Bett in den Stand. Dann schob sie ihren rechten Arm unter Selmas linken und setzte mit ihr einen Schritt vor den anderen. Da das schlecht ging, gab sie Ivo einen Wink, murmelte, er sollte auf die andere Seite gehen und dasselbe tun. Ivo gehorchte sofort.

Dann setzten sie Selma auf den Vordersitz neben den Fahrer, Raphael und Myriam nahmen hinten Platz. Los ging's.

In Raphael kochte es. Er war nach seiner Zimmerentdeckung bis jetzt noch nicht zu Wort gekommen, weil Myriams Stimme und Aktivität seine drängende Frage unterband.

Er klopfte auf Selmas Schulter:

„Unter dem Fuß meines Schranks liegt ein Handtuch. Wer war in meinem Zimmer während meiner Abwesenheit?", wütete er.

„Hör mal zu, erstens lass ich mich von dir nicht anpöbeln – in meinem Schmerz, außerdem kannst du dich gleich auf die Socken nach Hause machen, wenn du dich weiter so daneben benimmst, und zweitens wird es eine der Frauen vergessen haben, die deine unaufgeräumte Bude auf Vordermann gebracht hat!", log sie selbstbewusst und unverschämt. Wer sollte ihre Lüge schon entlarven?

Raphael saß wie belämmert da.

Myriam beobachtete die Miene ihres Nachbarn. Sie vergewisserte sich nach vorn, dass niemand zusah.

Schwupp, war ihre Hand zwischen Raphael Schritt. Das wird ihn trösten ... Und tatsächlich, wie ein Stehaufmännchen kam wieder Leben in seinen Schwanz. Raphael registrierte ihre Annäherung sehr wohl, jubelte sie innerlich. Das wird noch was ...

Selma wandte sich währenddessen an Ivo. Der junge Mann hatte jedenfalls Manieren, dieser Bengel aus Wasserhaus, mein Gott, hatte sie denn den richtigen Namen vergessen? Wasserburg, nicht?!

„Ich bin dir sehr dankbar, Ivo. Wenn du willst, bekommst du morgen ohne Aufschlag eine Extraportion Eier!", ließ Selma verlauten und blinzelte Ivo verschmitzt an.

Der aber reagierte nicht auf sie, denn im Spiegel, installiert in der Mitte der Frontscheibe, sah er die Hand Myriams. Nur wenn man ganz aufrecht sitzt, kann man mehr von der Fondbank sehen. Daher rutschte er nach hinten, griff zum Spiegelrand und drückte die Halterung nach unten. Jetzt konnte er deutlich erkennen, wie Myriams Hand in Raphaels Schritt verschwand.

Warte!

Unwillkürlich bremste er scharf, so dass die drei Gäste nach vorn flogen. Selma stützte sich instinktiv vorn ab, schimpfte über die Geschwindigkeitsschwellen, die es hier gar nicht gab. Myriams Hand griff an Selmas Kopfstütze, und Raphael presste seine Knie in die Sitzrückwand von Ivo.

Dieser lächelte in sich hinein.

Gelungen.

„Warum hat man diese überflüssigen und verfluchten Hindernisse überall eingebaut? , jammerte sie und zuckte zusammen, als Ivo wieder anfuhr.

„Aua!"

„Es war eine Möwe!", ließ Ivo ab, „die hatte ein Ei im Schnabel ...!"

„Apropos Ei, hattest du mitbekommen, dass ich dir morgen eine Extraportion Eier zubereiten werde?"

„Danke, Selma, du denkst an alles! Wenn man jung ist, hat man sie besonders nötig!", trompete er ihr zu.

„Das hat Willi auch immer gesagt!"

Gleich waren sie bei Dr. Hummer, dessen Praxis im letzten Haus im Dünenwai direkt am Bohlenweg zum Strand lag. Es war eines der schönsten Häuser in Norddorf.

Der Arzt nahm den Fuß sofort unter die Lupe, fertigte ein Röntgenbild an und konnte mit ihm bestätigen, dass Selma sich verstaucht hatte. Er verschrieb ihr für die Nacht kühlende Salbe und für den Abend Umschläge so, wie Myriam sie erwähnt hatte.

Dass Selma im Nachherein immer noch über Myriam verblüfft war, machte deutlich, eine wie gute Beobachterin sie war und welches sensible Gespür sie für Menschen entwickelt hatte. Wird ihr das helfen, den Charakter der jungen Frau bald richtig einzuschätzen?

Heute allerdings kam ihr Myriams energische Haltung sehr gelegen.

3.Kapitel

Eile mit Weile

29. Juni
Ivo und Raphael

Die beiden jungen Männer schwiegen sich auch noch auf dem Weg in ihre Zimmer an. Vor Ivos Tür sagte der Junge plötzlich, er käme gleich zu Besuch, Ivo sollte seinen Schrank eine Kleinigkeit zur Seite schieben, er täte es mit seinem auch, und dann würde er die Verbindungstür aufschließen und sich durch die schmalen Gänge schlängeln. Sofort war Ivo begeistert, schüttelte mit dem Kopf über Raphaels Dreistigkeit, schließlich könnte man das Schurren der Schrankfüße im Schlafzimmer von Selma hören. Auch dazu hatte Raphael eine Idee. Er sagte, man könnte doch die Fernseher anstellen oder Musik hören, denn noch wäre es nicht so spät, dass andere gestört werden.

Während sie beide ihre Räume abschlossen, war Myriam bei Selma, machte ihr Umschläge und beruhigte sie, dass morgen früh alles mit ihr geritzt wäre, davon sei sie überzeugt.

„Und wenn du einigermaßen in Ordnung bist, machen wir uns noch einmal zur Untersuchung ins Krankenhaus auf den Weg. Ich schlage vor, wir fahren nach Husum und nicht nach Heide. Ich weiß, dass auch in Husum ein hervorragendes Kreiskrankenhaus ist, und wenn man da nicht weiter weiß, könnte man als nächstes das Bundeswehrkrankenhaus aufsuchen."

Selma blieb die Luft im Hals stecken. Sie saß plötzlich im Bett aufrecht und starrte Myriam wie ein durch Donner verängstigter Hund an. Myriam, die sich sonst immer wie ein Unschuldslamm bewegte und sprach, äußerte sich bestimmt und durchsetzungsfähig.

„Woher weißt du das?"

„Im Gespräch mit dem Psychotherapeuten sind die Krankenhäuser zur Sprache gekommen!"

„Aha!", gab Selma zur Antwort und dachte dabei, wenn dieser Mann einen Tipp abgibt, dann muss es ein guter Ratschlag sein. Sie nickte mit dem Kopf. Sie war mit Husum einverstanden.

„Außerdem war mein Chef dort Feldwebel. Als er die Bundeswehr verließ, eröffnete er die Bäckerei in Rostock. Er sagte immer, er habe eine Abfindung erhalten. Komisch, nicht wahr?"

„Das ist so, wenn man sich bei der Wehrmacht mehrere Jahre verpflichtet. Nichts Besonderes!"

Selma war zufrieden.

Um zweiundzwanzig Uhr verabschiedete sich Myriam. Der Fuß wird morgen früh darüber entscheiden, und im Übrigen kommt es ja noch nicht auf einen Tag an. Das fand Selma ebenso.

Die jungen Männer lagen längst in Ivos Bett. Nackt nebeneinander, versteht sich.

Raphael fingerte in den Haaren seines Freundes herum, dann schnippte er mit seiner Nase die von Ivo und gackerte. Ivo war beseelt von dem Jungen, ohne es zu sagen. Ihm war klar, dass mit Myriam nichts gewesen sein konnte, gar nichts! Der Junge war viel zu sehr auf ihn fixiert. Ihr Sex war so super, dass er nichts anderes im Kopf haben wird als ihn. Einen Rausch, wie er ihn erlebt hatte, kann es doch nur geben, wenn man jemand liebt.

Jetzt allerdings kam es Ivo nicht auf Sex an.

Miteinander sprechen, das ist auch eine Form der Liebe, sagte er sich. Je mehr man vom anderen weiß, desto eher kann man auf ihn eingehen. Zwischendurch hoffte er dennoch zu erfahren, was Myriam so mit Raphael angestellt hat. Sicherheit - einhundert Prozent – gibt es wohl nie, oder?

„Bist du etwa eifersüchtig?" Raphael konnte sich nicht mehr einkriegen. Er versuchte sein Lachen zu unterdrücken, und weil das nicht klappte, drehte er das von Ivo mitgebrachte Radio auf volle Pulle. Schon wenig später klopfte Myriam an die Wand.

Die Männer sahen sich an und feixten.

„Pst!!"

Ab da ging es nur im Flüsterton zwischen den beiden weiter. Manchmal scherte ein Wort aus dieser Tonlage aus. Dann flog ihr Zeigefinger auf den Mund, wie es in Schulklassen üblich ist, wenn der Lehrer zur Ruhe mahnt.

Raphael hatte sich zu Ivo hin gedreht, seinen Kopf an dessen Hals gelegt. Von dort aus schielte er seinen Freund an. Ivo hatte sich ein Kissen unter den Kopf gedrückt, lag daher etwas höher.

Dann begann Raphael zu reden.

Myriam wäre schon im Bad so merkwürdig gewesen, schüchtern und maulfaul, sie habe seine Anweisungen anstandslos befolgt, auch ihm Recht gegeben, als es um die Schuharie ging und später, als der Mann sie im Whirlpool bedrängte. Einmal habe sie an seine Eier gefasst, aber man konnte nicht sagen, ob das gewollt war. Da sie eine Frau war, habe er nichts gespürt als eine Berührung, die auch von seiner Mama hätte kommen können. Und eben im Auto wäre es genau dasselbe gewesen. Wenn man keine Frauen mag, oder sie aus beliebigen Gründen ablehnt, versagt der Schwanz.

„Und ist dir heute nicht endlich klar geworden, dass ich niemand will als eben dich? Dass ich alles tue, was du im Kopf hast? Habe ich dir nicht bewiesen, wie ich zu dir stehe? Mit keinem Mann habe ich bisher gepennt und so gewichst wie mit dir. Was willst du mehr?"

Raphael tat, als wäre er sauer.

Das war er aber nicht.

Er glaubte, dass man manchmal Älteren gegenüber den Macho herauskehren muss, damit man akzeptiert wird.

Ivos Erinnerungen gingen an das erste Treffen zurück, an die Großkotzigkeit, als er aus dem Wagen stieg und an die Unhöflichkeit in der Pension. Selma hatte mit ihm ähnliche Erfahrungen gemacht. Dann aber lockerte Raphael sich, als er herausfand, dass man ihn nett behandelte und wurde sanfter, nachdem er mit Ivo die ersten Surfversuche unternahm. Die spröde Phase der Pubertät scheint nun vorüber, auch wenn der Junge sie noch ab und zu pflegt.

„Erzähl mir ein wenig von deinen Eltern!"

„Mann, eigentlich bist du dran! Gar nichts hast du mich bisher aus deinem Leben wissen lassen!"

Mit dieser Aussage tippelten die Finger seiner linken Hand über Ivos Hand, berührten seinen Nabel, fuhren mit dem Zeigefinger Karussell, brachen das Spiel ab, weil Ivo kicherte , und mit dem Zeige- und Mittelfinger spazierte er nach unten.

Ivo begann von sich zu erzählen, obwohl Raphaels Finger sein Glied längst berührt hatten und nun ständig daran rumspielten. Ihm gefiel, wie der Junge ihn rumzukriegen versuchte und eigentlich war seine Lust schon riesengroß. Nein, dachte Ivo, der Junge soll heute ein bisschen mehr von mir erfahren, man muss ihm mit bestimmten Hinweisen den Mund wässrig machen. Dazu hatte er schon gestern eine Idee gehabt, nämlich mit Raphael einen Tag nach Hamburg zu fahren, in seiner Bude zu übernachten. Das werde er ihm noch in der Nacht erzählen.

Vorher?

Hinterher? Abwarten!

Dann erklärte er, wie er Abitur gemacht, das Studium begonnen und man ihm ein winziges Zimmer in einem Studentenwohnheim zugewiesen hätte. Er sprach von der Party, von seinem Freund, der die Taschen vertauschte und von dem Erlebnis auf dem Parkplatz. Auf einmal kamen ihm Bedenken, dies erzählt zu haben, war Raphael gerade mal sechzehn Jahre geworden.

Raphael war begeistert, hörte die ganze Zeit mit spitzen Ohren zu, obwohl auch sein Glied munter geworden war, und Ivo es in den Griff nahm. Gott sei Dank, es wird noch was, sagte sich der Bengel und griente Ivo verwegen an.

Dann die Überraschung für Ivo.

Raphaels Ungeduld kannte keine Grenzen.

Ihm war alles egal, Selma, Myriam und die Pension.

Er kroch geschickt auf Ivos Körper, als der Student mit seinen Erklärungen einhielt. Schon lagen Körper auf Körper, Knie auf Knie. Raphael bewegte gleich seinen Unterleib. Langsam, wie er meinte.

Die Schwänze rieben aneinander, prall, voller Blut, steif wie eine Eisenstange.

Ivo ließ es sich gefallen. Raphaels Zittern verriet ihn, Ivo spürte die Nässe auf seinem Bauchfell.

„Du verfluchte, kleine Sau“, murmelte er, „mich überrumpelt zu haben. Eins sag ich dir, den Festakt haben wir noch vor uns, wir werden ihn begehen, wenn neben uns niemand zuhören kann!“

Dann nahm er Raphaels Hand, führte sie an seinen Ständer. Mit einer Selbstverständlichkeit, einer Normalität – den Schwanz eng eingeschnürt in seiner offenen Faust und grinsenden Fratze – tänzelte Raphael den Schaft entlang. Beide fielen sich in die Arme, als Ivo sich entlud.

„Bis morgen früh!“

30. Juni
Wenn Raphael übers Wasser flitzt

Raphael war ein guter Schüler, nein, seit Jahren der beste, sagte Knut.

Er war vom Jungen begeistert.

Er habe festgestellt, dass auch sein Freund Ivo als Trainer tolle Arbeit geleistet hätte, obwohl der junge Surfer Knut nur zwei Tage ersetzt hatte.

Raphael war schon so weit, dass er aufs Meer hinaus durfte, allerdings ließ ihn Knut wissen, dass er sich immer in Sichtweite des Strandes befinden müsste. Generell wäre ihm doch lieb, wenn man zu zweit – parallel - surfte.

Heute würde er Raphael zuerst allein losschicken, später könnte er mit Ivo aufs Meer gehen, sagte Knut zu beiden, sie waren voll einverstanden. Sie grinsten sich an, schließlich hatte man ja schon Erfahrung von einer gemeinsamen Nacht vorzuweisen, wovon Knut natürlich nichts ahnte.

Wenn Raphael vom Surfen sprach, merkte man ihm seine Leidenschaft an. Es war eine Art Besessenheit, die keinen anderen Sport zuließ. Ivo wusste das, denn am Strand sprachen die beiden nur über den Sport.

Raphael hatte Ivo schon auf der Übungsfahrt mit dieser Eigenschaft überzeugt und prognostizieren lassen, dass der Junge diese Intensität auch in anderen Situation haben müsste, was sich bewahrheitete.

Es war ihr Sex!

Ivo hatte schon bei der ersten Berührung gespürt, dass ihm der Junge überlegen war, denn dessen Fähigkeit, sich vollkommen hinzugeben, zu verlieren, war bei Ivo anfangs ein Traum, den er sich gern selbst erfüllte hätte. Er lernte, dass man übliche Haltungen, Vorbehalte, Vorsicht sowie Rücksichtnahme ablegen musste, um den Rausch zu erleben, den Sex zulässt. Ohne Drogen oder Hilfsmittel. Er meinte, immer noch einiges lernen zu müssen, um sich so dem totalen Spaß hinzugeben, wie sein Freund.

Als Raphael am Morgen die Surfschule aufsuchte, wartete der Trainer schon auf ihn. Während er beim Einrichten von Board und Segel die notwendigen Handgriffe vornahm, redete er zu seinem Boss über Windverhältnisse, Windstärken und über Windkraft, die über den Körper des Sportlers und den Mastfuß auf das Board übertragen wird.

Später übernahm Ivo die Aufgabe, Raphaels Surfvorbereitungen zu überprüfen. Wie hatte er die Gabelbaumbefestigung angelegt, war sie zwischen Schulter und Kinn fixiert, war das Segel gut aufgeriggt und nicht zu flach getrimmt? Er befand alles in Ordnung.

Auf ging's.

Raphael verließ die Stelle im flachen Meer, schaute dabei nach vorn und glitt davon. Noch steuerte er das Board über den Verstand, Ivo, der ihm nachsah, wusste, dass man instinktiv das Richtige macht, wenn man genügend Stunden auf dem Wasser war.

Das Brett lag flach im Wasser.

Und Raphael jubelte.

Am liebsten hätte er seine Arme in die Luft geworfen, ein Lied laut über die leichten Wellen geschmettert. Aber das war strikt untersagt. Denn ein Loslassen des Gabelbaums hätte ihn ins Meer befördert. Er holte die Segel dichter und wurde schneller.

Jetzt den ersten Fuß in die vordere Schlaufe, nun den zweiten in die hintere, die Knie leicht einknicken!

Die Kraft, mit der seine Arme und Beine Segel und Brett in der Spur hielt, erfüllte ihn mit Stolz. Hier war Raphael in seinem Element. Er sah in der Ferne die Spitze von Sylt, eine gekonnte Wendung brachte ihn zurück auf die Startbahn, die ihm den Blick bis auf die Halligen eröffnete. In der Ferne ein Dampfer, der auf dem Weg nach Sylt war.

Er fühlte sich groß wie ein Champion, schrie hinaus, dass er glücklich sei, dass ihm niemand etwas anhaben könnte, und dann stand ihm Ivo vor Augen, die gestrige Eskapade im Bett ...

Diese Unaufmerksamkeit brachte Raphael zu Fall.

Bums war er im Wasser, sein Rigg plätscherte an der Oberfläche.

Er besann sich auf alle Einzelschritte, die ihm Knut beim Wasserstart gezeigt hatte. Sein Kopf sah alles vor sich, und genauso verfuhr er. Schon stand er wieder oben, ab ging's weiter!

Ivo wartete auf seinen Freund, fragte ihn, was unterwegs passiert wäre, und lachend und verschmitzt kam es aus Raphaels Mund wie ein Wasserfall: „Ich habe an die Nacht gedacht. Und außerdem ans Laken!"

„Mensch, du hast recht. Was wohl die Putze denkt?"

Sie stachen gemeinsam in See. Sie hatten abgesprochen, dass Ivo eine Bootslänge entfernt von Raphael parallel zu ihm surfen würde, dass Raphael aber den Ton angeben sollte. Danach würde sich der Ältere richten. Und so machten sie es. Die Eleganz, die von zwei Boards nebeneinander ausgeht, ist grundsätzlich beeindruckend, wenn auch die Körper gleiche Haltungen einnehmen. Und das versuchten beide jungen Männer, übrigens mit Erfolg.

Im Gleichklang mit aufgeblähten Segeln ging's übers Wasser, ein bisschen in Schräghaltung, beide Füße in den Schlaufen, beide hatten die Gabel von unten angefasst, die Arme gebeugt.

Raphael war selig. Zwar konnte er - natürlich - seinem Freund nicht das Wasser reichen, aber das, was er selbst machte, war gut. Das harmonische Gleiten gab ihm das Gefühl, auch in diesem Fall mit Ivo eins zu sein, obwohl sie getrennt surften. Ob sich ihre Gedanken auch ähnelten und so nah waren? Wann gibt es eigentlich eine völlige Übereinstimmung?

Als beide nach einer Stunde zurückkehrten, konnte man endlich wieder miteinander reden. Auf dem Wasser bei flatternden Segeln und dem Plätschern des sprudelnden Wassers am Heck des Bretts blieb einem nichts anderes übrig als zu schweigen.

Unterwegs

Raphael verabschiedete sich von Knut und Ivo. Ivo wollte mit Raphaels Trainer noch bestimmte Tricks für die Meisterschaft vertiefen. Er sagte den beiden, heute genug vom Surfen zu haben, er wolle zurück in die Pension gehen, Körperpflege wäre angesagt, Duschen und so. Dabei suchte er mit Ivos Augen Kontakt aufzunehmen, was ihm nicht gelang. Dieser war enttäuscht, hatte er doch gehofft, dass Raphael das Parallelsurfen cool fand; jetzt fühlte er sich nicht bestätigt.

Raphael fand's geil, sagte aber nichts dazu. Ihm war es heute wichtiger, Ju beim Minigolf aufzusuchen und sich zu entschuldigen.

Eine Notlüge musste her, und die hieß eben Körperhygiene. Um später bei Ivo nachzuweisen, dass er sie wirklich betrieben hat, machte er sich auf den Weg in die Pension, um sich richtig zu schrubben. Das Wort amüsierte ihn, sah er sich doch mit einer Wurzelbürste hantieren ...

Dort angekommen, wurde er darauf aufmerksam gemacht, dass die Wirtin mit der jungen Frau nach Husum gefahren wäre. Gerade eben wäre ein Anruf aus Husum gekommen, dass die beiden dort übernachten werden, niemand brauchte aber Angst um sein Frühstück zu haben, für Ersatz wäre gesorgt.

Nach der Badaktion machte sich Raphael auf den Weg. Er hatte beschlossen, an den Wiesen vorbei bis zum Strand zu spazieren – einen Umweg einzukalkulieren – weil er Zeit zum Nachdenken haben wollte. Was konnte er Ju für ein Märchen auftischen, damit dieser ihn nicht entlässt? Raphael war klar, dass Ju ihm gegenüber überlegen war. Schließlich hatte der Chef des Minigolfs studiert, und dann noch das Examen als Lehrer gemacht! Er rief sich Gespräche ins Gedächtnis zurück, die er mit ihm geführt hatte und filterte heraus, dass der Mann wortgewaltig war und manchmal dabei grob, wenn er etwas zu bemängeln hatte. Jedenfalls wollte Raphael weiter beschäftigt werden, die Geldquelle musste einfach weiter sprudeln.

Im Grunde genommen war Raphael froh, abends nicht ein zweites Mal zur Anlage gegangen zu sein. Ju wollte ficken. Und das kam für den Jungen überhaupt nicht in Frage. Nicht nur, dass er sich diesen Sex mit dem Boss des Minigolfs nicht vorstellen konnte, er wollte auch dem Risiko aus dem Weg gehen, Rechenschaft abzulegen, warum er sich gegen einen Arschfick sperrte.

Welche Ausrede sollte er denn nun gebrauchen?

Er hatte längs Hotel Pidder Lyng hinter sich gelassen. Sah er sich anfangs noch die schönen Häuser an, blickte er bald weder rechts noch links, nur, wenn ein Auto hupte, sprang er zur Seite und ärgerte sich, aus seinen Gedanken gerissen zu werden.

Wer ihn kurz vor dem Naturzentrum und dem Strandrestaurant angeschaut hätte, würde glänzende Augen wahrnehmen und ein Lächeln über das Gesicht gesehen haben, denn Raphael hatte die Lösung seines Problems gefunden. Und er wird nicht lügen. Er hätte ja gar nicht kommen können, denn Selma, Myriam, der Fahrer und er wären mit ihr zu Dr. Hummer gefahren. Selma war verunglückt. Dass er mit der Zeit schummeln musste, war das kleinere Problem.

Der Betonweg vom Strand zurück ins Dorf war schnell durchschritten. Nur wenige Spaziergänge waren noch unterwegs. Der Hunger zog jeden Besucher ins Dorf und in die Restaurants oder eigenen Küchen. Er langte beim Parkplatz an, brauchte ihn nur noch zu überqueren. Da, wo der Wald begann, nämlich genau dort, war der Minigolfplatz. Es war das erste Mal, dass Raphael von der anderen Seite kam. Er hoffte, dass er seinen Arbeitgeber daher überraschen könnte. Er stand etwas erhöht auf der Düne, blickte in das Areal, und dann fand er Ju, der sich gerade mit dem Riesensprunggerät beschäftigte.

Da musste man durch, sagte sich der Junge, und seine oft gezeigte Unverfrorenheit ließ er nun auch durchblicken: Hingehen, Raphael, keine Ängste zeigen, die er jedoch spürte.

Der Boss sah ihn sofort, winkte ihm zu sich und machte eine Handbewegung, die unmissverständlich war. Dann zerrte er den Jungen mit sich in die Bude:

„Du Scheißkerl, du bist entlassen. Mich sitzen zu lassen ohne Nachricht, mieser kann man nicht sein, bei dem Geld, das du verdienst!"

Raphael war betroffen. Er hatte im Stillen gehofft, Ju würde als erstes die Frage stellen, warum er nicht gekommen wäre, worauf er vorbereitet war . Der Mann hatte mit ihm Schluss gemacht ...

Wirklich?

Das werden wir ja sehen, sagte der Junge trotzig zu sich.

Beim Verlassen des Raumes rief er seinem ehemaligen Chef zu:

„So was wie mich kriegst du auf der ganzen Insel nicht wieder!"

„Raus!"

„Außerdem wollte ich dir sagen" - Ju wollte dazwischen platzen, aber der Junge ließ ihn nicht zu Wort kommen – „dass ich nicht gekommen war, weil Selma Kayer in unserer Pension verunglückt ist und wir sie mit zwei weiteren Leuten zu Dr. Hummer ..."

„Schluss, hau endlich ab!"

Raphael war nicht der Typ, der um Almosen bettelte, auch nicht um Gnade. Er hatte nichts verbrochen, war nur nicht gekommen, aber eigentlich hatte er dessen Aufforderung, am selben Tag ein zweites Mal vorbei zu schauen, unbeantwortet gelassen. Provozierend spazierte er aufs Neue durch die Platzanlage, war schon bei den Sprungseilen, da hörte er Ju rufen:

„Mann, komm her!"

„Wieso?"

„Du kannst das Geld gebrauchen und ich deine Arbeit, klar? Ich stell dich wieder ein!“

„So?“

„Heute Abend habe ich Geschäftsbesuch, da geht’s nicht, aber morgen früh?“

„Unmöglich, da kommen Selma und Myriam zurück aus Husum – sie waren im Krankenhaus.“

„Morgen Abend?“

„Übermorgen – wie üblich um 8 Uhr!“

„Meinetwegen!“

Ein Boxkampf

Raphael war so rechtzeitig zurück, dass Ivo nichts von seiner Stippvisite beim Minigolf mitbekommen hatte. Er wartete schon im Vorraum auf seinen Freund, sein Kohldampf quälte ihn, und da kam es ihm gerade recht, dass Ivo ins Haus schneite.

„He, ich habe Hunger!“, tönte er und griente.

„Ja, ich auch, gedulde dich zwei Minuten, ich muss für kleine Jungen.“

„Brauchst du Haltehilfe?“

„Generell ja, aber die hole ich mir später!“, dann verschwand Ivo in seinem Zimmer. Raphael hörte einen unterbundenen Schrei. Was war denn nun passiert? Er wollte schon nachsehen, da kam Ivo aus der Tür, winkte dem Jungen zu, er sollte kommen und sich zu überzeugen, was los war. Das Bett war gemacht, das beschmutzte Laken – ein Riesenplacken in der Mitte, gehärtet, was Raphael feststellte – lag auf der Erde. Darüber die ebenso benutzten Handtücher, die sie im Laufe der Nacht noch vollgespritzt hatten. Raphael roch daran, kaltes Sperma verbreitet ekelhaften Gestank. Beiden war sofort klar, dass das Zeug verschwinden musste. Wenn diese Wäsche in Selmas Hände gerät, würde das große Fragen beginnen, und wenn sie schlecht gelaunt ist und sich über anderer Leute Sex ärgert, folgt sogar ein Rausschmiss.

Ivo duschte schnell, wechselte die Kleidung, stopfte das Zeug in einen Plastikbeutel, schloss die Tür ab und forderte Raphael auf, mit ihm nach

Wittdün zu fahren. Da würde man gut und preiswert essen können und hinterher wäre noch die Blaue Maus drin, zum Einheizen sozusagen.

„Und weil Wittdün weit weg ist, werden wir den Beutel dort entsorgen."

Beide lachten sich ins Fäustchen. Wenn die Putzen Selma auf die Schweinerei aufmerksam machen, und das werden sie bestimmt tun, dann fehlen die Beweismittel, und das wird für die Frauen peinlich sein, denn Selma war in jedem Fall eine sparsame Frau. Sie wird vielleicht sogar behaupten, man habe das Laken mitgenommen. Egal.

Sie aßen im Klabautermann richtig gut und viel: Falschen Hasen mit Bratkartoffeln, dazu jeder ein Alsterwasser. Es war inzwischen schon zweiundzwanzig Uhr geworden, da stellte Raphael fest, dass die blöde Plastiktüte noch im Wagen lag. Er nahm das Ding in die Hand, rannte rüber zum Anleger. Er wusste, da gab es mehrere fest installierte Mülleimer. Aber da standen einige Leute und die hätten nur geglotzt, eventuell nachgeschnüffelt. So betrat er die Zweigstelle der Reederei, in der man Schiffskarten kauft, abholt oder bestellt. Sie war leer, selbst hinter den Schaltern saß kein Mensch mehr. Ein großer Müllbehälter war gleich am Eingang platziert, und der war halbleer.

Hinein mit dem Abfall!

In der Blauen Maus tanzten schon etliche junge Paare, an der Seite saßen fünf Mädchen, gegenüber hockten gelangweilt ein paar Jungen und gafften blöd in die Gegend. Noch war es nicht voll, die meisten Gäste kamen auch wie das letzte Mal erst gegen Mitternacht, insbesondere junge Leute. Ivo bestellte für jeden ein Bier, flüsterte dem Jungen zu, am Tresen zu bleiben, denn da habe man den großen Überblick. Schlager dudelten, eben noch von Helene Fischer, jetzt von Andrea Berg.

„Könnt ihr hier nicht mal was Vernünftiges auflegen?", rief Raphael dem Barkeeper zu. Der war ziemlich pikiert. Dieses Milchgesicht, kaum trocken hinter den Ohren, stellte Ansprüche, unglaublich!

„Und was darf es für den Herrn sein?", grölte der Mann zurück, „vielleicht Alle meine Entchen oder etwas aus Hänsel und Gretel?"

Ein Kellner mit einem grobschlächtigen Gesicht stand inzwischen neben Raphael. Er ahnte nicht, dass Ivo zum Jungen gehörte.

„Wie alt bist du eigentlich? Für Minderjährige ist hier nichts zu holen, du Weichei!"

„Wie bitte? Hat man dir schon mal an den Sack gehauen?" Raphaels Mundwinkel zuckten, er ballte die Faust. Ivo bekam einen Schreck, als er in das Gesicht seines Freundes blickte. Sie schien ihm verzerrt, Wut sprang aus seinen Augen. Um Gottes willen, ein Rückfall in die Flegeljahre?

Ehe sich der dreißigjährige Kellner versah, jagte Raphael ihm eine Faust in sein Untergestell, niemand hätte ihm seine Schnelligkeit, seine Kraft und seine Beweglichkeit zugetraut. Weichei war ein verfehltes Schimpfwort. Und das bekam der Kellner zu spüren.

Ein erbärmlicher Schrei, ein Aua, ein sich krümmender Mann, beide Hände griffen an den Schwanz. Der Barkeeper sprang über eine meterhohe Klapptür an der Seite der Bar hervor, kurve um den Tresen und wollte sich den Jungen schnappen. Im Stehen zieht er seine rechte Schulter nach oben, verharrte Sekunden wie zum Sprung. Und der kam. Geschickt setzte er einen Schritt zurück, und die Arme des Mannes zielten daneben und trafen einen anderen Gast.

„Hast du nicht alle?", grölte dieser.

„Entschuldigung, du warst nicht gemeint!", zischte der Barmann verlegen.

Nun waren die Angreifer zu zweit, denn der Kellner hatte sich erholt, und beide stürzten sich auf Raphael. Wie der Junge durchs Lokal hopste, wie er die beiden ins Leere laufen ließ, das hatte Format. Ivo lief ebenfalls in Richtung Ausgang, und bewusst schnitt er den beiden aus der Bar den Weg ab. Sie stolperten über ihn, schimpften drauf los, dass er gefälligst verduften sollte, wenn man einen Schläger verfolgt, und Ivo entschuldigte sich lauthals. Dann war auch er draußen.

Raphael war nicht mehr zu sehen.

Gestikulierend kehrten die beiden erregt zurück.

Während man in der kleinen Disco hin und her stritt, welche Musik man nun hören wollte, waren die beiden jungen Männer längst über alle Berge. Raphael hatte sich in einem Nachbargrundstück versteckt, bis man die Suche aufgegeben hatte, und rannte zu Ivos Kangoo. Da saß sein Freund schon längst auf dem Fahrersitz und hatte den Motor angeworfen. Nach diesem Erlebnis – ab in die Pension.

Im Krankenhaus

Das Kreiskrankenhaus in Husum machte auf die Frauen einen guten Eindruck. Frauenheilkunde gehörte zu einem der herausragenden Behandlungssektoren. Die beiden Damen brauchten nicht lange zu warten, bis die Untersuchungen losgingen. Selma stützte sich auf ihre Gehhilfe, den ihr der Doktor in Norddorf mitgegeben hatte.

„Wer ist denn nun die Patientin?", fragte der zuständige Arzt der Aufnahme.

„Ich!", sagte Myriam.

An Selma gewandt, meinte er:

„Sie bleiben bitte im Wartezimmer, und Sie, Frau König, nehme ich mit ins Diagnostikzimmer. Ein Gynäkologe und ein Chirurg werden dazu kommen."

Selma war die Wartezeit zu Anfang zu lang, weil die Patienten nach einander von Pflegern und Ärzten abgeholt und zu verschiedenen Untersuchungen und Geräten gebracht wurden. Bald saß sie allein da.

Lesen wollte sie nicht. Sie fühlte sich auch nach dieser Nacht schlapp und ausgewrungen wie ein Handtuch. Hoffentlich ging alles mit Myriam gut. Man hatte ja noch viel vor. Dass das mit ihr passieren musste. Vielleicht hatte sie, überlegte die Norddorferin, einiges dazu getan, weil sie endlich mal wissen wollte, wie es mit einem Mann so geht. Dass ihre Erfahrung so enden musste ... was für ein Pech.

Nach einer Stunde wurde Myriam zu Selma zurückgebracht. Der Arzt sagte, dass man Frau König morgen früh um elf Uhr zur C.T. in die Röhre stecken müsste man brauche genaue Aufnahmen des Unterleibs. Da wäre was ..."

„Gibt es denn nicht heute noch einen Termin?", fragte Selma den behandelnden Doktor enttäuscht, an dessen weißen Kittel ein ziemlich großes Kärtchen angeklammert war: Dr. Jürgen Scheffler. Selma beugte sich vor, um es lesen zu können.

„Herr Dr. Scheffler, wir kommen von Amrum, da muss man doch wohl eine Ausnahme machen, oder?"

„Nicht möglich, das Gerät wird gerade kontrolliert, und man braucht mindestens zwei Stunden, danach wird man es mehrere Male ohne Patienten laufen lassen, Unregelmäßigkeiten kann man sich bei Anwendungen nicht erlauben.“

„Was sollen wir denn tun, wir müssen doch irgendwo schlafen?“, jammerte Selma, als ob sie eine verarmte Frau wäre.

„Sie werden sicher was finden, nicht wahr?“

„Ein schöner Saftladen ist das hier. Wären wir doch bloß nach Heide gefahren ...“, meinte Selma ärgerlich.

„Das können Sie ja immer noch, wenn Sie meinen, dass Sie da besser als bei uns aufgehoben sind!“, entgegnete Dr. Scheffler pampig und kehrte den Frauen den Rücken. Er musste sich besonnen haben, denn er drehte sich noch einmal um und sagte: „Gehen Sie ins vier Sterne Hotel am Schlosspark!“ Darauf verschwand er.

„Vier Sterne Hotel, viel zu teuer! Mir genügen ein einfaches Haus und eine Gartenliege.“

„Ich habe das Geld!“, meinte Myriam, „mach‘ dir keine Sorgen! Ich zahle auch für dich mit, denn wir sind ja meinetwegen hier! “

„Ich denke, du verdienst so wenig?“, flötete Selma jetzt. Sprachlos starrte sie ihre Freundin an und klapperte mit den Augendeckeln.

„Tue ich auch, aber für Notfälle ... Außerdem habe ich zwei Jobs!“

„Wie, und warum hast du mir davon nie erzählt? Vielleicht weil ich dir das Zimmer sonst teurer angeboten hätte?“

„Nein, nicht deshalb, weil es mir peinlich ist!“

„Warum das denn?“

„Weil ich manchmal nachts arbeite.“

„Mein Gott, Kindchen ...!“

„Ich bin im Krankenhaus beschäftigt, Nachtwache, wenn Bedarf ist.“

„Weiß das noch jemand?“, fragte Selma und hoffte, die einzige zu sein, die nun mit Myriam zusammen ein Geheimnis teilte.

„Ja, der Psychotherapeut, da habe ich alles über mich erzählt!“

„Und?“

„Er hat mir Mut gemacht. Das wäre kein Anlass, sich verstecken zu müssen.“ Sie habe keinen Grund, Minderwertigkeitskomplexe zu haben. „Wörtlich sagte er: ‘Pusten Sie diese mit dem Amrumer Wind weit weg!‘ Ich musste bei diesem Vergleich sehr lachen!“

„Siehst du, mein Schatz, dann hat er dir dasselbe gesagt wie ich!“ Selma fühlte sich glücklich. Auch ohne Studium kann man die richtigen Ratschläge geben, dachte sie zufrieden.

Die beiden ließen sich mit der Taxe ins Hotel bringen, gaben ein großzügiges Trinkgeld, womit Selma wohl ihre Kleinlichkeit vergessen machen wollte:

„Die Taxe zahle ich!"

Myriam war es recht.

1. Juli
Endlich war's soweit …

Ivo setzte seinen Wagen in Gang. Raphael blickte seinen Freund erwartungsvoll an. Er hoffte, dass der Student was sagen würde. Schließlich war es doch sehr mutig, jemand deutlich eine zu verpassen, der zu frech geworden war. Ivo war anderer Meinung. Auf Beleidigungen in dieser Weise zu reagieren, ist kein Verdienst, Überlegenheit wäre die richtige Antwort. Er hatte das Gefühl, dass Raphael eher einem stolzen Kind ähnelte, das sich missverstanden fühlt. Und das ist affig.

Für einen zweifelhaften Triumpf Stolz zu empfinden. Nicht zu glauben. Raphaels Selbstwertgefühl stand in keinem Verhältnis zu dem hinterhältigen Hieb, und den noch in eine Gegend, die jeden Mann schwer verletzten kann.

„Wie fühlst du dich?", fragte Ivo Raphael auf dem Nebensitz, der maulfaul und dumm aus der Wäsche guckte. „Du brauchst gar nicht so ein Gesicht zu ziehen, ich fand's nicht gut, wie du dich in der Blauen Maus aufgeführt hast, aber ich habe trotzdem zu dir gehalten."

„Was ist das schon? Du hättest diesem Scheißer die Meinung sagen müssen, mich so runterzuputzen … Weichei zu nennen!"

„Deine arrogante Aufforderung, eine andere Scheibe auf den Teller zu legen, war ja auch nicht ganz höflich, oder?", fragte Ivo seinen Freund.

„Sollte ich dem denn in den Arsch kriechen? Nur eine Frage!"

„Übertreibe nicht so, ein bisschen freundlicher, dann wäre der nicht so ausgeflippt."

„Siehst du, du sagst es ja selbst, dass der Barkeeper übers Ziel hinausgeschossen ist!"

„Ist er, aber hättest du klug reagiert, dann wäre es nicht zur Eskalation gekommen."

„Und was heißt das?“, fragte Raphael, nun etwas kleinlauter.

„Besser, du hättest mit Verstand geantwortet, etwa so: Mega für dich, dann bitte den Song: Oh, du lieber Augustin ... Die Lacher wären auf deiner Seite gewesen, Kleiner.“

Als Ivo das Auto vor der Pension abstellte, wollte Raphael loslaufen, doch der Student hielt ihn zurück. Er meinte, dass nun alles gesagt wäre und damit basta. Als die beiden den Garten betraten, kamen auch andere Gäste gerade nach Haus.

„Heute auch so spät? Kennt man von Ihnen gar nicht, wo Sie so intensiv für die Meisterschaften trainieren.“

„Ja, wir dachten, Selma Kayer würde zurückkommen, und wir sind an den Anleger gefahren, um den letzten Dampfer abzuwarten.“

„So? Wie nett von Ihnen!“

„Und unterwegs eingekehrt, das riecht man!“, wisperte die verknautschte alte Dame. Ihr schmaler, zusammengekniffener Mund ließ vermuten, dass sie glaubte, die beiden führen etwas im Schilde. Dachte sie sogar an etwas Anrüchiges? Bei diesem Gedanken musste Ivo schmunzeln. Wie recht hätte sie.

Das Pärchen wartete noch im Foyer, bis beide jungen Männer im Flur verschwanden, und als die Jungen – jeder vor seiner Tür standen und aufschlossen – sah Ivo ein paar Augen um die Ecke linsen. Was wollte man herausfinden, etwa, dass beide in einem Zimmer verschwinden? Den Gefallen werden wir ihnen nicht tun, dachte der Surfer. Wie gut, dass man durch die Zwischentür verbunden war.

Raphael schob – so leise es ging – den Schrank zur Seite, fummelte mit dem Türschlüssel zum Flur herum und wie schon einmal, ließ sich die Tür öffnen. Sie begegneten sich beide im schmalen Spalt bei Ivo und konnten sich vor Lachen nicht einkriegen. Der Streit war vergessen.

Raphael drückte seinen Freund nach vorn und dann standen sie in Ivos Zimmermitte.

„Hör mal zu!“, trompetete Raphael, „heute bei mir, die Putzen können doch nicht schon wieder die Handtücher und das Bettlaken am Montag bei dir wechseln, das fällt doch auf!“ Er lachte neckisch, womit er Ivo aufforderte zu folgen. Der aber sagte, erst duschen, danach stände der Orgie nichts mehr im Wege.

Dass Raphael sofort einwilligte, lag natürlich in der Natur ihres Vorhabens. Sie alberten unter der Brause herum wie zwei Teenager. Ivo fasste Raphaels Pimmel an, streifte die Vorhaut über die Eichel und spülte sie kräftig ab, dann fuhr er unterhalb des Rings mit einem Stück Seife entlang und wusch den Schaum ab.

„Mildes Duschgel für den Schwanz", hauchte er Raphael ins Ohr, und als er mit ihm den Schaft entlang rieb, zitterte Raphael. Ihm gefiel Ivos Prozedur an seinen Genitalien sehr. Er flüsterte seinem Freund zu:

„Auch die Eier!", und dieser ließ sich das nicht zweimal sagen. Er liebte es inzwischen, zwischen Raphaels Schritt herum zu kraulen, was er jetzt mit Wonne tat, und Raphael juchzte

„Gleiches mit Gleichem vergelten!", piepste der Junge, grinsend und genießend, und er machte sich liebevoll an die Arbeit. Er rubbelte an den Eiern herum, goss viel zu viel von der Duschcreme in Ivos Schamhaare. Ivo wusste warum. Um lange darin rumzumachen ...

Die beiden trockneten sich ab, Ivo holte aus dem Nachtisch-Schubfach zwei Kerzen, dem Schrank entnahm er Salzstangen und Nüsse sowie zwei kleine Piccolos, zog sich eine körperbetonte Radfahrerhose an und zwängte sich mit allem durch die beiden Spalten. Später erzählte er seinem Freund, warum er sich die Hose angezogen hätte.

„Ich möchte mich da unten nicht verletzen, unbenutzte Türen können mit der Zeit rau geworden sein, und dann stehen wir beide da, nach dem Motto: *Keine Spesen, nichts gewesen!* "

Raphael kam nackt hinterher und lächelte versonnen. Er sah den strammen Hintern von Ivo, und obwohl er bisher nicht erfahren hat, warum ein Po so viele Menschen fesselt, so mochte er besonders diesen, der aussah wie eine große Pflaume, in der Mitte mit der Kerbe. Eine noch nicht reife Pflaume, eine die noch fast grün und hart war ...

„Du hast eine verdammt gute Figur!", murmelte Ivo Raphael zu. „Alles stimmt, wirklich, die Brust, die Nippel, der Bauch, die Hüften und selbst der Po reihen sich in dieses Ebenmaß ein. Der reinste Wahnsinn!"

„Magst du denn einen Arsch?"

„Na hör mal, der wird zu einem himmlischen Part!"

„Und du hast einen verdammt guten Schwanz!", erwiderte Raphael.

„Langen!", lamentierte Ivo, „bitte, wenn schon, dann bitte auch genau!"

„Los, zieh den Fetzen aus!“, forderte Raphael. Wieder musste er so herzhaft lachen, weil er das Gefühl hatte, dass sich Ivo zierte. Aber das tat dieser nicht, nur hatte sich sein Penis bereits gemeldet, obwohl bisher nichts gelaufen war, und das war ihm peinlich.

„He, verdammt, an wen hast du denn gedacht?“

„Oh, an unsere Kanzlerin. Blödmann, an wen schon? Hattest du immer noch nicht mitgekriegt, dass ich geil auf dich bin?“

„Du drückst dich ja sogar poetisch aus!“

„Poetisch hin, poetisch her, ich will dich fressen!“

„Nein, bitte nicht!“

Dann flog die kurze Hose durch die Gegend, besser gesagt, schleuderte Ivo sie durchs Zimmer. Sie blieb in der Lampe hängen.

„Gute Idee mit dem Zimmer, heute Abend hier ...“

„Nacht, meinst du wohl!“, wieherte Raphael und fasste Ivo an seine Po-Backen.

Beide jungen Männer hielten sich den Bauch vor Lachen.

Ivo blickte in die Augen seines Freundes. Dessen Strahlen löste beinahe einen Rausch bei ihm aus. Was für ein Glück, so ein Kerlchen zu haben, ihn umarmen zu können, zu küssen und an ihm herum zu schlabbern. Mit diesen Gedanken blendete er alles Belastende und alle Störfaktoren aus, ihn wollte er haben und ihn unter sich spüren, eindringen und glücklich machen. Nur der Junge zählte. Ficken war das Gebot der Stunde. Nicht mit irgendjemand, nur mit Raphael.

Raphael tändelte vor seinem Freund herum, versuchte ihn mit schnellen Berührungen zu reizen. Er lachte schallend, wenn Ivo aufmuckte. Mit diebischen Vergnügen nahm er Ivos Schwanz in die Hand, der in Sekunden zum Eifelturm mutierte. Dann zog er seinen Freund aufs Bett, und der lag da wie ein auf Lauer liegender Löwe, fast unbeweglich, nur seine Wimpern zuckten und seine Pupillen öffneten sich. Das ganze Glück der Welt lag in Ivos Mienenspiel.

Überraschend drängte er den Jungen von sich, zündete die Kerzen an, nahm die beiden auf dem Tisch stehenden Kelche, öffnete die Piccolos und goss ein. Sie genossen auch diesen Anblick. Im Schein der beiden Kerzen stießen sie an. Umarmungen folgten, als sie die Kelche abstellten. Immer wieder schmiegte sich Raphael eng an seinen Geliebten, dann wieder fuhr seine Zunge über Ivos Lippen, suchten seinen Rachen. Er tastete dort nach Berührung, und die kam sehr schnell. Beide kämpften miteinander – friedlich natürlich, beide empfanden das Gerangel wunderbar. Raphael fand sogar, dass Ivo nach irgendetwas schmeckte, nach einer gewissen Süße.

Wieder auf dem Bett gelandet, drehte Ivo Raphael auf den Bauch, schob seinen Arm unter dessen Taille und hievte sie an. Blitzschnell rieb er den Eingang zum Paradies mit Nivea-Creme ein, natürlich hatte er kein Gel da – außerdem gab' s so etwas nicht auf der Insel. Egal, dachte er, das wird auch gehen, er hatte darüber gehört. Raphael zappelte etwas, als Ivo mit den Fingern über sein Poloch glitt.

Man müsste die Creme gleichmäßig verteilen, meinte er leise.

Raphael war's gleich, wenn's nur Spaß machte.

Gerade, als ihm in den Sinn kam, ob mit der Creme die Schmerzen gar nicht erst auftreten, fühlte er, wie Ivos Hand an seinem Schwanz herumstrich. Sein Körper zuckte kurz, als Ivo den Eichelrand berührte und einen Finger an ihm entlang zog. Es war ein tolles Gefühl! Raphael versuchte es zu beschreiben, und ihm fiel nichts weiter ein als ein Reiz, den man nach einem Stich empfindet.

Es gab kein Zurück mehr, keinen Aufschub, es musste jetzt gleich sein, so geil waren beide, besessen von ihren Körpern und beseelt von der Anwesenheit des anderen.

Was würde nun folgen, was hatte sich Ivo vorgenommen? Über die Stellung hatten die jungen Männer nicht gesprochen. Nur Ivo wusste, dass die Hundestellung nicht die reizvollste ist, er hatte das im Buch über Männersex gelesen, aber praktisch wäre sie schon. Er stand auf, stellte sich hinter den Jungen, sein Glied hatte nun die richtige Po-Höhe. Er zog den Jungen etwas näher an sich heran, Raphael spürte sofort den strammen Schwanz seines Freundes und bekam Angst. Er dachte an die große Nille, wie sollte diese in eine so kleine Öffnung passen, selbst wenn die Schließmuskeln unglaublich dehnbar sind? In jedem Fall hatte er inzwischen gemerkt, dass die Nerven rund ums Po-Loch hochsensibilisiert sind. Ivo stöhnte und ächzte. Raphael fühlte plötzlich einen Finger, der sich in den Darm schob. Ivo fuhr mit ihm im Kreis. Er wusste, dass er die Innenwände mit Nivea auskleiden müsste.

Als Ivo den eigenen Schwanz ergriff, bekam er selbst Angst vor seinem Mut. Wie sollte der Junge das aushalten? Sein Po ist jungfräulich, und eigentlich nur, wenn man Gel hat, kann man so ein Riesenglied verkraften. Dennoch! Einen Rückzug konnte es nicht geben. Hatten nicht beide den Wunsch inbrünstig geäußert, endlich richtig zu ficken? Das musste jetzt sein ...

Ivo ergriff sein Glied, glitt mit der Hand nach unten, um es sicherer einzuführen. Währenddessen krallten sich Raphaels Finger im Laken fest.

Der Stoß kam überraschend.

„Drin!"

Ein richtiger Schrei!

Raphaels Stöhnen war besorgniserregend! Es tat ihm maßlos weh. Ihm war, als platzte sein Bauch, als würden die Häute im Darm zerreißen.

Ivo tat das Richtige, obwohl er davon keine Ahnung hatte. Er fasste nämlich Ivos Schwanz an, das heißt, er packte fest zu, ließ Raphael seine Hand spüren, verkleinerte die Fläche, mit der er ihn hielt und begann zu wichsen. Stöhnte der Junge auf, schob er seinen Riemen tiefer in Jasper. Das war schon ein Riesenfremdkörper, den Raphael vertragen musste. Ivo begann mit seinen Bewegungen, ganz zärtlich, ganz langsam. Er musste sich zusammennehmen, und er glaubte vorher nicht, behutsam mit dem Jungen umgehen zu können und mit Langsamkeit den Jungen zum Höhepunkt zu ficken. Natürlich wäre er am liebsten schnell eingedrungen und er hätte einen Ritt begonnen, der galoppierenden Pferden entsprach.

Nichts da!

So schaffte er es, Raphael zu schonen. Ivo wusste, dass er die Verzögerungen nicht lange aufhalten konnte. Seine Gier nach dem himmlischen Gefühl der Entladung drängte ihn bereits, schneller zu werden. Man kann sich nicht dauernd beherrschen. Ganz langsam raus- und reinschieben. Die Creme innen musste sich längst aufgelöst haben, jedenfalls flutschte der Penis hin und her, und Raphael hatte sich längst gefangen.

Die Töne, die Ivo ausstieß, mochte er.

Das bedeutete, eins zu sein, auf den anderen zu hören oder gleichzeitig mitzuerleben, wie er das Ficken genießt. Raphael fand's immer schöner. Gefühle, die in eine andere Welt führten ...

Im Rhythmus ging sein Körper mit Ivos Stößen einher. Trotz des Drucks, den er im Bauch fühlte, gefiel ihm jeder Stoß. Anfänglich hatte er sie als Hieb empfunden, jetzt als Genuss.

Ivos Hand wichste die Eichel seines Freundes. Er musste seine Innenhand wohl mit Nivea vollgeschmiert haben, denn der Junge empfand keine Trockenheit, im Gegenteil, ihm war, als befände sich sein Schwanz in einer wunderbaren glitschigen Masse.

Ivo wurde schneller. Der Druck seiner Hüften gegen Raphaels Gesäß hatte zugenommen. Seine Eier schlugen gegen die Rundungen des Hinterns. Er fühlte, wie das Zeug durch Schleusen geflossen sein musste und am Schaftende vor der Eruption ausharrte. Ivo stoppte einen Augenblick seine Bewegungen. Er hatte auch schon gemerkt, dass Raphael gleich spritzen wird. Wie schön wäre es für ihn, wenn beide zusammen kämen, sie darin sozusagen eine Person bilden. Von selbst stieß sein Unterleib wieder vor, zog sich zurück, mit Beherrschung war nichts mehr zu machen. Das Zeug musste raus! Er wichste und fickte, beides jetzt mit derselben Geschwindigkeit. Raphael presste sich nun gegen jeden Stoß, versuchte, seinen Schließmuskel sogar zu verengen. „Jetzt!“

Ein kräftiger Stoß, Ivos Schwanz versank ganz und gar in Raphaels Po und entlud sich. Raphael fühlte, wie dieser mehrere Male spuckte.

Raphaels Rohr hatte eine Dicke erreicht, die Ivo bisher nicht festgestellt hatte, er spritzte los. Rein ins Laken, eins, zwei, drei, vier.

Sie fielen in sich zusammen. Ivo lag auf Raphael und der war platt. Er wusste jetzt, dass er diese ersten Fickminuten niemals mehr vergessen wird. Er mochte es, wenn der sich langsam zurückziehende Ständer im Bauch auch an Umfang verlor.

Er spürte es, ein eigenartiges Gefühl.

Wenn er nun noch Ivos Stellung einnehmen wird, Mann, was für ein Tanz

Ab in die Dusche.

Ein Spaziergang

Wie oft es die jungen Männer noch getrieben hatten, war ihnen entgangen. Sie hatten aber vor Augen, dass bisher nur Ivo seine Sehnsucht stillte. Raphael musste sich gedulden.

Erschöpft betraten sie den Frühstücksraum. Selmas Freundin hatte alles im Griff, niemand brauchte sich durch die Abwesenheit der Wirtin einzuschränken.

„Was nun?“, quetschte Raphael diesen langen Satz müde und gelangweilt zwischen seine Lippen hindurch.

„An die frische Luft. Wir wandern am Meer nach Wittdün!“

„Kein Surfen heute?“

„Doch, natürlich, nachmittags. Sieh den Himmel an, er ist bedeckt und kein Lüftchen weht. Schlechte Voraussetzungen für einen Wellenritt. Daher mein Vorschlag!“, entgegnete Ivo schmunzelnd. Er konnte sich sein leichtes Grienen nicht verkneifen, weil Raphael in keinem Fall ein Spaziergänger war, allenfalls dass er ab und zu einige hundert Meter joggte.

Nach dem Frühstück stiegen sie in Bermudas, zogen ein T-Shirt über und schlüpften in Turnschuhe. Raphael nahm einen Textilbeutel von Rewe mit, ließ darin eine kleine Flasche Wasser verschwinden, steckte sein Portemonnaie rein und Kaugummi. Ivo ergänzte den Inhalt durch seine Papiere und Geld.

Raphael drängte darauf, durchs Dorf auf der Straße zu Onkel Toms Hütte zu gehen, er wollte in keinem Fall am Minigolfplatz vorbei kommen. Nach seiner Meinung musste Ivo nicht wissen, wo er arbeitete. Sein argloser Freund akzeptierte seinen Vorschlag, los ging‘s.

Als sie die Straße nach Nebel erreicht hatten, marschierten sie nebeneinander ein kleines Stück auf ihr zurück nach Norddorf und bogen nach einhundert Metern links ab und befanden sich auf dem Bohlenweg zum Strand. Raphael wäre am liebsten Hand in Hand gegangen, aber das verbietet sich von selbst, zu viele Touristen waren bei diesem Wetter auf dem Weg. Noch hatte man keine Lust, im Strandkorb zu liegen, der Himmel war immer noch grau in grau. Am Horizont allerdings schien er sich zu lichten, und Ivo sagte:

„Heute Nachmittag haben wir Sonne und Wind. Er setzt bereits leicht ein, scheint aus Nordwest zu kommen, für uns geeignet!“

Sie ließen die überfüllte Aussichtsdüne rechts liegen. Ihr Bohlenweg endete am kleinen Wäldchen, von dort bog man links zur Nordsee ab.

Ein Traumstück Natur begann.

Auch jetzt war es ihnen versagt, sich zu berühren, geschweige denn, Hand in Hand zu gehen, wie sich Raphael so einen Spaziergang mit einem Freund vorstellte. Zum Ausgleich sprang er aber von den Holzbrettern nach unten und stapfte durch den Sand neben Ivo her, lachte nach oben, zupfte mal Grashalme oder verjagte Kaninchen, und wenn er glaubte, dass niemand ihn beobachten würde, tippte er auf Ivos Schuhe, der in dieser Situation dicht am Rand der Bohlen lief.

Plötzlich ein Sonnenstrahl, der durch die Wolkendecke blinzelte. Ein weiterer ... Das Grau riss auf. Was für ein Sturm musste über ihnen herrschen. Im Nu war der Himmel wolkenfrei, soweit man sehen konnte, ein blauer Himmel. Raphael wollte gleich umkehren, was Ivo ablehnte. Hier hätten sie auch mal Gelegenheit, allein miteinander zu sein und daher auch unbeobachtet zu sprechen.

„Ich sehe überall Leute!“, meuterte Raphael.

„Hier noch, am Wasser kaum, aber nach dem Quermatenfeuer da drüben niemand mehr oder nur noch in den Dünen, und da ist man nackt.“

„Wirklich? Aussichten sind das ...“

Die Leute, meinte der Student, haben nicht allzu große Lust, lange Spaziergänge zu machen, und außerdem hätten die meisten Kleinkinder, und da verbieten sich dies von selbst. Raphael sprang wieder auf den erhöhten Holzsteg, erblickte von oben einen Fasan und lächelte versonnen über dessen schöne Farben, die ihn sofort im Dünengras erkennen ließen. Es war ein Männchen mit einem bunten Federpuschel. Hier haben diese Tiere wohl keine Feinde, dachte Ivo, der das Tier auch betrachtete. Er verfolgte danach den Flug einer Möwe, die hoch oben über seinem Kopfe ihre Kreise zog. Nun ließ sie sich treiben, kurvte der Erde entgegen und verschwand hinter einer hohen Düne. Ivo hörte sogar Vogelgeschrei, als sie gelandet sein musste. Also hatte sie dort ihr Zuhause. Währenddessen war Raphael vom Bohlenweg erneut auf den Sandboden gesprungen und ging dort weiter, parallel zu seinem Freund, dreißig Zentimeter unter der Höhe der Holzbretter. Wie komisch es aussah, dachte Ivo, wenn Japser den Pflanzen – Moos, Heidekraut und Strandhafer – auswich, um sie nicht zu zertreten. Dann blieb Raphael stehen, Ivo machte es ihm nach. Er wunderte sich allerdings über Raphael, als dieser mit dem Handrücken über die Halme strich, die sich wie Ola-Wellen in den Sport-Stadien leicht und rhythmisch bewegten.

Ivo fragte, was das sollte.

Raphaels Antwort brachte ihn zum Lächeln. Er musste an die eigene Schulzeit denken, in der oft Dinge behandelt wurden, die man nach der

Reifeprüfung vergisst. Raphael wollte nämlich wissen, wie sich Strandhafer anfühlt, ob ihre Halme rau sind, scharfe Ränder haben und wie geschmeidig sie eigentlich sind. Vergleichbares hatte Ivo im Biologie-Unterricht machen müssen.

Die hohen Dünen mit ihren abgeflachten Kuppeln, die tiefen Täler und die jetzt vor ihnen auftauchende Ebene, die fast bis an den Strand reichte, brachten Raphael wieder zum Staunen. Schönheit fasziniert. Die Bänke waren zum Teil besetzt, die Leute hofften, dass sie die Sonnenstrahlen erwärmten.

Die letzte Düne war durchschritten.

Endlich am Strand.

Welche Breite!

Der Kniepsand.

Was für ein Farbenspiel: Der weiß-gelbe Sand, dazwischen winzige Hügel mit ein paar grünen Strandhaferstauden, sogar ein See, in dem sich Enten und Gänse schnatternd tummelten. Sie berührten auch Ivos Gemüt, der sekundenlang seinen Arm auf Raphaels Schultern legte.

Schnell war die Breite durchquert. Sie stoppten kurz vor dem Ufer vor einer Wasserwanne. Beide entledigten sich ihrer Schuhe und wateten hindurch. Raphael quietschte, denn die Temperatur war höchstens achtzehn Grad.

„Ein Storch im Salat!“, posaunte ihm Ivo entgegen.

„Eher wie eine Ballerina auf der Bühne!“, brüllte er vor Lachen. Dann bückte sich der Junge blitzschnell, tauchte seine Hände ins Wasser und spritzte seinen Freund nass.

Dieser protestierte lautstark.

Ein Blick nach Norden und Süden der Insel offenbarte ihnen, dass kaum noch Menschen zu sehen waren, einige bückten sich vorn am Wasser nach Muscheln, andere warfen Stöckchen nach Hunden. Raphael ahnte, dass sich sein geheimes Verlangen nach Ivos Wärme erfüllen würde. Gleich würde er seine Hand in Ivos legen, nur noch einhundert Meter, dann wären sie allein.

Eine Böe direkt vor ihnen verwirbelte eine Menge Sand zu einem Trichter, der gleich darauf wieder in sich zusammenfiel. Strandläufer lenkten ihre Blicke auf sich. Wie eine von fleißigen Füßen getretene Nähmaschine ratterten sie dem weichenden Wasser hinterher, aufgezogen wie computergesteuerte Roboter. Raphael entfernte sich zwei, drei Meter von Ivo, sprang vor ihm hin und hier wie ein Kobold. Er lachte übers ganze Gesicht. Seine Müdigkeit war längst verflogen. Links von ihnen die nicht allzu hohen Dünen in Mitte des riesigen Strandgebiets. Von weitem sah man zwei Bretterbuden – so schien es – auf der Kuppe zweier Dünenhügel. Leute hampelten davor. Raphael schlug vor, sich irgendwo ein paar Minuten dort auszuruhen. Sie hatten längst das Quermatenfeuer hinter sich gelassen. Das Durchqueren der relativ schmalen Dünenkette auf dem Kniepsand dauerte drei Minuten. Jetzt waren sie auf der anderen Seite und kein Mensch war mehr zu sehen. Sie fanden eine Kuhle, die sie gegen Blicke abschirmte. Endlich.

Raphael fiel über Ivo her. Er wollte es wissen und nachholen, was ihm gestern nicht gelungen war.

„Das geht hier nicht, mein Kleiner, denn man bekommt zu schnell Sand ins Getriebe und Nivea hast du außerdem vergessen, da bin ich mir sicher!“ Anfänglich war Raphael eingeschnappt, aber dann willigte er doch ein.

Ohne sollte es aber nicht abgehen.

Der Junge holte daher seinen Schwanz unter Lachen aus der Hose hervor und schlenkerte mit ihm herum. Ganz unkompliziert machte Ivo es ihm nach.

Gegenseitige Griffe, und die Schwänze standen wie Zinnsoldaten steif und fest und blickten nach oben. Sie sahen sich an, dann veränderten die beiden ihre Stellung so, dass sie schräg zueinander standen, so dass jeder den Riemen des anderen in die Hand nehmen konnte, der eine mit der rechten Hand, der andere mit der linken. Sie legten los, gleich schnell, sehr schnell, und beide spritzten gleichzeitig in den Sand. Schade, schade, dachte Ivo.

„Dann haben die Käfer etwas Gutes zum Fressen“, murmelte Raphael und grunzte, weil er sich ein solches Tier vorstellte, wie es genüsslich am Tropfen schlabberte.

Mit dieser Stelle hatten sie bereits die Hälfte des Weges hinter sich. Da die Sonne noch himmlisch schien, ab und zu aber Wolken ihre Strahlen verdunkelten, war der Spaziergang äußerst angenehm. Mal gingen sie Hand in Hand, direkt an der Dünenkette nach Wittdün lang, mal stakten sie durch tiefen Sand, mal sprangen sie über feuchte Flächen, alles in allem, ein abwechslungsreiches Areal. Raphael war glücklich.

Inzwischen waren sie wieder am Meer gelandet. Kleine Wellen plätscherten ans Ufer. Während Ivo mal musste und zurückblieb, sammelte Raphael eine Handvoll Muscheln, die überall herumlagen. Als er Raphael wieder einholte, sagte der Junge, Ivo möge einen Augenblick stehen bleiben, und eh sich der Surfer versah, griff Raphaels Hand an dessen Hosenbund und zog fest dran, so dass Ivo beinahe umgefallen wäre.

Schwupp, die Muscheln landeten in der Netzeinlage.

„Mann, wie gefährlich, gebrochene Muscheln haben scharfe Ränder."

„Komm, ich entferne sie wieder!", sagte Raphael und lachte herzerfrischend! Und da keine Leute weit und breit waren, vollendete Raphael grienend sein Werk. Dass er beim Einsammeln ab und zu daneben griff, amüsierte Ivo sehr. Dessen Glied erweiterte die Hose und erleichterte Raphael Zugriff zu den Meeresfrüchten.

Als sie den Anleger erreichten, verließ der Bus gerade die Station, voll mit Menschen, die mit der *Nordfriesland* angekommen waren. Ob Selma und Myriam dabei waren? Ivo konnte seine Augen gar nicht so schnell auf den Bus ausrichten, wie der Busfahrer Gas gab. Nun gut, sie werden den nächsten abwarten. Auch das Warten hier, umgeben von Wasser, und ein wenig durchgeweht vom Wind, war angenehm. Raphael schaute auf die Uhr.

„Wann wollen wir in der Surfschule sein?"

„Ich denke, um vierzehn Uhr. Um ein Uhr sind wir Zuhause ..."

„So, und dann?"

„Leg ich mich ein paar Takte schlafen, schließlich sagen Ärzte immer wieder, man solle den Schlaf nachholen!"

„Was für kluge Ärzte. Haben sie auch hinzugefügt, dass man das zu zweit tun sollte?"

Ivo musste lächeln. Dieser Junge verwirrte ihn immer wieder. Während des Spaziergangs offenbarte er wieder seine Art der Sensitivität. Sie kam auch schon zum Vorschein, als er Fasane, Vögel und Hasen beobachtete und als sie beide durch die Wasserlache stolzierten, er vor Vergnügen quietschte, aber auch, als sie den Flug der Möwen verfolgten. Dann seine Gefühlsäußerungen, als es um den Umweg in Norddorf ging, und schließlich als er in der Bar von großer Wut übermannt wurde. Bei all seinen Bekannten in Hamburg und Mitstudenten hatte Ivo eine solche

Gefühlsvielfalt noch nicht erlebt. Trotz seines gesunden Egoismus hatte der Junge Fähigkeiten entwickelt, die für eine Partnerschaft hilfreich und stimulierend wirken könnten, träumte Ivo. Wäre dieser Junge nicht für sein künftiges Leben geeignet?

Raphael schaute nur immer Ivo an und erfreute sich an der Figur seines Freundes, an den strammen Armen, am definierten Po. Ihm war, als hätte er ein Traumlos gezogen. Alle bisherigen Freundschaften, Bekanntschaften und Berührungen konnte man vergessen, sinnierte er.

Auf der Rückfahrt

Myriam und Selma saßen in der Fähre nach Wittdün. Die junge Frau hatte verheulte Augen und blickte in die Luft. Sie konnte es nicht fassen. Sie war krank, schwer krank, wie die Untersuchung ergab. Der Arzt machte ihr zwar Mut, die Resttage im Urlaub zu verbringen, sich danach aber in der Heimat sofort ins Krankenhaus zu begeben, eine Operation wäre angesagt und anschließend eine Chemotherapie.

„Bitte nehmen Sie auch gleich wieder Kontakt zum Psychotherapeuten in Wittdün auf, der Mann ist auf diese Fälle spezialisiert und ein hervorragender Fachmann und Kollege. Ich gebe Ihnen sofort ein Überweisungsformular mit. Noch etwas: Krebs ist immer schlimm, aber, Frau König, er ist besiegbar. Seine Bekämpfung hat sich in den letzten Jahren sehr verändert, unsere Erfolge, unsere positiven Ergebnisse haben sich verdreifacht."

Selma war erschüttert, als sie vom Untersuchungsergebnis hörte. Sie besann sich Sekunden auf ihre eigene Person und stellte fest, dass sie großes Glück gehabt habe, nicht erkrankt zu sein. Sie war stolz auf ihr Dasein und dankte Gott dafür. Sie war bekanntermaßen eine emsige Kirchgängerin, seit ihrer Kindheit gehörte sie der katholischen Gemeinde von Norddorf an.

Selma fasste sich nach Myriams Information schnell und redete auf ihren Gast ein. Hunderttausende hätten bereits die gleiche oder eine ähnliche Diagnose bekommen, und mehr als achtzig Prozent hätten die Chemotherapie überstanden und überlebt. Das würde sie auch tun, denn sie hätte alle Voraussetzungen dafür, geheilt zu werden. Man muss nur dran glauben! Außerdem demütig sein, und diese Voraussetzungen hätte Myriam ja, schließlich ginge sie doch sonntags immer in die Kirche, spendete dort jedes Mal sogar einen Zehner.

„Außerdem bist du eine sympathische Frau!“, lsagte Selma.

Sie entschuldigte sich vor sich selbst. Man dürfe in solchen Situationen nichts Negatives rüberbringen, meinte sie. Hier gelte nicht das Sprichwort: Lügen haben kurze Beine, vielmehr ein anderes: Fromme Lügen sind erlaubt. Eigenwillig wie Selma war, leitete sie Myriams Frömmigkeit von deren Gebeten in der Norddorfer Kirche ab.

Ein Bus stand bereits an der Anleger-Haltestelle. Man brauchte nur noch zwanzig Meter vom Übergang zu gehen.

Plötzlich lief Selma unwillkürlich über den Parkplatz zum Reedereigebäude. Myriam eilte hinterher, vergaß ihre Ängste. Selma hatte das Gefühl, dass ihr Magen rumorte und sie gleich erbrechen müsste. Das wollte sie nicht mitten auf den Fahrbahnen, abfahrende Urlauber oder Gäste würden zusehen, das wäre ihr peinlich gewesen.

Myriam hörte sie rülpsen. Was das zu bedeuten hatte, wusste sie natürlich.

Selma erreichte als erste das Haus außer Puste, schleppte sich die Treppe fast gebückt hoch und fasste an den Türgriff der Damentoilette. Doch die Tür war abgeschlossen. Ihr Hirn arbeitete trotz ihrer miesen Lage wie verrückt. Da sah sie die Mülltonne im Kassenraum und rief sich zu:

Deckel ab und Kopf drüber halten, was gelang.

Der saure Geruch ihres Mageninhalts machte sie beinahe ohnmächtig. Myriam, längst angekommen, umfasste sie von hinten, um ihr Sicherheit zu verleihen. Immer noch kamen Mengen braun-grünlicher Säfte heraus.

Ekelhaft!

Selma richtete sich auf und atmete durch die Nase. Langsam kam sie in die Normalität zurück. Sie blickte noch einmal auf ihre Hinterlassenschaft, stutzte, weil sie ihr Monogramm in einem Stofffetzen am Rand der Mülltonne entdeckte: SK –Selma Kayer. Mit zwei Fingern zog sie daran und hervor kam ein kleines Stück Betttuch, wie ihr schien.

Das durfte doch nicht wahr sein!

Wer hatte es gestohlen, wer hatte es hergebracht?

Selma war so erregt, dass sie beinahe die Treppe hinunterfiel.

Es war noch einmal gut gegangen.

Sie nahmen den nächsten Bus.

Selma redete nur davon, wer so etwas tun würde, und beide Frauen vergaßen voll und ganz, was eben dort passiert war und was die Ärzte Myriam gesagt hatten.

Voll daneben

Die beiden hatten längst den Schrank beiseitegeschoben, die Zwischentür geöffnet, und hockten in Ivos Zimmer. Die Flurtüren waren abgeschlossen, die Schlüssellöcher verhängt. Sie standen sich nackt gegenüber. Ivo war der Meinung, dass man bis heute Abend warten sollte, Raphael dagegen wollte endlich wissen, wie der Fick mit seinem Freund sein wird.

„Ohne Atmosphäre? Mensch, Raphael, das macht keinen Spaß!"

„Du hast es mir versprochen!", jaulte Raphael.

„Generell ja, aber jetzt bei Helligkeit, ohne Kerzen, ohne Piccolo, wie doof!", blies ihm Ivo ins Gesicht.

„Egal, ich will jetzt, hörst du?"

„Und wenn's daneben geht?", meuterte Ivo.

„Dann wird's heute Abend wiederholt! Jetzt bin ich dran!", erwiderte Raphael und machte durch eine Fratze deutlich, dass es für ihn keine Gegenrede gäbe.

Er ging auf Ivo zu, umarmte ihn, obwohl dieser anfänglich nicht reagierte. Raphael rieb mit seinem Schwanz an Ivos Pobacken herum, gleichzeitig fasste er Ivos Riemen an. Während Raphaels Schwanz schon längst eine stattliche Höhe erreicht hatte, blieb Ivos auf halbmast stehen.

Raphael schmierte sein Glied mit Nivea ein, ebenso den Hintern von Ivo, er hatte sich jede Geste, jede Aktivität seines Freundes gemerkt. Er legte ein Handtuch aufs Bett, machte eine unmissverständliche Handbewegung, wie sich Ivo hinknien sollte, prüfte, ob sein Penis in Ivos Po-Höhe stand, drückte ihn heftig an Ivos Anus, jedoch konnte er nicht eindringen. Warum klappte das nicht? Was machte er falsch? War's etwa Ivo, der versagte?

Dieser blieb fast leblos!

Einerseits wollte Ivo seinem Geliebten den Spaß nicht verderben, andererseits wehrte sich sein Verstand jetzt gegen Sex und das wirkte sich auf seinen Schwanz aus.

Vielleicht musste man Ivo lockern, dachte Raphael. Daher ergriff er dessen Glied mit der Faust. Dieses stand immer noch halb erigiert im Raum, und selbst Raphaels Reiben konnte es offensichtlich nicht erwärmen.

Raphael wurde sauer.

Er glaubte, dass Ivo einfach nicht wollte, weil man zu diesem Zeitpunkt nicht ficken würde. Eine Mittagsnummer würde gegen die Sitten verstoßen, genau das würde Ivo denken.

Ivo wusste sehr wohl, warum er sich gegen seinen Freund sperrte. Er ahnte nämlich, wie fade der Akt werden würde, und das hasste er. Wie oft hatte er zu unpassenden Zeiten allein gewichst, und fast ebenso oft hatte er sich maßlos geärgert, weil er nichts davon gehabt hatte. Außerdem würde der Junge die größte Enttäuschung seines Lebens erleben, und der Surfer hatte Angst, dass ihre junge Liebe danach über den Bach gehen könnte.

Raphael hatte nur sich selbst vor Augen.

Er meinte, wenn sein Schwanz erst einmal in Ivos After versenkt wäre, wird sein Geliebter schon mitgehen. Denn umgekehrt wurden die Gefühle bei jedem Stich Ivos in seinem Arsch toller, intensiver und kitzliger, so wird es jetzt auch werden ...

Um Ivo aufzuheizen, fummelte Raphael an den Genitalien seines Freundes herum, knetete die Eier, fingerte abwechselnd am Schwanz und im Schritt seines Freundes herum und kraulte den Sack, ziepte manchmal an dessen Schamhaaren und fuhr dann wieder mit dem Zeigefinger über dessen freie Nille.

Raphael stand mit seinem Glied vor Ivos Eingang, mit Brutalität und Bravour stieß er zu, und er spürte, dass sein Glied von Wärme umgeben war. Ivo hatte seinen Schließmuskel entspannt.

Drin also!

Ohne Rücksicht auf Ivos Ächzen – es waren Töne eines leidenden Geschöpfes, in Wahrheit waren es Schmerzen - stocherte der Junge unkontrolliert im Darm seines Freundes, nach Sekunden schob er sein Rohr weiter in die Tiefe des ersehnten Paradieses.

Es brannte bei ihm tatsächlich, und während Ivo immer noch leise wimmerte, fuhr Raphael hin und her, mal blieb er vorn stecken, mal drückte er seinen Penis bis zur Wurzel in Ivos Bauch. Immer alles mit Kraft und ohne jegliche Zärtlichkeit.

Raphael war in seinem Element.

Er registrierte nicht, dass Ivo kaum gegensteuerte, ihm nicht half, richtig genießen zu können, die Lust zu schüren. Er tat nichts, um das erste richtige Sexerlebnis in Raphaels Hirn zu brennen, womit er beide aufeinander eingeschworen hätte.

Raphael machte weiter wie bisher. Er fühlte nur seinen Schwanz, nichts weiter, hörte in weiter Ferne Ivo hechelnd atmen und sich selbst heftiger stöhnen. Schon spritzte er los.

Kommen jetzt die großen Gefühle?

Nichts, fast nichts, nur das übliche Kribbeln, und das kurz, noch kürzer.

Raphael fiel auf Ivos Körper.

Er kam schnell zu sich.

Draußen war Lärm. Man hörte die Stimme von Selma.

„Hallo, wir sind wieder zurück!“, rief sie in den Vorraum.

Leute sprangen die Treppe hinunter, aus dem Garten eilten zwei Pärchen ins Foyer, umarmten Selma und sagten ihr, ohne sie sei das Haus doch leer, sie würde nicht nur Leben in die Bude bringen, sondern natürlich auch etwas ausströmen, was das Ambiente des Hauses ausmache.

Ivo stand bereits unter der Dusche, er war über Raphael verzweifelt. Raphael war in sein Zimmer zurückgeeilt, beide hatten die Schränke in die Normalposition gerückt, die Handtücher entfernt und den Schlüssel herumgedreht, so dass die Türen geöffnet werden konnten.

Raphael duschte bei sich.

Ein Scheißspiel, dachte er.

Woran lag das?

War das wirklich guter Sex? Der Junge steigerte sich anfänglich in Ärger, dann in Wut.

Es war natürlich Ivo, der ihm die Tour vermasselt hatte ...

Vertrauen ist gut, Kontrolle ist besser

Raphael suchte sein Handy. Er hatte es lange nicht bedient, wer sollte ihn auch anrufen, außer seine Eltern? Dennoch hatte er es immer bei sich. Seine Suche in seiner Hose war ergebnislos, es befand sich auch nicht in seinem Rucksack. Lag es vielleicht auf dem Tresen draußen, gedankenlos dahingelegt? Ist es ihm etwa gestohlen worden? Vielleicht in dieser Kaschemme, wo er den Streit hatte? Als er Leute draußen im Foyer fragte, ob sie ein Handy gefunden hätten, meinten diese, das könnten nur Ausländer geklaut haben, unter den Tagesgästen wären immer Bulgaren dabei, die haben alle was auf dem Kerbholz.

Ewig diese Scheiße, dass es Fremde oder Asylanten sein sollten oder Ost-Europäer, ging's Raphael durch den Kopf. Das war genau so, wenn Leute alle Muslime für den Terror in Syrien, in Libyen oder sonst wo verantwortlich machten. Wenn Ivo diese Behauptung gehört hätte, wäre er sauer, dachte der Junge. Schließlich wohnte sein Freund mit einem Ägypter und einem Iraker im Studentenheim zusammen und die wären sehr nett und intelligent, erinnerte sich der junge Mann, als beide am Strand über sein Domizil gesprochen haben.

Raphael war richtig wütend.

Sein Handy läutete. Der Ton gab die Richtung an, wo es lag, es musste in seinem Zimmer sein, wohin der Junge zurück eilte. Es lag einfach auf dem Fensterbrett. Widerlich, diese eigene Nachlässigkeit, klagte er, und warf zornig ein Kissen durch die Gegend.

Dann nahm es das Handy auf, drückte den grünen Knopf. Er hoffte, Ivo wäre am Apparat, obwohl er wusste, dass der noch nie angerufen hatte. Musste er ja auch nicht, wenn man nebeneinander wohnt.

„Hallo, Raphael, wie geht es dir, mein Liebling?“, säuselte seine Mutter durch den Äther.

„Wie soll es mir schon gehen?“, nörgelte der Sohn zurück.

„Kannst du denn schon surfen?“

„Ma, was soll der Quatsch?“

„Na ja, du weißt ja, ich mache mir deinetwegen immer Gedanken!“

„Musst du aber nicht. Ich komme zurecht!“

„Das hört sich aber wenig überzeugend an!“, quengelte sie.

„Lmd ...“

„Wie bitte? Ich rufe liebevoll an und du faltest mich mit so einer Handy-Äußerung zusammen!"

„Lass mich in Ruhe, Ma, mir geht es heute schlecht!"

„Aber wieso denn, doch nicht meinetwegen!", hauchte sie ins Mikrofon.

Gelangweilt hampelte Raphael hin und her. Er hatte es dicke, erst der blöde Ivo und jetzt die Alte. Was sollte das? Warum lassen sie ihn nicht in Ruhe? Kann er nicht machen, was er will? Mit sechzehn Jahren ist man doch reif für Eigenständigkeit, oder? Raphael maulte mit sich rum. Ihn kotzte alles heute an.

Plötzlich hörte er dazwischen:

„Also, Raphael ... hüstelte Selma, „diese Ungehörigkeit deiner Mutter gegenüber schreit zum Himmel. Mein Gott, dir geht es gut, wenn du wüsstest, wie es bei Myriam aussieht, würdest du dich schämen!"

„Ach, lassen Sie mich doch zufrieden, ich habe niemand was getan!"

„Wie bitte, mein Schatz, was sagtest du?"

„Mam, kann ich dich heute Abend gegen sieben Uhr anrufen? Ich kann jetzt nicht reden!"

„Wenn du meinst ..., grüß Gott!"

Ärgerlich schaltete Raphaels Mutter das Handy aus.

„Was ist denn los mit dir?", geiferte Selma ihn an. „Niemand hat dir was getan!"

„Das wissen Sie doch nicht!", meuterte Raphael.

„Entschuldige, das stimmt wirklich!" Selma legte in diesen Satz einen Hauch von Zärtlichkeit. Man sollte sich beim Jungen entschuldigen ...

„Kann ich dir denn helfen?"

„Sie? Dass ich nicht lache ...", blökte der Junge Selma ins Gesicht.

„Du hast ja heute eine wunderbare Stimmung. Ich werde dir jetzt etwas sagen: Glaube nicht, dass du der Wichtigste auf der Welt bist, nicht einmal in Norddorf. Unsere Myriam hat Krebs, und niemand weiß, wie lange sie noch leben wird, vielleicht einen Monat, vielleicht zwei. Und du gebärdest dich wie ein Hooligan."

In Raphaels Hirn bewegte sich was. Als ob er einen Schalter umgelegt hatte. Weg war sein Selbstmitleid.

Myriam, oh Gott. Warum bekommt man solche Krankheit? Arme Frau. Ob man was für sie tun konnte, vielleicht gemeinsam an den Strand gehen, sollte ich mit ihr zum Surfen gehen, sie dadurch ablenken?

„Entschuldigung, Selma. Ich bin ok, aber Myriam?“

„Man muss doch mit einem großen Jungen, wie du es bist, mal reden können, ohne dass man gleich angemotzt wird. Genau so wird deine Mutter gedacht haben. Und wenn ihr was zugestoßen ist und du sie nicht mehr wiedersiehst? So kann man doch nicht mit Menschen umgehen, die einen lieben oder die man selbst liebt!“

„Wer liebt mich schon?“

„Fängst du schon wieder an? Ich zum Beispiel, obwohl du zu mir frech warst und bist, mich angreifst, obwohl ich dir nichts getan habe. Ich nehme auch an, dass dich Ivo auf seine Weise liebt.“

„Der?“

„Wieso, ist er sauer auf dich? Hast du was ausgefressen?“

Wieder war ein Punkt erreicht, an dem Raphael am liebsten losgelegt hätte. Aber er nahm sich zusammen, sagte sich, irgendwie hat die Wirtin Recht. Sie war einfach eine coole Frau. Hilft allen, geht mit Myriam ins Krankenhaus, nimmt eine Übernachtung auf sich, und war für alle da.

Selma überlegte, ob jetzt der Zeitpunkt gekommen war, mit ihm über das Laken zu reden, das sie in der Mülltonne gefunden und jemand versteckt hatte. Einwandfrei, es war ihr Bettzeug. Nein, winkte sie sich gegenüber ab, jetzt nicht. Der Junge sollte besser zur Ruhe kommen! Aber wie?

„Kannst du mir kurz im Garten helfen, ich möchte das Hochbeet säubern!“, fragte sie ängstlich. Sie glaubte schon zu hören, wie Raphael sagte: „Nö, keine Lust oder es gäbe Besseres zu tun ...“

„Hochbeet? Zeigen Sie es mir, ich mache mich an die Arbeit!“

Selma jubelte. Sie hatte doch nicht so schlechte Menschenkenntnis, sagte sie sich nun. Egal, wenn man den Jungen forderte, dann war er sofort zu allen Schandtaten bereit.

„Prima!“, strahlte sie Raphael an. „Du sollst nichts umsonst machen.“

„Ich will gar nichts! Unter Freunden ist Hilfe selbstverständlich!“, meinte er großspurig und – wie Selma fand – altklug. Was soll’s.

Während Selma mit dem jungen Mann in den Garten marschierte, kam Myriam aus ihrem Zimmer. Sie hatte sich umgezogen, ja, sogar etwas hübsch gemacht, sie hatte dreiviertellange Khaki-Hosen an und ein Top mit Pailletten und sandbeige Sandaletten. Sie tippelte den beiden hinterher, sah sie am Hochbeet diskutieren und gesellte sich dazu.

Selma war tief berührt. Sich in dieser Situation herauszuputzen, das zeugt doch von Kraft. Vielleicht, dachte sie, hatte sich Myriam besonnen, sich vorgenommen, gegen die Krankheit anzukämpfen. Wenn nun noch der Junge anbeißen würde, könnte sie sogar gesund werden ...

„Was haltet ihr davon, wenn wir zusammen in einer halben Stunde Kaffee trinken würden, ich habe noch für jeden ein Stück Kuchen! Und ich habe sogar für jeden ein Piccolo."

Raphael, der inzwischen oben auf dem Hochbeet hockte, blinzelte nach unten, nickte Selma zu und ließ sie wissen, wie gut dieser Vorschlag ist. Myriam war auch einverstanden, weil sie mit dem Jungen zusammen sein konnte, den sie seit dem Badaufenthalt mochte. Sie schätzte junge Leute, die anders waren als normale Bürger, die - wie sie selbst - gegen den Strom schwimmen, auch wenn er ihr manchmal noch zu kindlich vorkam und zu vorlaut.

Spurensuche

Ivo hatte inzwischen Board und Rigg ans Wasser geschleppt, ein, zwei Stunden könnte er heute noch surfen, solange wird sich das Wetter halten. Angesagt für den Abend war allerdings ein zunehmender Wind aus Nordwest und vielleicht sogar Gewitter. Über ihm noch blauer Himmel, die Sonne schien prächtig, aber das täuschte, wie Ivo vom Surflehrer gehört hatte.

Als er dort am Nachmittag ankam, fragte man ihn gleich, wo Raphael wäre, heute hätten sie sich um vierzehn Uhr verabredet. Ivo zog die Schultern hoch, was so viel heißen sollte, wie, ich weiß nicht, aber der Surflehrer ließ sich nicht abspeisen. Warum war er nicht mitgekommen?

„Keine Ahnung!", log Ivo und hoffte, dass es für Knut dabei bleiben würde. Er hatte sich geirrt.

„Mann! Erzähl mir keine Märchen. Ihr beide seid sehr vertraut miteinander, was mich nichts angeht und auch egal ist. Du kannst mit dem Jungen machen, was du willst, aber mehr Ehrlichkeit mir gegenüber erwarte ich von dir. Mehr nicht!", tadelte der Trainer.

„Entschuldige, du hast Recht. Wir beide haben mittags Streit miteinander gehabt, und ich konnte Raphael nicht beruhigen, er hat gar nicht mehr mit mir geredet!"

„Du weißt, dass ich viel von dem Bengel halte. Er ist ein großes Talent, wissbegierig und fleißig. Bisher war ihm nichts zu viel. Daher ging ich auch davon aus, dass ihn nichts aus der Bahn werfen könnte, und er immer die Stunden einhalten würde. Ich wollte ihm am Ende der Ausbildung die Hälfte der Gebühr erlassen. Er hat es nämlich schwer, verdient sich das Geld selbst."

„Und nun?

„Was und nun?", fragte der Lehrer und schielte Ivo an

„Streichst du den Rabatt?" Das wäre vielleicht eine kleine Katastrophe, glaubte Ivo.

Noch einmal kam ihm zu Bewusstsein, wie heiß der Junge war, nachdem er selbst von ihm vorgeknöpft worden war. Und hätte er nicht deshalb eine Konzession machen müssen? War das eigene Verhalten wirklich einwandfrei? Ein bisschen Entgegenkommen hätte nicht geschadet, schimpfte er mit sich. Danach hätte er auch eine Mitschuld an Raphaels Ärger.

„Ich glaube tatsächlich, dass ich sein Verhalten mit zu verantworten habe. Ich bin ihm nicht entgegen gekommen, zu blöd!"

„Nein, den Rabatt streiche ich nicht, ob du nun beteiligt bist oder nicht, der Junge hat es einfach verdient. Übrigens ist seine Individualität durchaus begrüßenswert, er ist kein Nachahmer, kein Mitläufer."

„Weißt du, wo er sein Geld verdient?", fragte Ivo zögerlich.

„Natürlich!"

„Dann sag's mir!"

„Mann, wenn du dich schon für ihn interessierst - und umsonst bist du doch nicht mit ihm auf einem Board gesegelt, oder? Dann solltest du dich mal richtig um ihn kümmern. Glaubst du denn, dass eine Freundschaft nur vom Surfabenteuer leben kann?"

„Nein, ich habe es schon versucht, und wir haben heute Vormittag viel am Strand miteinander gequatscht. Und neulich auch schon mal bei Kerzenschein und ein Piccolo."

„Wahrscheinlich nicht genug. Wenn sich ein Junge in dem Alter an einen Älteren hängt, braucht er mehr als oberflächliches Gerede. Er braucht große Zuneigung. Lass dir das gesagt sein. Ich habe Erfahrung."

„Woher?"

„Verdammt, ich bin bisexuell! So, nun weißt du es! Und du kannst deine sexuelle Orientierung auch nicht verleugnen!"

„Findest du?"

„Ja, tue ich, und mir macht sie nichts aus! Und noch was: Wenn du hier fertig bist, sprecht euch gefälligst aus! Das erwarte ich von einem Freund, und du bist auch ein Freund von mir!"

„Hand drauf! Und Danke!"

„Übrigens verdient er seine Piepen beim Mini-Golf."

Ivo tänzelte zu seinem Board, im Nu waren Rigg und Brett im Wasser, ein perfekter Wasserstart folgte, und sehr schnell nahm der Surfer Fahrt auf, denn der Wind hatte inzwischen noch zugenommen, er mochte jetzt wohl eine Windstärke von fünf haben.

So nicht!

Nach dem gemeinsamen Kaffee verabschiedete sich Raphael. In ihm rumorte es immer noch. Er musste an Ivo denken und den missglückten Fick. Bloß nicht weiter verfolgen, dann würde er sicher wieder wütend werden. Vielleicht sollte er verduften. Außerdem hatte er keinen Bock mehr, weiter mit Selma und Myriam zu labern. Sie konnten ihm doch nicht helfen.

Aber wohin? Ja, zur Minigolfanlage. Da könnte er Bescheid sagen, dass er morgen früh kommen würde.

Jus Miene verfinsterte sich. Als der junge Mann vor ihm stand, sah er rot.

„Hau ab, deine Zeit ist hier vorbei!"

„Wieso das denn?"

„Verpiss dich", grölte Ju. „Du warst gestern in der Blauen Maus mit einem ätzenden Typen, geh doch zu dem!"

„Aber hier sieht es wie ein Saustall aus!"

„Ich schließe jetzt, und im Übrigen kriegen wir Sturm und Gewitter, ich habe noch genug zu tun!"

„Mann, sei nicht so stur! Du brauchst Hilfe!", lamentierte Raphael ziemlich erregt.

Er musste an die Wichsarien denken, ans Blasen und wie Ju gestöhnt hatte, also mochte er es.

„Mach endlich eine Fliege, ich kann dich nicht mehr ertragen!", flötete ihm der Minigolfbesitzer entgegen, machte dabei Handbewegungen, die darauf schließen ließen, dass er sich schnellstens aus dem Staube machen sollte, sonst würde was passieren.

„Aber mein Blasen hat dir gefallen!", grölte ihm Raphael entgegen.

„Scheiß drauf, und ab!"

Raphael war im eigentlichen Sinne nicht traurig. Er hatte den Job bekommen, weil er mit dem Boss Sex machte, was sich allerdings erst hinterher herausstellte. Zwar wurde er gut bezahlt, aber den Fick, den Ju wollte, lehnte der junge Mann ab. Seine Haltung hierzu war klar: Gebumst wird nur mit jemand, den man liebt, eindeutig ...

„Adios, ich bin schon weg! Zu deinem Nachteil. Und da du einfach doof bist, wirst du das noch spüren. Außerdem gibt's bessere Schwänze!"

„Du alte Sau, hau ab!"

Raphael machte sich auf den Weg nach Hause. Er überlegte, wie er sich verhalten sollte, wenn er auf Ivo trifft. Eigentlich war's doch gar nicht so schlimm und nachholen ließ sich der Sex doch auch, zu jeder Zeit, und wenn's jetzt am Abend ist, dann wird's gelingen!

In Ivo bohrte es wie beim Zahnarzt. Bei diesem nur in den Zähnen, bei Ivo im Hirn. Was war das für eine Arbeitsstelle? Er war noch nie beim Minigolf gewesen. Wer war der Eigentümer? Knut kannte ihn. Als der Trainer dessen Name aussprach, rümpfte er die Nase. Was für ein Kerl war das? Hatte er etwa Dreck am Stecken?

Der Fratze von Knut nach zu urteilen: ja.

Oder lehnte Knut den Mann nur ab, weil dessen Geschäft besser als das eigene florierte?

„Du müsstest die Arschgeige kennen, denn der hält sich abends meist in der Blauen Maus auf."

Ivo dachte nach. Nein, er kannte den Mann nicht. Auch hatte er dessen Namen nie gehört. Wie hieß er noch? Knut hatte den Namen erwähnt. Aber so etwas vergisst man, wenn kein besonderes Interesse vorliegt. Hinterher war dem Studenten klar, dass er sich den hätte merken sollen. Spricht man jemand an, als ob man ihn kennen würde, könnte es eher zu einem Gespräch kommen.

Ivo beschloss, sich den Minigolfbesitzer näher anzusehen. Der Kerl zahlte gut, wie Knut meinte. Wieso tat er das? Was hatte Raphael da zu tun? Kartenabreißen? Kontrollieren?

„He, bist du der Boss hier?", kam's ziemlich arrogant von Ivo rüber. Ju blickte hoch, als er gerade die Bahnen säuberte.

„Mann, wieso fragst du?"

„Ich suche Raphael, der hat doch bei dir malocht, oder?"

„Der? Ach ja, die Becken gebürstet, wozu er gerade noch fähig war."

„Und dafür zahltest du so viel Zaster?"

„Mann, woher weißt du das?"

„Ich bin sein Bruder, er ist jung und unbedarft, ich meine unerfahren."

„Bruder?" Ju starrte Ivo argwöhnisch an. Wenn das nicht eine Lüge war ...

„Der und unerfahren? Ein Stricher ist er, nichts weiter!"

Ivo erstarrte. Hatte der Junge sich so sein Geld verdient?

Wenn man auf dieser Anlage sauber macht, dachte Ivo, dann kann er höchstens zehn Euro die Stunden verdienen, bei zwei Stunden, wie Raphael das selbst von sich gegeben hat, waren das gerade mal zwanzig Euro. Die Rede bei Knut war aber von mindestens fünfzig Euro.

„Und du hast mit ihm gewichst?"

„Was für Scheiß laberst du da?", bellte Ju aufgeladen zurück. „Evolutionsbremse! Unheilbar, oder?", fauchte er.

Ivo ahnte, dass er den Nagel auf den Kopf getroffen hatte und setzte nach: „Fünfzig Euro, mein Gott, was musste er tun?" Eine Frage auf blauen Dunst! Abwarten, vielleicht fällt der Kerl drauf rein, hoffte der Student. Eins könnte allerdings dabei eher ein Hemmschuh sein, seine zittrige Stimme. So etwas lockt einen Gegner zum Gegenangriff ...

„Halt 's Maul! Abgefuckter Vollpfosten!"

„Dito!"

„Eifersüchtig? Verstehe: Du wolltest ihn entkorken? Ist schon passiert!" Ju konnte sich sein mieses Lachen jetzt nicht mehr verkneifen. Nach seiner Meinung hatte er sich endlich an dem Bengel gerächt!

„Verpiss dich endlich! Du mieses Weichei!", setzte er nach.

Ohne weitere Diskussion machte Ivo kehrt. Er hatte genug gehört. Er wäre schwach gewesen, dachte er unterwegs. Man hätte den Kerl noch mehr aus der Reserve locken müssen.

„Blödmann! Wenn du sein Stecher bist ... Da hast du dir vielleicht eine Pfeife eingehandelt ...", grölte Ju hinterher.

Ivo war sprachlos. Seine erstarrte Miene ließ ihn beinahe als Monster erscheinen. Er ging wie in Trance zurück in die Pension.

Raphael ein Stricher?

Nein, das konnte nicht sein. Sein Herz klopfte mehr als sonst. Seine Wimpern flatterten, der Atem ging schnell. Sein Gesicht wurde blutleer. Was für ein Fiasko. Er lief los. Bloß schnell mit dem Jungen reden ...

Raphael ein Junge, der sich mit Sex Geld verdiente? Hatte er nicht bewiesen, dass er unberührt war, als er in ihn eindrang? Und selbst beim Wichsen hatte man das Gefühl, dass er es aus Liebe und Leidenschaft tat?

Raphael, was bist du für ein Kerl?

Wenn er Sex gegen Geld anbietet, ist Schluss, dachte Ivo. Wie gewonnen, so zerronnen!

Ivo fühlte sich gehörnt. Ein Sechzehnjähriger, der mit Kerlen fickt? Nein, das durfte nicht sein, nein, das kann nicht sein ...

Eine neue Seite von Selma!

Kaum in der Pension angekommen, schrie Ivo nach Raphael in einer Lautstärke, die alle Zimmerbewohner aufgeschreckt haben müsste. Aber es waren fast keine Urlauber im Haus, denn Essenszeit war angesagt, und die meisten waren wohl auf dem Weg in Restaurants.

Raphael hielt sich aber in seinem Zimmer auf, wie Selma verlauten ließ, Myriam saß bei ihr in der Küche. Die beiden tuschelten, als Ivo vorbei zu schleichen versuchte.

„He, Ivo, willst du nicht mal zu uns kommen?", rief Selma und winkte ihm zu. „Wie siehst du denn aus? Ist dir eine Laus über die Leber gelaufen?"

„Lasst mich in Ruhe!", erwiderte der Student aggressiv.

„Du bist hier Gast, Ivo!", gab Selma von sich. „Wir haben dir nichts getan, also benimm dich, wie es sich gehört und komm her."

Was blökt die Alte denn, dachte er, eilte in Richtung seines Zimmers. Bloß mit niemand reden. Raphael, ein Stricher ...

Dann stutzte er doch vor seinem Raum, besann sich auf seine Erziehung.

Erschreckt über sich, dass er seine Wut an Leuten ausließ, die nichts, auch gar nichts für seinen Zustand konnten, kehrte er um und ging zu den Frauen in der Küche und entschuldigte sich.

„Verzeihung, Selma, ich bin einfach sauer, und Sie würden das verstehen."

„Finde ich toll von dir!", gab Selma leise von sich. „Wenn man verletzt ist, kann man sich oft nicht beherrschen." Sie nickte ihrem Bewohner zu und ergänzte fröhlich: „Vergessen!"

„Ich hatte Streit mit Raphael!"

„Das müsst ihr schon beide selbst ausfechten. Myriam und ich stehen außen vor. Ich würde übrigens nie Stellung für irgendeinen von euch beziehen. Ich mag euch beide."

„Danke!"

„Nun aber etwas anderes. Myriam, bist du so nett und lässt uns einen Augenblick allein? Da gibt es etwas, das ich mit Ivo besprechen muss, was mich geärgert hat!"

„Klar!", sagte Myriam. „Wenn ihr das Gespräch hinter euch habt, ruf mich bitte, ich möchte dich auch noch etwas fragen!" Schon durchschritt sie das Foyer und eilte in ihr Zimmer. Selma hatte inzwischen erkannt, dass diese junge Frau viel stabiler war, als sie früher gedacht hatte. Das gefiel ihr sehr. Sie hatte immer das Gefühl, dass sich Frauen zu viel von Männern gefallen ließen. Bei Willi musste sie sich oft genug wehren, aber dieser gab immer nach. Ihrem Grinsen nach zu urteilen, amüsierte sie ihre Durchsetzungskraft damals.

Hatte Myriams Gesprächstherapeut für ihr neues Selbstbewusstsein gesorgt? Sie war schließlich lange bei ihm drin, und er soll ziemlich berühmt sein. Hat sie ihm vom Geheimnis erzählt, das sie bei mir nur erwähnte? Hatte sie dadurch vielleicht ihre Ängste abgelegt?

„Ivo, ein ernstes Wort. Wie kommt ein Bettlaken von mir in den Abfalleimer bei der Amrum-Reederei auf dem Anleger?"

„Selma, Entschuldigung! Wir hatten rumgemacht, ohne nachzudenken."

„Komm her, Ivo, ich umarme dich, weil du ehrlich bist. Ich liebe dich einfach. Du bist ein toller Typ. Raphael kann nur froh sein, dass er dich kennengelernt hat. Aber einen so jungen Freund zu haben, erfordert Disziplin und Verantwortung. Richte dich danach! Mein Willi war derselben Meinung, was Sexualität angeht. Wir hatten es auch getrieben, aber ohne dass irgendjemand davon etwas mitbekam. Ich hatte im Stillen gehofft, dass einer von euch Myriam nett findet, aber das erübrigt sich jetzt, wo ich weiß, was mit euch los ist."

„Und du bist nicht sauer?"

„Über das Laken ja, über euch nicht mehr! Wenn ihr beide Probleme habt, dann muss man diese lösen, am besten, du holst dir den Jungen, und ihr geht oben auf den Deich entlang in Richtung Nordspitze. Da hört euch keiner und ihr könnt euch anschreien, so was hilft oft. Außerdem könnte das Wattenmeer oder sogar die augenblickliche Wolkenlage im Nordwesten beruhigend wirken, wenn man die Schönheit sieht und nicht die Gefahr, die aus einem Wetterumschwung drohen könnte."

„Und was ist mit dem Laken?"

„Gut! Ich kaufe ein neues und gebe dir die Rechnung. Ich möchte nicht noch einmal so etwas erleben. Ihr könnte machen, was ihr wollt, wir alle sind Menschen mit unterschiedlichen Sehnsüchten, aber eine gewisse Ordnung ist in einem Hotel einzuhalten, das heißt auch in meinem Haus."

Auf dem Deich

Raphael war gegen einen Spaziergang, beugte sich aber dem Wunsch von Selma. Ivo erging es nach der Information des Minigolfbesitzers ebenso. Beide wollten es sich nicht mit ihrer Wirtin verderben, denn sie mochten sie sehr und bewunderten ihre neutrale Haltung und Ausgewogenheit ihrer Urteile. Als die beiden auf dem Deich waren, der ja nicht weiter als einhundertfünfzig Meter entfernt war, entdeckten sie die Schönheit des dunklen Himmels, an dem sich schwarze Wolken über Sylt auftürmten. Die Flut hatte das Watt wieder zu einem riesigen Meer zwischen den Inseln verwandelt, heute sah man sogar kleinere Wellen mit ein paar Schaumkronen auf ihrem Kamm.

„He Raphael, kannst du's erkennen, was auf uns zukommt? Da hinten über Sylt braut es sich was zusammen!", sagte Ivo – irgendwie gehetzt.

„Knut redete schon davon, als er die ersten Bretter und Riggs mit einem Traktor durch seinen Vater wegbringen ließ."

Wollte er die Zeit überbrücken? Raphael ärgerte sich.

„Was soll der Mist? Komm endlich zur Sache! Du wolltest doch was von mir!", motzte Raphael ungeduldig.

„Richtig!"

„Warum hast du mich angelogen? Ich war bei deinem Chef, der dich rausgeschmissen hat, weil du unzuverlässig warst, wie er meinte!"

„Das meinte er, dieser Saftsack. Wir waren nicht verabredet, ich hatte nicht zugesagt, abends zu kommen, wenn er sich über den Abend beschwerte, an dem wir zusammen waren."

„Ich habe keine Ahnung, welchen Abend er meinte, er hatte eher im Allgemeinen geredet."

„Geschludert, meinst du das? Er hat dich belogen, wenn er über mich hergezogen ist!"

„Könnte es auch sein, dass du mich ständig anlügst?", donnerte Ivo plötzlich los, sprang zwei Meter nach vorn und stand vor Raphael. Der stoppte plötzlich, um seinen Freund nicht anzurempeln.

„Wieso?", grölte dieser.

„Er hat gesagt, du seist ein Stricher", brüllte Ivo zurück.

„Diese Sau, und du glaubst das?"

Raphael war außer sich. Er schubste Ivo ohne Vorankündigung nach vorn, und der hatte Schwierigkeiten, auf der abgeflachten Deichkuppe zu bleiben. Beinahe wäre er die Schräge nach unten gerutscht! Oder gestürzt?

„Mann, erst lügen, und jetzt dies! Du hast sie wohl nicht alle ...", polterte Ivo los, sprang zu Raphael zurück und ohrfeigte ihn.

„Fremde Schwänze lutschen, und mir was vormachen ... Scheiß drauf!"

„Fuck you!", schrie Raphael.

Seine Wut veränderte sein Gesicht. Eine Querfalte auf der Stirn, die zu Schlitzen mutierten Augen, der hochgezogene Mund, gaben dem Jungen ein bedrohliches Aussehen. Die Ohrfeige war das letzte, was er vertragen konnte!

„Glaub doch dem Gangster“, brüllte Raphael. „Vielleicht suchst du genau solche Gesellschaft“, jaulte er, „und blasen kann das Stinktier auch!“ Kaum ausgesprochen, kam ihm die ausweglose Situation zu Bewusstsein. Er konnte seine Tränen nicht mehr aufhalten, sie rannen die Wangen hinunter. Wäre nicht der Wind gewesen, Ivo hätte sein Schluchzen gehört.

„Leck mich doch am Arsch!“, höhnte er noch, „ich haue ab. Im Übrigen: Der miese Sex mit dem Kerl vom Minigolf war vor unserer Tour. Aber das spielt keine Rolle mehr, du bist ein Kotzbrocken, ein Wichtigtuer und Arschloch!“

Das saß. Ivo war platt. Soviel Frechheit hatte er nicht erwartet. Und er hatte im Traum nicht daran gedacht, dass dieser Junge so aufgebracht sein konnte. Da hörte er schon wieder:

„Tu dich doch mit dem Minigolf-Wichser zusammen. Ohne mich. Du kannst mir ab sofort gestohlen bleiben!“, kreischte Raphael mit verzweifelter Stimme und hoch rotem Kopf, drehte sich abrupt zur anderen Seite und lief, was das Zeug hielt.

„Mach bloß nicht noch auf Mitleid!“, blökte Ivo Raphael hinterher. „Zieht bei mir nicht ... Stricher ... Umsonst hast du wohl nicht so viel Geld für zwei Stunden eingesackt, oder?“

Seine gedämpfte Tonhöhe ließ darauf schließen, dass er sich etwas beruhigt hatte, als er kurz über das, was Raphael sagte, nachgedacht haben musste. Offensichtlich war er nun auch losgeworden, was ihn bewegte, und das hat ihn außerdem etwas besänftigt.

Ivo rannte hinterher.

Aber der Junge war schneller und wendiger. Er nahm eine Abkürzung, indem er den Deichhang in zwei Sätzen runtersprang und an dessen Fuß weiter lief. Seine Sinne sagten ihm, nicht die Pension aufzusuchen, da würde er Ivo wahrscheinlich treffen, und so schlug er die erste schmale Querstraße ein, die ihn an der Pension vorbeiführte. Ivo blieb zurück.

Wohin jetzt?

Selma hatte die beiden beobachtet.

„Geh den Seitenausgang hinten raus“, rief sie zu Myriam „und laufe dem Jungen hinterher! Mach dich zum Meer auf, ich weiß, dass der Junge gern aufs Wasser starrt, vielleicht beruhigt er sich. Außerdem glaube ich, dass der Kniepsand unter Wasser steht, das könnte toll aussehen und ihn wieder zur Besinnung bringen. Nimm deinen Beutel mit, hier ist eine Tafel Schokolade. Und hier ist ein Cape von Willi und mir, falls es regnet, da könnt ihr beide unterschlüpfen."

Myriam holte ihre Flasche Wasser, steckte sie in den Beutel, tat die Schokolade hinein, und ab ging's.

Sie erreichte Raphael an der Bushaltestelle Pension und Hotel Haus Anka. Der Junge fiel ihr um den Hals. Ein Hitzestrom schoss durch ihren Körper. Seit Jahren war sie wieder das erste Mal glücklich.

Ivo kehrte wie ein begossener Pudel heim. Er hatte versagt, und er wusste es. Er ging an Selma vorbei, ohne zu grüßen. Er schloss sein Zimmer auf und warf sich aufs Bett.

Selma ließ ihn gewähren. Jeder muss im Leben Lektionen lernen, sagte sie sich. Auch Ivo.

Ein Unwetter

Myriam legte ihren Arm um Raphael, der sich nicht wehrte. Sie marschierten im Gleichschritt durch den beginnenden Waldstreifen an der Aussichtsplattform vorbei zum kleinen Wäldchen und von dort den Bohlenweg entlang in Richtung Strand. Beide waren hier bereits des Öfteren gegangen, Raphael zuletzt mit Ivo, an den er sich erinnerte, als sie die Stelle mit dem Fasan passierten. Schnell konnten sie nicht vorankommen, der Wind war weiter aufgefrischt, die Holzbretter unter ihnen waren feucht. Aber es regnete noch nicht, obwohl die Wolkenberge inzwischen Amrum erreicht hatten. Raphael fasste Myriam um die Taille, um sie fester an sich zu drücken. Er brauchte jetzt die Berührung, menschliche Wärme, die ihm Myriam gab. Als sie vor dem großen Tal standen und ihre Blicke bis hinüber zur Dünenkette am Strand richteten, fühlten beide, wie gut es war, zu zweit unterwegs zu sein. Allein hätte Myriam diesen Weg nicht gemacht und Raphael wäre sicher auf halber Strecke umgekehrt, zu einsam wäre es ihm gewesen. Außerdem hätte er sich durch das Unwetter zu bedroht gefühlt.

Es war jetzt nicht kalt, aber ungemütlich, weil der Wind kräftig blies und sich weiter zu verstärken schien. Die Halme des Strandhafers kamen kaum noch aus ihrer gebeugten Stellung, damals, als Raphael mit Ivo unterwegs war, gab es hin und wieder ein paar Böen, die den Gräsern genügend Zeit ließen, wieder nach oben zu schnellen, so dass der nächste Windstoß sie erneut auf den Boden beförderte.

An der Aussichtsstelle angelangt, verschlug es ihnen die Sprache. Der gesamte Kniepsand war überspült. Wellen schlugen unten gegen die Dünen und nahmen Sandmassen mit zurück ins Meer, wenn das Wasser zurückschwappte, um sich gegen neu aufgebäumte Wogen zu behaupten, was nicht gelang. Das aufgewühlte Meer, der weite Blick über eine riesige Wasserfläche waren faszinierend. Man sah bis in die Unendlichkeit keinen festen Boden mehr.

In der Ferne, früher direkt am Ufer, hatten die Wellen eine Höhe von zwei bis drei Metern erreicht, Schaumblasen krönten ihre Kämme, die sich überschlugen und nach vorn rollten. Beide klammerten sich fester aneinander. So war man gegen die Natur gefeit. Sie stapften nach links über den ersten Dünenkamm und fanden bald die herrliche Kuhle, die genauso da lag wie damals, als Ivo und der Junge sie in Anspruch nahmen. Der tief im Sand steckende Stab und der Ast waren unverkennbar, wobei die vordere blaue Latte fast an der Auslaufstelle der Düne etwas angeschrägt war. Der höllische Wind, dachte Raphael, keine Frage. Myriam nahm die Plastikplane aus ihrem Beutel, rief Raphael zu, er solle sich auf eine Ecke konzentrieren, sie auf die andere, und dann glätteten sie das Tuch und legten sich nebeneinander drauf, dicht nebeneinander, auf den Bauch, den Blick der tosenden Nordsee zugewandt. Nieselregen setzte ein, was beide nicht störte. Er war warm, die Temperaturen waren sowieso immer noch angenehm. Am Horizont sahen sie jetzt Blitze zucken, ein Gewitter nahte. Sie sahen sich beide an, sie fühlten sich wohl. Das Wetter ließ keine anderen Gedanken mehr zu, als sich mit ihm und seinen sichtbaren Auswirkungen zu beschäftigen. Als sie sich gegenseitig betrachteten, begannen sie zu lachen. Beide hatten offensichtlich denselben Blick und dieselben Gedanken: Ihre Haare flogen nämlich im Nordweststurm nach hinten. Jeder nahm natürlich nur den Schopf des anderen wahr, konnte sich aber zusammenreimen, dass zwischen beiden eine wunderbare Strömungsharmonie herrschte. Beide blickten über die Schulter nach hinten zum Land hin.

Was für eine Schönheit, als sich alle Seegrashalme zusammen nach

Osten neigten. Myriam küsste Raphael auf die Wangen, leckte die Feuchtigkeit ab und schluckte sie runter. Endlich hatte sie jemand an ihrer Seite, und entfliehen konnte der Junge nicht, ging's ihr durch den Kopf. Er wird es auch nicht bei diesem Unwetter wollen, sinnierte sie, küsste ihn nun auf den Mund. Ihre Lippen tasteten sich ab. Der Junge ließ sich den zärtlichen Kontakt gefallen. Er schloss die Augen – und er dachte an Ivo. Er stellte sich Myriam als Jungen vor, als seinen Freund, den er immer noch liebte, auch wenn er so aggressiv gegen ihn war.

Es wurde langsam dunkel.

Noch immer nieselte es leicht. Sie hatten sich ganz umgedreht, lagen auf dem Rücken. Sie beobachteten den Himmel über sich, der vollkommen zugezogen war, aber noch wuchtige Wolkenberge erkennen ließ. Es war inzwischen fast schwarz geworden, nur die sich nähernden Blitze beleuchteten ab und zu das Hinterland. Ein, zweimal musste der Sturm hoch über ihnen so gewaltig sein, dass für kurze Zeit der Vollmond zum Vorschein kam und die Dünenlandschaft beleuchtete. Dann öffnete Raphael seine Augen, um die Natur voll in sich aufzunehmen. Gleich danach schloss er sie wieder. Myriam hatte ihre Hand auf seine Hose gelegt und daran herum gespielt. Sie öffnete den Hosenschlitz, griff an die Unterhose und streichelte herum. Als sie spürte, dass sich sein Glied versteifte, zog sie ihm den Slip herunter, erhob sich plötzlich, entledigte sich ihres Höschens und plötzlich saß sie auf Raphael. Dieser fühlte, wie sein steifer Schwanz in einer warmen, feuchten Höhle versank. Ivo, flüsterte er so leise, dass Myriam im Geheule des Windes nichts verstand. Sie glaubte, er sagte ihr, wie schön das Gefühl wäre, dass sie ihm schenkte.

Was stimmte.

Raphael genoss es, und um sich nicht von Ivo abzulenken, kniff er nun die Augen ganz fest zu. Myriam begann zu reiten. Ihre Schreie verhallten irgendwo in der Gegend, sein Stöhnen und Ächzen gingen im Lärm der Natur unter. Myriam fühlte sein Glied und dessen Umfang in sich. Es bekam ihr gut. Ihre Schleimhäute wurden an allen Stellen berührt, und das machte sie immer besessener.

Jetzt ritt sie im Galopp.

Ihr Stöhnen, ihr Geheule, ihre Schreie verbanden sich zu einem einzigen Geräusch. Einmal gelang es Myriam, Raphael zu rufen. Sie hörte nicht, wie er nach Ivo schrie.

Ein Aufbäumen, beide Körper windeten sich wie zwei paarende Aale im Gleichklang.

Sie kamen zusammen.

Raphaels erster Schuss initiierte ein Fest der Nerven, es kribbelte und kribbelte zum Verrücktwerden, dann spritzte er ein zweites und drittes Mal in sie hinein, fast war ihm, also ob sein Schwanz im warmen Sud badete. Er war glücklich, dass er nun erfahren hatte, was richtiger Sex bedeutet.

Immer noch hatte er Ivo vor Augen.

Offensichtlich muss es gleich sein, ob man mit einem Jungen oder Mädchen poppt.

Dann sackte Myriam auf ihm zusammen.

Sie schreckte hoch, als der Vollmond wieder sekundenlang durch die Wolkendecke lugte und blickte nach links. Ihr Gefühl gab ihr Recht. Da stand doch jemand? Der Regen hatte sich verstärkt. Sie sah nur die Umrisse eines Mannes.

Es war Ivo, in Starre und Stummheit versunken.

Myriam riss sich von Raphael los, ließ ihre Hosen liegen und rannte, während sie noch nach ihrem Beutel griff, aus dem die Wasserflasche kullerte, in Richtung Dorf los.

Dass sie kurz darauf zurückeilte, um ihre Wasserflasche einzusammeln, hatten weder Ivo noch Raphael bemerkt.

Sturmflut

Wut kam in Ivo auf, plötzlich zitterte er erbärmlich. Sein Hirn schmiedete Bilder von sich und Raphael und jagte sie über die Netzhaut. Ein heilloses Durcheinander, ein Wirrwarr aus Körperteilen und Fratzen. Er hörte sich in Gedanken rufen, flehen und schreien. Sein Blut schien in den Adern zu kochen.

Hintergangen.

Nicht mit einem Mann ... nein, mit einer Frau! War das nicht der absolute Verrat?

Seine Miene offenbarte ein Mix aus Anspannung, Enttäuschung und Empörung. Noch stand er reglos wie eine Säule im Eingang der Kuhle.

Gehörte diese nicht ihm und Raphael? Wie konnte Raphael das Geheimnis missbrauchen? Wie konnte er mit Myriam hierher gehen? War sie jetzt nicht besudelt? Und was war das für ein dunkles Tuch auf der Erde? So etwas schleppt man nur bewusst mit sich, also war die Bumserei geplant.

‚Nun ist endgültig alles vorbei!', formten seine Lippen, ohne sich zu öffnen. Mit einem Riesensatz war er bei Raphael, der sich längst erhoben hatte und dabei seine kurze Hose verlor. Es donnerte gewaltig und ließ die beiden zusammenzucken. Raphael war, als wäre der Blitz neben ihm in die Erde gefahren.

Die nachfolgenden Blitze beleuchteten die Dünen um sie herum und auch den Umhang auf der Erde. Ivo sah Raphael unmittelbar vor sich, sein Schwanz hing schlapp nach unten. Nie würde er diesen mehr lieben können ...

Ivo glotzte auf das dunkle Tuch am Boden. Er sah zwei große Buchstaben, nur Sekunden lang, aber sie reichten für eine Kombination: S+W – Selma und Willi. Was hatte Selma mit der Fickerei zu tun?

Ein Wolkenbruch setzte ein. Beiden kam der andere nur noch verschwommen vor die Pupillen. Das Wasser lief ihnen am Körper hinunter, in Kürze waren sie völlig durchnässt.

Ivo stürzte auf seinen Freund, der nicht auswich, weil er den Ansatz zum Sprung des Studenten nicht wahrgenommen hatte. Myriam war längst aus seinem Kopf, eigentlich war sie nie richtig da drinnen, weil er immer nur an Ivo dachte. Und während der Bumserei war ihm mehr denn je bewusst geworden, dass er sich nur nach einem Körper sehnte, den von Ivo.

Ivo warf Raphael zu Boden.

Der Krach des Donners machte eine Verständigung unmöglich.

Ivo wollte etwas loswerden, doch vergebens.

Schon stand der Junge wieder aufrecht. Als es erneut blitzte, sah Ivo in ein total verunsichertes und verängstigtes Gesicht. Gespenstisch die Riesentropfen, die auf Raphaels Schädel zersprangen. Wasserreste liefen über Raphaels Wangen, suchten den Weg zum Hals und verschwanden unter dem T-Shirt.

Am liebsten hätte Ivo ihm zugerufen, dass er ihn liebte, ein Donnerschlag zerschmetterte seine Idee.

Als Ivo jetzt nach Raphael grabschte, ihn an sich zerren wollte, um ihm das zu sagen, was ihn bewegte, hatte dieser diese Geste missverstanden, er wehrte sich, schubste Ivo zu Boden, der sich an Raphaels Hemd festgekrallt hatte und ihn mit nach unten zog. Raphael war trotz des Unwetters geschmeidig wie ein Luchs, kaum lag er unten, war er schon wieder aufgestanden, beugte sich über Ivo. Dieser fühlte die Wasserflasche neben sich, ergriff sie mit einer Hand, rollte sich zur Seite und drückte sich in den Stand. Die Flasche flog ihm aus den Fingern und segelte Raphaels Kopf entgegen. Der Junge duckte sich instinktiv, als er das Geschoss auf sich zukommen sah. Genau in diesem Augenblick langte Myriam wieder an der Kuhle an, sah, dass sich die beiden Jungen bekämpften, blieb einen winzigen Augenblick stehen.

Da passierte es!

In Zeitlupe rutschte Raphael tiefer und tiefer, dann war er weg ... Mit ihm der blaue von Arne im Frühjahr eingerammte Holzstab. Entsetzt lief Myriam grölend weg. Eine heulende Böe verschluckte ihr Geschrei.

Vor Ivo ein Riesenloch, der Boden hatte nachgegeben und einen Dünenstreifen in die Tiefe gezogen. Ivo setzte einen Schritt zurück.

Der Regen hatte aufgehört. Ivo glaubte, Raphael brüllen zu hören, aber wahrscheinlich war es nur der Sturm, der so heulte.

Plötzlich lugte der Mond noch einmal durch das drohende Wolkengebirge.

Ivo sah, wie Raphael ins Meer gezogen wurde, die Arme über den Kopf hin- und her schwenkend, als sollte jemand auf ihn aufmerksam werden. Aber wer sollte helfen?

Ivo schrie, was das Zeug hielt, sein Freund sollte durchhalten, er hole Hilfe. Er malte sich aus, dass der Kniepsand höchstens fünfzig Zentimeter überschwemmt sein konnte, vielleicht findet Raphael irgendeinen Gegenstand, an dem er sich festhalten konnte oder seine Füße erreichten den Boden, und er konnte sich gegen die Bewegungen der aufgewühlten Nordsee behaupten. Schon war es wieder dunkel.

Ivos Herz pochte lautstark. Ihm wurde schwindelig. Dann sank er zu Boden. Er war ohnmächtig geworden.

Als der Sturm eine halbe Stunde später nachließ, langte Myriam bei

Selma an, die vor dem Haus unter dem Dach des Windschutzes ihres Eingangs stand, unruhig auf ihren Füßen tippelte. Sie ahnte, dass irgendetwas Unaussprechliches passiert sein musste.

Es dauerte, bis Myriam ein Wort heraus bekam. Was sie sagte war so ein Durcheinander, dass Selma sich zusammenreimen musste, was vielleicht passiert sein könnte.

„Furchtbar!“, schrie Selma, „Raphael!“

Ihre Laute schallten durchs Haus.

Dieser unfertige, pubertierende, aber liebenswerte junge Mann ... Ihr Heulen war herzzerreißend, ihr Körper flatterte. Ein Griff an die Sessellehne. Bloß jetzt nicht versagen ...

Myriam schloss ihre Eindrücke mit der letzten Szene ihres Zusammenseins ab, als beide jungen Männer aufeinander losgingen, sich in Ringkämpfen verstrickten, und dass Ivo einen Gegenstand auf Raphaels Kopf zerschmettert hätte, sie hätte noch den entsetzlichen Schrei vom Jungen gehört.

Selmas Tränen wollten nicht versiegen.

Erst mit dem allerletzten Satz, den Myriam dahin hauchte: Sie habe Sex mit Raphael gehabt, und als die junge Frau Selma um den Hals fiel, beruhigte sich die alte Dame, wischte die Feuchtigkeit aus ihrem Gesicht, ja sie lächelte sogar leicht.

„Er hat einen so schönen ... na, du weißt schon!“, stotterte Myriam.

Selma blickte ihr tief in die Augen. Sie sah ein Blitzen, als wenn Weihnachten Wunderkerzen brannten. Endlich war ihre Freundin ihr Trauma losgeworden, sinnierte sie.

„Es war der erste Sex, den ich wirklich erlebt habe, Selma. Ich hatte mich überwinden müssen, Raphael hatte nichts davon gemerkt. Der Psychotherapeut hatte mir zugeredet, er hatte gesagt, ein junger Mann von sechzehn Jahren sei nicht bösartig, nur neugierig, das solle ich ausnutzen, es würde sicher ein himmlischer Sex werden! Und das war er auch!“

Wieder begann sie zu heulen. Ihr wurde der Verlust erneut bewusst, den Jungen, den sie plötzlich liebte.

Ein Feuer loderte in ihrem Hirn, erlosch schnell und heraus traten Bilder, wie beide Jungen im Nahkampfwaren. . Selma stellte sich auch vor, wie Ivo den Jungen niederschmetterte, was leicht war, schließlich war Ivo der Stärkere.

Immer noch wurde Myriam die Bilder über die beiden Männer nicht los.

Plötzlich verwischten sich die Umrisse der Kontrahenten. Sie kniff ihre Augen fest zusammen. Sie wollte den Kampf zurückholen: die letzte Szene .

Tatsächlich, da war sie wieder, Raphael stand am Rand der Düne, Ivo vor ihm.

Oh Gott! Nein ...Myriam sah die Düne ins Wasser rutschen ...

Dann waren die Schreckensbilder endgültig verschwunden.

„Eifersucht!", zischte Selma durch ihre leicht geöffneten Lippen, als Myriam ihre Schilderung beendet hatte

Die Feuerwehr anrufen, glaubte sie zu hören.

Sie beschrieb genau den Platz, an dem Myriam mit Raphael gewesen war – sie kannte ihn von ihrem Neffen Arne, und erklärte ohne Pathos, dass jemand einen Dünenhang hinabgestürzt wäre oder sogar geschubst sein könnte. Während sie einen Tee kochte, sollte sich Myriam heiß abduschen. Obwohl es nicht kalt draußen war, und der Regen eine wunderbare Temperatur hatte, so wie in den Tropen, oder fast so, könnte eine heiße Dusche eine Erkältung verhindern.

Dann sprach sie mit der Polizei. Da war inzwischen ein Mann am Apparat, den sie nicht kannte. Dem schilderte sie, was passiert war oder sein könnte.

„Wir machen uns gleich auf den Weg zu Ihnen! Rufen Sie die Feuerwehr an!"

„Ist schon passiert!"

„Sehr gut, wenn Bürger mitdenken, kann Vieles verhindert werden! Bis gleich!"

Die Polizei

Der Tee bekam den beiden Frauen gut. Sie saßen in der Küche, Myriam hatte sich etwas beruhigt, ließ Selma aber wissen, dass sie sich über die verlorene Wasserflasche ärgerte.

„Mädchen!", gab Selma liebevoll von sich, „sie ist ersetzbar,

Raphael nicht!“

Kaum ausgesprochen, heulte Myriam viele Tränen. Nun wäre sie mal glücklich gewesen, meinte sie, und dann diese Pleite. Während Myriam eine weitere Tasse nachschenkte, kam das Ehepaar von oben herunter, es hatte die Unruhe im Haus – wie er sagte – mitbekommen.

„Ist was passiert?“

„Wissen wir nicht, aber es könnte sein, dass einer der jungen Männer ertrunken ist.“

„Siehst du, Egon, diese Männer hatten immer was im Schilde geführt, ich wusste es, ich wusste es. Gott straft alle Sünden. Hier schien es uns vor ein paar Tagen, dass der Ältere es auf den Jüngeren abgesehen hatte ...“

„Halt bitte den Mund!“

„Aber hör mal ,Egon, du warst neulich ganz meiner Meinung. Nun sag doch was. Das könnte doch zur Klärung beitragen!“

„Was wohl mit Ivo ist?“, frage Myriam.

„Richtig!“, antwortete die Frau. „Ivo war sein Name. Erinnerst du dich noch an seinen lüsternen Blick, Egon?“

„Ich erinnere mich an nichts, Gudrun!“

„Lassen Sie uns jetzt allein!“, gab Selma energisch von sich, eine entsprechende Geste mit den Händen unterstützte ihre Forderung.

„Gleich ist die Polizei hier!“

„Wir kommen wieder her, wenn wir sie hören. Ich werde nämlich auch aussagen, nicht wahr, Egon?“

„Du wirst den Teufel tun!“

„Myriam!“, murmelte Selma, „eine genaue Antwort auf deine Frage kann ich natürlich nicht geben. Aber ich stelle mir einiges vor!“

Selma sagte, dass die Feuerwehr Ivo suchen und entweder ins Krankenhaus oder hierher bringen werde, je nachdem, in welchem Zustand er sein würde. Auch werde sich die Polizei für ihn interessieren, da wäre sie sich sicher. Denn nach Myriams Aussagen könnte es sich um Mord oder Totschlag gehandelt haben – aus niederen Beweggründen.

„Was heißt das denn?“

„Niedere Motive sind Neid, Eifersucht, Rache.“

Das hätte sie in Fernsehkrimis gehört.

„Dann war’s, Rache!“, jaulte Myriam und schluchzte sofort wieder.

Selma ergänzte noch, dass Ivo im Schuldfalle seine Strafe bekäme, auch wenn es ihr schwerfiele, daran zu denken, denn sie mochte den Jungen ja auch.

Mitten im Gespräch fuhr ein Polizeiauto auf die Auffahrt, zwei Polizisten sprangen aus dem Wagen. Einen Polizisten erkannte Selma gleich wieder. Der andere übernahm sofort die Führung.

„Frau Kayer?"

„Ja, das bin ich und das ist Myriam König. Kommen Sie rein!"

Selma führte die Polizisten in ihr Frühstückszimmer, weil da am meisten Platz war und man ungestört reden konnte.

„Ich komme aus Kiel. Eine Bürgerin hatte an den Ministerpräsidenten geschrieben, und der war mit ihr einer Meinung, dass man im Sommer die Wache in Wittdün mit mehreren Leuten besetzen müsste. So wurden zwei weitere Beamte und ich auf die Insel beordert."

„Ich hatte mich beschwert!", sagte Selma sachlich, ohne den anderen Polizisten zu verraten. In ihren Augen blitzte Stolz auf.

Sie erklärte, was in den Dünen in Norddorf passiert sein könnte und bat Myriam zu schildern, was ihr widerfahren war.

Myriam berichtete wahrheitsgemäß, dass sie mit Raphael zum Aussichtsturm gegangen wäre, weil Selma vom überspülten Kniepsand gesprochen hätte, den sie sich mit dem jungen Mann ansehen wollte. Sie hätten danach in den Dünen eine Kuhle ausgesucht, von der man, vor Wind geschützt, den Kniepsand überblicken konnte.

„Wie kann man die Stelle wiedererkennen?"

„Ganz einfach", ergänzte Selma. „Mein Neffe Arne hatte im März oder April, als man den Strand säuberte, auf zwei Seiten der Mulde am Rand der Dünenkette zum Strand hin Stäbe eingerammt, einer der beiden war sogar blau. Vielleicht stehen diese noch da!"

Dann erklärte Selma, was sie von Myriam gehört hatte.

„Und dann verließen Sie die jungen Männer, nicht wahr? Wieso haben Sie dennoch gesehen, dass sich die beiden in einem Ringkampf befanden?", fragte der Polizist aus Kiel.

Ordnungsgemäß antwortete Myriam, dass sie die Wasserflasche vergessen hatte, die sie immer bei sich trage, und diese wollte sie sich wieder holen. Niemand hätte sie bemerkt.

Als der Jüngere auf einmal von der Bildfläche verschwand, wusste sie, was passiert war.

„Hatten Sie denn gesehen, wie der Ältere – Ivo heißt er, nicht wahr, dem Jüngeren einen Schlag auf den Kopf versetzte, dass dieser zusammensank?“

„Natürlich, es hatte aufgehört zu regnen, der Mond kam gerade hinter den Wolken hervor, man konnte alles genau erkennen!“, entgegnete Myriam nicht ohne Selbstbewusstsein. Sie hatte alles mitangesehen, darüber gäbe es für sie keine Zweifel.

„Eine Frage habe ich noch, Frau König. War der junge Mann, Raphael, ihr Geliebter?“

„Nein, wir hatten uns immer gestritten, Selma schickte uns gemeinsam in die Badeanstalt nach Wittdün, und forderte von Raphael, er solle sich um mich kümmern, mehr nicht. Er hat auch nicht mehr getan. Ich traf ihn zufällig heute Abend am Hotel Anka“, log sie.

„Können Sie das bestätigen, Frau Kayer?“

„Ja, das kann ich, es stimmt alles. Nur eine kleine Ergänzung, um die volle Wahrheit zu sagen: Ivo und Raphael waren befreundet, wenn Sie so wollen, auch sexuell, sie waren ein Paar.“

„Danke, Sie haben uns beiden sehr geholfen. Was ist mit Ivo?“

„Die Feuerwehr wird ihn da herausholen, oder gleich mit einem Hubschrauber nach Husum ins Krankenhaus fliegen. Ich weiß es nicht!“

„Wir werden ihn später verhören!“, meinte der einheimische Polizist verächtlich. Er hatte mit Leuten homosexueller Orientierung nur wenig im Sinn, und hoffte, von einem Verhör verschont zu bleiben, das er vielleicht durchführen müsste.

Die beiden Polizisten machten sich auf den Weg zurück in die Wittdüner Wache. Wer weiß, was dort bereits aufgelaufen ist, dachte der Kieler. Dann wird man weitersehen.

Kaum hatte das Polizeifahrzeug das Grundstück verlassen, kamen zwei Leute von der Feuerwehr und informierten Selma, dass Ivo wieder bei Bewusstsein war und sie ihn in einer halben Stunde nach Haus bringen würden, sie wollten den jungen Mann zunächst vom beschwerlichen Weg verschonen, da er völlig erschöpft gewesen wäre.

Wenig später wurde Selma aus Wittdün angerufen. Zwei Polizisten hätten in Wittdün direkt am Strand-Spielplatz einen toten Körper mit einer Forke im Rücken gefunden, ob sie die Leiche identifizieren könnte, vielleicht handelte es sich ja um Raphael. Man würde sie sofort abholen.

Selma sagte selbstverständlich zu. Zwar war sie todmüde, aber sie hielt viel von Bürgerpflichten, wie sie dies ja schon mit ihrem Brief bewiesen hatte. Selbstverständlich nahm sie Myriam mit, denn diese war ja intim mit Raphael zusammen, was aber niemand zu wissen brauchte.

Gegen Mitternacht kamen die beiden Frauen der Aufforderung nach. Der Kieler Polizist führte beide in einen abgedunkelten Raum, offensichtlich lag die Person auf einer Liege, abgedeckt. Als er das Tuch am Kopf anhob, bestätigten beide unabhängig voneinander, dass es sich nicht um den jungen Raphael handeln würde.

„Moment mal!", brüllte Myriam mit erschreckter Miene, „entfernen Sie den Fetzen noch mal!"

Der Polizist war zwar verwundert, kam dem aber nach.

Myriam ging zaghaft an die Liege heran, beugte sich über den Kopf, der Tod konnte noch nicht allzu lange eingetreten und die Leiche nicht allzu lange im Wasser gelegen haben. Ihr war, als ob der Mann nur schliefe.

„Ja", murmelte sie. „Nehmen Sie das Laken ganz runter."

„Na hör 'n Sie mal, das ist doch nicht Ihr Ernst!", gab der Polizist erbost von sich.

„Ich kenne den Mann, er stand nackt oben in der Düne", zischte sie dem Wachmann feindlich zu. Dieser kam der Aufforderung nach.

„Ja!", fiepte Myriam, was sich anhörte wie ein verletzter Hund. Sie drehte ihren Kopf kurzerhand weg, setzte zwei Schritte zurück und begann zu heulen!

„Was ja?", fragte der Polizist schroff.

„Es ist der Mann, der mich in den Dünen vergewaltigt hat!"

Selma blickte Myriam skeptisch an.

„Bist du dir sicher, mein Schatz?"

„Natürlich!" , schluchzte sie, „einhundert Prozent!"

Als Myriam Selma zuflüsterte, sie habe den Kerl auch an einer Vernarbung oberhalb des Nabels erkannt, schmunzelte Selma vor sich hin. Wieso hatte ihre Freundin so ein Detailwissen von einer so kurzen Begegnung? Ja, sie konnte den Schwanz von Willi nachzeichnen, aber das war doch etwas anderes.

Selma beschloss, darüber mehr zu erfahren, man musste Myriam nur ausquetschen. Wer weiß, was dahinter steckte?

Als das Identifikationsprotokoll nach einer halben Stunde unterschrieben war, brachte sie ein Polizeifahrzeug zurück nach Norddorf.

2. Juli
Fragen auf Fragen

Die beiden Frauen kamen nicht zur Ruhe. Kurz nach ein Uhr nachts wurde Ivo von zwei Feuerwehrleuten abgeliefert und aufgefordert, sich sofort hinzulegen, denn sicher käme schon morgens viel auf ihn zu, nämlich Arztbesuch, Polizei, Verhör und Protokoll.

Ivo war voll bei Sinnen, als er die Rezeption betrat.

Er sah die beiden Frauen.

Röte stieg ihm ins Gesicht. Myriam verachtete er jetzt noch mehr als vorher, ohne mit ihr gesprochen zu haben. Schließlich hatte sie ihm den Jungen weggeschnappt. Seine Mundwinkel zuckten sichtbar, ungehindert ballte er seine Fäuste.

Ivo wollte deshalb an beiden vorbeihuschen.

Selma stellte sich in den Weg.

„Was war wirklich da los?", schrie sie ihn wutentbrannt an. Sein Verhalten würde sicher auch auf ihre Pension und sie fallen, waren ihre Gedanken, die sie laut aussprach. Er wäre der Schuldige, der den Jungen verführt hatte. Das wird im Dorf wie ein Lauffeuer herumgehen.

„Was war das mit dem Cape S+W, das auf dem Boden lag?", brüllte Ivo, seine Stimme schien wieder ihre volle Kraft zurückgewonnen zu haben.

„Haben Sie etwa die beiden angezettelt, sich dort zu amüsieren und ihnen dazu das Zeug mitgegeben? Dann sind Sie am Tod des Jungen mitschuldig. Er war nach Myriams Ritt, den ich mit angesehen habe, völlig durcheinander. Er wollte nicht mit einer Frau pennen, er mochte Weiber, außer Sie, Selma, nicht sonderlich."

Ivos Worte wirkten wie ein Pfeil in Selmas Herz. Sie wusste allein, dass er Recht hatte, denn sie wollte, dass Myriam glücklich werden sollte Sie konnte auch nicht wissen, dass man Myriam sicher noch einmal befragen wird und gegebenenfalls vom Psychologen erfahren würde, dass Myriam eine kluge, erfahrene Frau war und nicht jemand, wie Selma sie dargestellt hatte: ein Dummchen und die Unschuld vom Lande.

Ivo heulte los. Er atmete kurz und hechelte laut. Sein ganzer Körper war in Aufruhr. Er humpelte in sein Zimmer, obwohl er keinen Grund hierfür gehabt hatte, grölte noch: „Mörderinnen“ und verschwand hinter seiner Tür. Selma bekam Angst. Auch Myriam brach in Tränen aus.

Selma war geschockt.

Aber ihr Verstand arbeitete ohne Einschränkungen, und der rief ihr zu*:* Dr. Hummer anrufen. Der Doktor musste sofort kommen.

Wenig später stand der Arzt vor der Tür, sprach ein paar Minuten mit Selma, die er sehr schätzte. Dann eilte er zu Ivo, der sich in einen Sessel gefläzt hatte, sein Kopf ruhte in seinem Schoss, verdeckt von seinen Armen. Dr. Hummer blieb dort einige Minuten, beschwichtigte den jungen Mann, ließ ihn wissen, dass nach seiner Meinung niemand Schuld an dem Unglück hatte, die Dinge waren unglücklicherweise einfach so abgelaufen. Im Fachdeutsch würde es heißen, eine Verstrickung unglücklicher Umstände. Die Beruhigungsspritze wirkte sofort. Ivo schlief umgehend ein.

Danach ging er zu Myriam, die zusammengekauert im Bett lag.

„Sie müssen sich keine Vorwürfe machen, Myriam. Man kann oft seinem Herz nicht ausweichen. So ging es Ihnen. Sie haben nichts mit dem Fiasko zu tun. Der Junge hatte sie nicht abgewiesen, wie Selma mir eben zugeflüstert hatte. Die Polizei wird das in diesem Sinne klären. Glauben Sie mir.“

Dr. Hummer verabreichte auch Myriam eine Spritze, die sie schnell in Morpheus’ Armen überführte.

Als sich der Arzt von Selma verabschiedete, sagte er, sie solle sich keine Gedanken um die beiden jungen Leute machen, diese werden seiner Meinung nach zur Vernunft kommen. Beide sind klug genug, das Geschehen objektiv zu analysieren, wenn ihr Verstand wieder klar arbeitet, und sie ein bisschen Abstand von dem Abend gewonnen hätten. Es war offensichtlich: niemand konnte das Unglück voraussehen und keiner hätte es aufhalten können. Das besagt auch, dass keiner die Verantwortung für dieses grauenhafte Ereignis haben würde.

Selma fiel ein Stein vom Herzen. Sie nahm sich vor, die Dinge wirklich so zu sehen, wie Dr. Hummer es sagte. Er hatte sie überzeugt.

Angstzustände

Ivo blickte aus seinem Zimmer zum Watt hin. Die Injektion des Doktors hatte nur ein paar Stunden gewirkt.

Was wird mit Raphael passiert sein? Ivo wimmerte vor sich hin.

Die Feuerwehrleute hatten ihn gestern noch in Kenntnis gesetzt, dass die Polizei aus Wittdün - verstärkt um Polizisten aus Kiel - bei Selma Kayer bereits vorgesprochen habe, um von neutraler Stelle zu hören, was vielleicht passiert sein könnte. Man hätte auch eine junge Frau befragt, sie hieß Myriam König, man habe vom Einsatzwagen mit der Polizei telefoniert.

Niemand, dachte Ivo, war dabei, als sich ein Dünenstück löste und nach unten rutschte. Genau auf diesem stand Raphael. Wahrscheinlich hatte das Wasser an der Wurzel der Düne ein Loch gefräst und sie daher zum Einsturz gebracht. Ivo erinnerte sich genau, dass ihm der Sturm und seine Ungeschicklichkeit die Wasserflasche aus der Hand gerissen hatten, als er sie Raphael über den Kopf schütten wollte. Dieser bückte sich im selben Augenblick instinktiv, vielleicht glaubte er, sein Freund wollte ihm mit irgendeinem Gegenstand schlagen, was gar nicht der Fall war.

Ivo hörte von draußen, wie Autos auf den Parkplatz fuhren, Türen klappten zu, schon stand Selma vor seiner Tür, klopfte und rief ins Zimmer rein, die Polizei wolle ihn abholen und nach Wittdün bringen. Als er die Tür öffnete und in das Gesicht von ihr blickte, glaubte er Verachtung zu erkennen, was besagen könnte, dass sie ihn für schuldig hielt.

Ivos Angst von gestern Abend kehrte zurück.

Sie kroch unter seine Haut.

Er begann zu frieren, wieder flatterten die Wimpern, was er von früher kannte. Wenn er wirklich schuldig gesprochen wird, dann würde er mindestens zehn Jahre Knast bekommen. Das würde er nicht ertragen. Ivo verdrängte diesen Gedanken erst einmal, jetzt wurde er wohl nur zum Verhör geholt. Dann könnte die Anklage folgen, sicherlich werden die Eltern von Raphael das Gericht eingeschaltet haben. Im Falle eines Falles würde er sich das Leben nehmen. Vorher würde er sich bei Dr. Hummer Schlaftabletten verschreiben lassen, denn bis es zur Gerichtsverhandlung kommt, werden Wochen vergehen.

Ivo nahm seine Umhängetasche vom Haken, prüfte die Kommodenschubladen, zog die Schlüssel ab, die er in der Tasche verschwinden ließ, verschloss seine Zimmertür und folgte Selma, die weder etwas sagte, noch sich nach ihm umblickte.

Draußen am Auto fragte sie die Polizei, ob sie noch einmal zur Aussage mitkommen solle und ob man Myriam noch benötige, diese sei heute Morgen allerdings mit dem ersten Schiff abgereist. Die Polizei verneinte alles. Es gehe nur um den besagten Ivo Heinhold.

Dann fuhr man ab, Selma blickte in Gedanken versunken hinterher. Als sie sich umdrehte, stand das Gästeehepaar wieder hinter ihr:

„Ist er schon von der Polizei abgeholt worden?", fragte die Frau.

„Musst du denn so neugierig sein, Gudrun?"

„Egon, ich will der Gerechtigkeit dienen, nichts anderes!", flötete sie ihm zu.

„Gerechtigkeit? Du willst nur in die Zeitung kommen, weil du pressegeil bist!", antwortete der Mann verächtlich, wandte sich von ihr ab und schritt voraus ins Haus. Er hatte Hunger.

Gudrun schüttelte aufgebracht den Kopf, murmelte - aber so, dass Selma das hörte: „Diese Männer!"

„Mein Willi war anders!", pustete Selma der Frau ins Gesicht, „er war immer meiner Meinung! So, ich werde mal den Kaffee reinbringen!" Damit ließ sie die empörte Gudrun stehen.

In der Küche sah sie, dass Myriam ihr Stirnband liegengelassen hatte, so hektisch war die junge Frau aufgebrochen. Und als sie das Haus verließ und Selma auf den Mund geküsst hatte, flüsterte sie zum Abschied, der Sex mit Raphael hat meinen Hass gegen Männer aufgelöst. Dieser hätte sie seit ihrer Kindheit belastet, als ihr Onkel sie mit neun Jahren verführt hätte.

Auf der Wache

Man sprach mit Ivo kein Wort. Ivo war der festen Meinung, dass man ihn als Mörder ansah. Er ahnte zwar nicht, dass Selma der Polizei das Geheimnis seiner Beziehung zu Raphael mitgeteilt hatte, aber er konnte sich zusammenreimen, dass man über die Freundschaft zu Raphael Erkundigungen eingezogen hatte, vielleicht war man sogar schon bei Raphaels Surftrainer oder hatte Ju von der Minigolfanlage befragt. Manchmal ist die Polizei schnell.

Der Fahrer fuhr bewusst langsam.

Ivo war klar, warum. Man wollte ihn weichkochen.

Endlich, nach zwanzig Minuten, hatten sie das Gebäude in der Mittelstraße von Wittdün erreicht. Ob er ausreißen sollte? Ivo hatte wirklich im Wagen darüber nachgedacht. Es würde nichts helfen. Niemand kam ungesehen von der Insel. Zögerlich ging er den beiden Beamten hinterher.

Sie führten ihn ins Wachzimmer.

Hinter einer Schreibmaschine saß der Amrumer Polizist, der damals Myriam so überheblich und unfreundlich behandelt hatte, Selma hatte davon berichtet.

„Und?"

„Ich bin vorgeladen worden!", antwortete Ivo kurz.

„Richtig. Einen Augenblick, bitte!"

Ein zweiter Polizist betrat den Raum. Er sagte zu Ivo, er wäre seit kurzem auf Amrum eingesetzt, eine Bürgerin hätte sich beim Ministerpräsidenten in Kiel beschwert, dass die Insel mehr Personal bei der Polizei benötige, jedenfalls im Sommer. Ivo grinste in sich hinein. Selmas Beschwerde, sinnierte er, hatte also doch Erfolg ... Sie war ein Schlitzohr. Ivo musste schmunzeln. Endlich, nach ein paar Stunden, sah er Selma doch wieder in einem besseren Licht.

„Sie kennen Büsum?"

„Wieso?"

„Wir haben Nachrichten von dort für Sie!"

„Was könnte das nach einer solch schrecklichen Nacht schon sein? Als ich da oben auf der Düne zurückblieb und mein Freund vor meinen Augen abrutschte, rief ich ihm zu, er solle sich irgendwo festhalten, es könnten doch Gegenstände auf dem Kniepsand herumschwimmen, oder er sollte sich mit den Zehen in den Untergrund bohren, besser vielleicht einbuddeln, schließlich wäre das Wasser doch nur fünfzig Zentimeter hoch!" Seine klägliche Hoffnung war mehr als zerbrechlich. Wer war schon einer solchen Gewalt entkommen? Ivo fand kein Beispiel.

„Um genau zu sein, Herr Heinhold, waren es fünfundsechzig Zentimeter, aber dafür war die Strömung noch zu stark und die Wellen waren ja auch nicht von Pappe."

„Was für Nachrichten?"

„Raphael lebt ..."

Was auf der Wache jetzt passierte, passt in kein Klischee. Bis jetzt gefangen in einer Art Wahnsinn, in Aussichtslosigkeit und Todessehnsucht, zerplatzten alle Befürchtungen und grauenhaften Vorstellungen wie eine Seifenblase. Ivos Gefühle beflügelten ihn zu Luftsprüngen. Wie ein Irrwisch hopste er von einer Ecke zur anderen. Mit einem Sprung hing er an Hals des Polizisten.

„Nein", schrie Ivo, „nein, nein, nein!"

Fast konnte man seine Worte nicht verstehen, so überschlugen sie sich unter strahlenden Augen und verklärtem Lächeln.

„Wie ist das möglich?"

„ Er ist aus dem Wasser gefischt worden, unser Seenotkreuzer Theodor Storm aus Büsum hatte ihn entdeckt, als ein Balken vorbeitrieb, an dem sich der Junge festgeklammert hatte. Er war völlig erschöpft. Er ist sofort nach Heide ins Krankenhaus gebracht worden. Sie können gleich mit ihm sprechen! An seinem Bett ist ein Telefon. Hier ist die Nummer, wir lassen Sie jetzt allein!"

„Danke, danke, danke!" Ivo zog einen Stuhl heran und flog auf die Sitzfläche. Verkehrt rum, umschlang die Rücklehne mit den Armen, um sich festzuhalten.

Erst beruhigen, sagte ihm sein Hirn, das die Wirklichkeit noch nicht hundertprozentig anerkannt hatte.

Er legte den Zettel mit der Nummer auf den Tisch.

Zunächst wollte er aber Selma die freudige Nachricht mitteilen. Ohne hin zu sehen, wählte er die Nummern. Er hatte sie im Kopf.

„Selma Kayer, wer ist da?"

Lachend rief er ins Telefon: „Selma, Selma, hier Ivo, Raphael lebt, er ist im Krankenhaus in Heide."

Ivo hörte ein Freudenschrei, dann glaubte er, Selma zu sehen, die um den Tresen tanzte.

„Ivo, nimmst du mich mit, wenn du hinfährst, ich kenne das alles und kann dich führen, aber nur, wenn es dir nichts ausmacht! Ich liebe euch!"

„Ja, bis bald!"

Selma konnte die Nachricht kaum fassen. Überglücklich rief sie Myriam auf deren Handy an, sprach allerdings nur auf Band.

„Raphael, Raphael, wie geht es dir?", fragte Ivo besorgt, aber lächelnd. Er konnte seine Tränen nicht zurückhalten und schluchzte, als ob die Welt unterginge. Dabei handelte es sich genau um das Gegenteil.

„Ivo, Ivo ... jetzt geht es mir gut. Holst du mich ab? Dann erzähle ich alles! Ich liebe dich!"

„Ich dich auch!"

„Ivo, du schuldest mir noch was, vergessen?"

„Wie sollte ich! Erst wirst du ganz gesund, dann kannst du dir abholen, was dir gehört!"

„Alles?", fragte Raphael ein bisschen zweifelnd.

„Alles!", versprochen Raphael.

4. Juli
Eine geniale Reise

Ivo und Raphael waren auf dem Weg nach Hamburg. Was Ivo damals in Gedanken versprochen hatte, wollte er heute wahrmachen. Dr. Hummer hatte die Genehmigung für diese Fahrt gegeben und gesagt:

„Nicht übertreiben, nicht die ganze Stadt an einem Nachmittag kennenlernen wollen!"

Sie erreichten das Domizil von Ivo am Grindel am frühen Nachmittag. Der Hausmeister sagte, dass noch niemand aus dem Urlaub zurück sei, für ihn wäre die Abwesenheit seiner Mieter ziemlich langweilig.

„Wir trennen uns nur von unseren Sachen, und ich stelle den Wagen in einer Nebenstraße ab. Für morgen habe ich eine Fähre zurück nach Amrum um vierzehn Uhr gebucht!"

„So spät?", fragte Raphael.

Ivo zwinkerte ihm zu. Er meinte, dass sie vielleicht um elf Uhr losfahren würden und dann wären sie wohl wieder einigermaßen fit. Raphael griente bis über beide Ohren. Er hatte sehr wohl verstanden, was sich Ivo dabei gedacht hatte.

„Ich zeige dir jetzt ein bisschen von Hamburg, eine wunderbare Stadt."

„München aber auch!"

„Ja, das sagt man. Aber es gibt Unterschiede: Hamburg hat einen gigantischen Hafen und eine unglaubliche Hafencity, die noch nicht ganz fertig gebaut ist, aber bereits atmet. Man sagt auch, Hamburg sei die Stadt der Kontraste, Modernität und Altes, Elbphilharmonie und Schanze, Binnenalster mit Prachtstraßen und Airbusindustrie und vieles mehr. Wir fahren mit der Bahn jetzt in die Hafencity, essen da irgendwo und von dort auf die Reeperbahn, die willst du bestimmt sehen. Für abends habe ich uns Karten für das Musical *Das Wunder von Bern* besorgt und danach ab in die Heia."

Raphael staunte.

„Mein Gott!"

„Das ist die Elbphilharmonie, entworfen von *Herzog* & *de Meuron*, sie wird eine phantastische Orgel bekommen, gebaut in einer Manufaktur in Bonn unweit von Beethovens Geburtshaus. Jede Flöte ..."

„Flöte? Ich liebe nur eine ...", grunzte Raphael und griente.

„Wow, Kleiner, du hast Recht. Wir gehen jetzt hier durch zur U-Bahn, dann bekommst du einen kleinen Eindruck, der dich nicht mehr verlassen wird, und du wirst Sehnsucht nach Hamburg haben, wo ich lebe!"

„Und du glaubst, dass ich in den nächsten großen Ferien kommen werde?"

„Klar, du kannst gar nicht anders. Und du wirst in meiner Nähe studieren!"

Die beiden schlugen ihre Hände zusammen. Sie sahen sich an und bei beiden war ihre Verliebtheit aus den strahlenden Augen abzulesen. Sie setzten sich auf die Magellan-Terrassen, dicht nebeneinander. Viele junge Leute saßen da, hatten Kaffeebecher in der Hand oder tranken aus Flaschen und blickten über den Strom. Raphaels Hand schob sich von der Seite unter Ivos Arm hindurch auf dessen Schenkel, stieß in die Tiefe vor – Ivo hatte seinen Hosenschlitz längst aufgerissen - schon hatte Raphael dessen Glied in der Hand, auch wenn der unmittelbare Kontakt fehlte. Slips stören einfach, dachte der Junge, mal sehen, was passiert. Er strich mit seinen Fingern über die Baumwolle, spürte den Eichelring seines Freundes, und begann zu wichsen. Ivo war so sensibilisiert, dass er seinen

Hintern zuklemmte, um seinem Penis noch mehr Steifheit zu verleihen, was gelang. Nur ein paar Mal noch, dann ging ein Zittern durch Ivos Körper, sein Stöhnen hätte die beiden beinahe verraten. Als sein Zeug kam, redete Raphael so laut, dass seine Stimme Ivos Geräusche übertönte. Beim Aufstehen sah Raphael das Malheur. Ein Riesenfleck in Ivos Hose. Was nun?

„Egal, ich halte meine Hand davor, wir fahren mit der U-Bahn nach Hause, und da ist es nie sehr hell!"

Das Musical war nach Raphaels Geschmack.

„Cool, geil!", brüllte er auf die Bühne, als sich die vermeintlichen Fußballer von 1954 verbeugten. Raphael konnte sich nicht mehr einkriegen. Er schaute seinen Freund unentwegt an, er hatte seine Hand in die von Ivo gelegt. Er konnte sein Glück nicht mehr fassen. Vergessen war die dramatische Nacht in der Nordsee. Es gab nur einen Menschen, Ivo.

Das wichtigste Ziel erreicht

Kaum in der Studentenbleibe angekommen, standen sie unter der Dusche. Das laufende Wasser gab Raphael das Gefühl von Sauberkeit und Reinheit. Ihre Schwänze standen längst. Raphael hängte sich an Ivos Nacken, seine Lippen berührten Ivos. Wie gut sie schmeckten! Seine Zunge leckte Ivos Gesicht ohne sein Zutun, ohne seinen Willen ab, schlabberte an seinen Ohren, am Nasenrücken und an seinen Augenbrauen herum. Dann suchte er Ivos Zunge und beide spielten in Ivos Rachen, stießen oben und unten an dessen Gaumen, glitten über Ivos Zähne und berührten Ivos Zäpfchen. Die jungen Männer taten so, als hätten sie keine Zeit mehr, dabei lag die Zukunft vor ihnen.

Es war inzwischen schon spät geworden, durch das Fenster fielen ein paar Mondstrahlen, die klare Nacht ließ die funkelnden Sterne beinahe zählen. Es war angenehm warm, aufgeheizt von der Sonne der vergangenen Tage. Und auch jetzt hatte es sich nur wenig abgekühlt.

Nach der Dusche köpfte Ivo eine Flasche Sekt und steckte die Kerzen eines Silberleuchters an.

Ein diffuses warmes Licht breitete Gemütlichkeit und Wärme aus, machte aus dem Raum ein Paradies.

Sie stießen mit Wassergläsern an, was ihnen nichts ausmachte. Ihre Schwänze berührten sich, und Raphael wollte Ivos richtig spüren, also fasste er mit beiden Händen an dessen Pobacken und zog Ivos Unterleib an seinen. Dann rieb er seinen Schwanz an Ivos, und beide mutierten zur vollen Größe und Stärke.

„Gleitgel!", sagte Ivo, eilte in das Badezimmer, ein Griff in das kleine Medizinschränkchen, schon hatte er die Tube in der Hand. Sie war unbenutzt. Ivo hatte sie irgendwann im letzten Monat erstanden, in der Hoffnung, dass sie irgendwann – aber sehr schnell – verwendet werden könnte. Heute war es wirklich soweit.

Raphael konnte es kaum abwarten. Er erinnerte sich zwar an Myriam, aber das war etwas anderes. Sie hatte sich bewegt, sie hatte das Tempo vorgegeben, und das bedeutete, dass er nichts selbst regulieren konnte. Ihm war längst klar geworden, dass er die großen Gefühle, das Kribbeln und Zucken, das Jucken und die Wärme sehr gedämpft empfunden hatte. Eigentlich war's doof.

Ivo hatte sich auf die Bettkante gekniet. Raphael Schwanz stand vor der Grotte. Er nahm ihn in die Hand, bewegte seine Eichel über die empfindliche Haut des Afters, fuhr mit ihr hin und her, und er glaubte, dass sein Rohr noch fetter wurde. Dann hielt er einen Augenblick inne, drückte von unten seine gerade Latte in Ivos Poloch, ein kleiner Stoß, die erste Hälfte war drin. Ivo stöhnte. Raphael merkte, dass der Schmerz gar nicht so groß gewesen sein konnte, wie damals, als Ivo bei ihm eindrang. Er wusste nun, warum das Gel den Darm geschmeidig gemacht hatte.

Vorsichtig schob er seinen Bolzen tiefer in Ivo rein. Einmal zuckte dieser, dass sein Glied beinahe wieder rausgeflutscht wäre. Raphaels Eier schlugen gegen den Eingang einer ihm unbekannten Tiefe.

Ein Wahnsinnsgefühl, wie's Ivo hinterher erzählte.

Langsam begann Raphael zu stoßen.

Ein Griff an Ivos Ständer!

Zwischen Daumen und Zeigefinger blieb zwar ein Abstand – Ivos Penisumfang war phänomenal - dennoch schlidderte die Haut über den prallen Schwanzkopf, gleichgültig, ob man sie rüberzog oder die Oberfläche von ihr befreite.

Ivo zuckte, als Raphael endlich über die nackte Schleimhaut strich.

Das war dem Jungen noch nicht genug. Daher spuckte er in die offene Hand und fuhr mit ihr über die abgeflachte Eichel-Krümmung seines Geliebten. Befeuchtet war es ein Leichtes, die Vorhaut hin und her zu bewegen.

Noch konnte Ivo denken.

Ihm ging durch den Kopf, wie viel der Junge in der kurzen Zeit des Zusammenseins gelernt hatte.

Wichsen und Stoßen – parallel – wie great!

„Wow!“, stöhnte Ivo, eine warme, wohlige Welle schoss durch seine Adern und brachte ihn zum Schwitzen. Schweißperlen tropften von seiner Stirn. Er spürte bereits, wie sein Sperma an der Schwanzwurzel rumorte. Es wollte die enge Harnröhre hochschießen, doch Raphael beendete seine Bewegungen. Er ahnte aber schon, dass sie nicht zusammen kommen würden, sein ursprünglicher Wunsch für seine erste Liebhaber-Sexnacht.

Wichsen braucht weniger Zeit.

Was soll‘s, dann wird weiter geübt.

Raphaels Finger rasten über die Glätte von Ivos Riemenspitze. Die Heftigkeit, mit der der Junge den Lustkolben bearbeitete, die Schnelligkeit, mit der er seinen Freund in Trance versetzte, war unvergleichlich. Ivos Haut perlte Mengen von Tropfen aus, sie bebte, als er losspritzte – Ivos Taumel verstärkte die Wucht, mit der sein Sperma hinausgeschleudert wurde. Mehrere Schüsse kamen ruckweise, als würde Blut aus der Schlagader geschossen.

Raphael war ein idealer Liebhaber. Er wartete.

Jetzt den Körper an den Bauch ziehen, die Stange bis zum Anschlag reindrücken! Dem Befehl kam er nach.

Ivo kam zu sich. Er spürte, wie der Junge seinen Unterleib im Kreise drehte, so dass jede Falte im eigenen Darm mit dem Schwanz des Jungen Kontakt bekam. Es wurde heiß im Bauch. Ein leichtes Kitzeln versetzte Raphaels Hirn in Verzückung. Vor und zurück , vor und zurück ... Kreisbewegungen, rechts herum, links herum.

Ivo übernahm den Rhythmus.

Raphael löste seine Hände vom Körper seines Freundes, er brauchte Ivos Unterleib nicht mehr zu regulieren.

Raphael wurde schneller und ungezügelter.

Die feuchte Wärme katapultierte ihn in Ekstase. Raphaels Bewusstsein schaltete sich wie von selbst ab.

Besessenheit ergriff nun beide.

Beide atmeten kurz und schnell, ihr Unterleib brodelte wie ein Vulkan, gleich wird Raphaels Lava herausgestoßen. Sein Beben in den Eingeweiden eines anderen Menschen, seines Freundes, erlebten beide, Raphael als Liebhaber, Ivo als Geliebter mit einer Sinnlichkeit, einer grenzenlosen Lust.

Es war für Ivo das erste Mal, mit einem Jungen zusammen zu sein, der sich völlig verlor, der nichts von seinem Schreien mitbekam, auch nichts vom Gefühl einer totalen Hingabe.

Genau die aber spürte Ivo, und sie machte ihn restlos glücklich.

Wie oft die beiden in derselben Nacht noch zum Höhepunkt kamen, konnten sie nicht mehr sagen. Sie waren zu müde zum Zählen. Als sie um elf Uhr im Auto nach Amrum saßen, beide mit einem strapazierten Gesicht und schwarzen Augenrändern, sahen sie sich immer wieder an. Sie gehörten nun zusammen, auch wenn sie räumlich getrennt sein werden. Die paar Jahre ... bis zu Raphaels Abitur.

Ende.

Kai Steiner

Liebe braucht Zeit,
Nuri

270 Seiten

ISBN
978-3-86361-452 2

Auch als E-book

Nuri, ist ein frustrierter, unausstehlicher sechzehnjähriger Deutsch-Türke. Seine Welt wird durch seinen konservativen Vater Okan bestimmt, der ihm eingetrichtert hat, was Männlichkeit heißt und was unmännlich ist.
Nuri trifft auf **Till**, einem Undercover-Polizisten, der Nuri und seine vier Skaterfreunde auf der Polizeiwachewegen krimineller Handlungen verhört. Nuri erkennt das erste Mal, dass er von einem Erwachsenen trotz der Vergehen als Mensch geachtet wird. Darüber ist er fasziniert und sucht dessen Freundschaft.
Till dagegen stellt fest, dass in dem jungen Mann mehr steckt als Aggression und Ichbezogenheit.Er verliebt sich in Nuri. Es kommt zum Sex.
Damit steht Till im Zwiespalt zwischen Gesetz und Gefühl. Ein böser Plan, den Nuri gegen seine Schule und einen Lehrer ausgeheckt hatte, macht sich selbständig. Nuri droht höchste Gefahr und der Schule Chaos total. Kann und darf Till helfen?
Ein einfühlsamer Roman, der das Erwachsenwerden von Jungen in einem belasteten Milieu erzählt.

www.himmelstuermer.de

Kai Steiner

Fin im Glück ?

190 Seiten

ISBN print
978-3-86361-376-1

Auch als E-book

Fin sollte Philipp auf die Beine helfen. Im wahrsten Sinne des Wortes. Philipp war nämlich frisch operierter Patient im Krankenhaus, Fin sein Physiotherapeut. Man lehnte sich gegenseitig ab. Philipp war arrogant, uneinsichtig und verletzt, Fin jung, munter und fordernd. Fins Humor und Klugheit, seine Umsicht, seine Kenntnisse und seine Behutsamkeit stimmten Philipp um.
Hier beginnt die bewegende Liebesgeschichte eines Zweiundzwanzigjährigen mit einem Mann mittleren Alters. Philipp, bis dahin strikt hetero, verheiratet, in Scheidung lebend, war gewieft im Sex und Fin am Beginn seines schwulen coming-out. Ihre tiefe Zuneigung und ihre Besessenheit kettete sie einander. Das Umfeld war empört, Fins Mütter versagten ihre Zustimmung. Ihr Sohn dagegen sprach von Liebe und dem größten Glück, das ihm geschenkt wurde.
Fin chauffierte Philipp nach *Damp* an der Ostsee, Kurort für den eingewiesenen Patienten. In einer Auseinandersetzung schmeißt Philipp Fin aus dem Auto und steuert den Wagen selbst, und das in die falsche Richtung. Ein Crash war unausweichlich.
Anfeindungen aus ihrem Umfeld und schließlich die bange Frage nach Treue und Akzeptanz bestimmen diesen einfühlsamen Roman bis zum überraschenden Ende.

www.himmelstuermer.de

Andy Claus

**Sascha –
Das Ende der
Unschuld**

360 Seiten

ISBN
978-3-86361-
573-4

Auch als E-book

Sascha: 1989 Die Mauer fällt. Der 12-jährige Sascha zieht mit seinen Eltern gen Westen. Als Außenseiter findet der Ossi kein Kontakt zu seinen Mitschülern nur zu Marc, der ebenfalls aus dem Osten kommt. Marc, ein Jahr älter, führt Sascha sehr bald in die Stricherszene ein, der dann auch schnell von zu Hause ausreißt und ständig auf der Flucht vor der Polizei ist. Als Bahnhofstricher, Callboy und Pornodarsteller versucht Sascha in den folgenden Jahren durch das Geschäft mit seinem Körper seine Träume zu verwirklichen. Er gerät in die völlige Abhängigkeit zu seinem vermeintlichen Retter, der ihn als Zuhälter auf brutalste Art ausbeutet. Er landet für kurze Zeit unter Mordverdacht im Gefängnis, scheitert mit seiner eigenen Kneipe und lernt schließlich doch seine große Liebe kennen, aber leider zu spät. Auf der Suche nach Liebe, Geborgenheit und Anerkennung gerät er immer tiefer in den bodenlosen Sumpf eines Milieus, das seine Kinder frisst. Die Ausbruchsversuche in ein anderes Leben enden immer wieder am Ausgangspunkt. Das Stricherdrama bringt dem Leser durch seine schonungslos ehrliche Erzählweise die desolate Welt am Rande unserer Gesellschaft nahe. Er begleitet den jungen, naiven Sascha und schildert seinen brutalen Überlebenskampf.

www.himmelstuermer.de

Christian Kurz

Allein unter seinesgleichen

204 Seiten

ISBN print
978-3-86361-564-2

Auch als E-book

Nach dem erfolgreichen Sieg der Nazis im großen Krieg wurde die Welt nach ihren Werten geformt. Die Weltsprache ist deutsch, unerwünschte Menschen gibt es nicht mehr und Schwule gelten ebenfalls als ausgerottet. Jedoch existieren sie weiterhin, wenngleich auch nur im Verborgenen. Aufgrund der Nicht-Information hat der junge Wolfgang Volkmer deswegen keine Ahnung, was es bedeutet, dass er sich in seinen Klassenkameraden Nils verliebt hat. Wolfgang weiß nur, dass es nicht richtig sein kann, dass er diese Gefühle für seinen Freund empfindet. Erst als er in einem Buchladen mit der verbotenen Winkel-Literatur in Kontakt kommt, lernt er das Wort „schwul" kennen. Endlich beginnt er zu begreifen, wer er ist – ein Schwuler und damit ungewollt ein Volksfeind.

www.himmelstuermer.de

Yasar Destan

Deniz

470 Seiten

ISBN Print
978-3-86361-488-1

Auch als E-book

Der 17jährige Deniz Arslan führt mit seiner Familie ein bescheidenes Leben im verschlafenen Nest Govern. In seiner Freizeit hängt er am liebsten mit dem Punk Knorpel am Bahnhof ab.

Eines Tages nimmt Knorpel ihn auf eine Party der Fachhochschule mit. Eigentlich wollen sie dort nur Ganja von Tanky kaufen, doch Deniz hat in der Mensa eine schicksalhafte Begegnung mit Raphael. Deniz spürt in sich Gefühle aufkeimen, die er bisher nie zugelassen hat und verliebt sich Hals über Kopf in den rebellischen Querdenker. Ein Umstand, den es mit allen Mitteln zu unterdrücken gilt, denn eine über Freundschaft hinausgehende Liebe zwischen zwei Männern ist mit den Idealen seiner Familie und Kultur unvereinbar. Trotzdem beginnt er mit Raphael eine immer leidenschaftlicher werdende Beziehung – natürlich unter strengster Geheimhaltung. Die Ereignisse überschlagen sich, als seine Eltern schließlich doch unerwartet von seinem Schwulsein erfahren. Sie haben ihre ganz eigenen Vorstellungen von der Zukunft ihres Sohnes ...

www.himmelstuermer.de

Marc Förster

Gefühle tabu

180 Seiten

ISBN print
978-3-86361-530-7

Auch als E-book

Andy hat ein Problem. Er ist tiefgläubig, und mindestens genau so schwul. Schon vor dem Abi spürt er in sich die Berufung, Priester zu werden. Nach vielen Überlegungen startet er in München mit seinem Theologiestudium. Doch auch das ändert nichts an dem Verlangen, mit Männern intim zu werden. Nach einigen Abenteuern in der Münchener Szene fühlt er plötzlich Gefühle für einen jungen Priester.

Die beiden landen im Bett, leben plötzlich in einer Welt voller Kontraste. Hier das Zölibat, da wilder Sex.

Stefan versucht Andy davon zu überzeugen, dass dieses doppelte Spiel mit dazu gehört. Doch Andy sieht das anders, es kommt zum Bruch. Kurz danach fühlt der Theologiestudent, ein Semester später, dass er wieder einen Mann für mehr als nur schnellen Sex will.

Als Jochen in sein Leben tritt, fordert der Andy auf, sich von der Kirche und all seinen Plänen los zu sagen. Doch Andys Wunsch, Priester zu werden, ist stärker.

Bis er Michael kennen lernt. Und der möchte Andys Berufung nicht im Weg stehen.

www.himmelstuermer.de

MIX

Papier | Fördert gute Waldnutzung

FSC® C083411

Zeitfracht Medien GmbH
Ferdinand-Jühlke-Straße 7
99095 Erfurt, Deutschland
produktsicherheit@kolibri360.de